"十三五"国家重点图书出版规划项目
国 家 战 略 预 警 研 究 译 丛

突然袭击：被袭国的视角

SURPRISE ATTACK : The Victim's Perspective

[以] 伊弗雷姆·卡姆(Ephraim Kam)——著
王静 朱里克——译 李力——校译

金城出版社
GOLD WALL PRESS

图书在版编目（CIP）数据

突然袭击：被袭国的视角 /（以）伊弗雷姆 · 卡姆 (Ephraim Kam) 著；王静，朱里克译 . —北京：金城出版社，2018.2

（国家战略预警研究译丛 / 朱策英主编）

书名原文：Surprise Attack: The Victim's Perspective

ISBN 978–7–5155–1599–1

Ⅰ. ①突… Ⅱ. ①伊… ②王… ③朱… Ⅲ. ①袭击—研究 Ⅳ. ① E813

中国版本图书馆 CIP 数据核字（2017）第 292530 号

突然袭击：被袭国的视角

TURANXIJI BEIXIGUO DE SHIJIAO

作　　者	[以] 伊弗雷姆 · 卡姆
译　　者	王　静　朱里克
校　　译	李　力
责任编辑	朱策英
文字编辑	尹　楠
开　　本	700毫米 × 960毫米　1/16
印　　张	16.5
字　　数	253千字
版　　次	2018年10月第1版
印　　次	2018年10月第1次印刷
印　　刷	三河市百盛印装有限公司
书　　号	ISBN 978–7–5155–1599–1
定　　价	70.00元

出版发行	**金城出版社** 北京市朝阳区利泽东二路3号　邮编：100102
发 行 部	(010) 84254364
编 辑 部	(010) 64271423
交流邮箱	gwpbooks@yahoo.com
总 编 室	(010) 64228516
网　　址	http://www.jccb.com.cn
电子邮箱	jinchengchuban@163.com
法律顾问	北京市安理律师事务所　(电话)18911105819

编者语

当今全球局势复杂多变，安全冲突此起彼伏，不确定性与突发性相互交织，给世界带来了全新的挑战。提高战略预警能力，完善国家战略预警系统，成为各国的必然选择。

国家战略预警，指一国武装力量为防御突然袭击，运用预警技术监视别国战略进攻性武器活动态势的综合性警戒手段。它关乎一国的战略核心利益，是维护国家安全、执行战略行动的重要保障，是国家防御体系的重要组成部分，是国家战略防御和威慑力量不可或缺的重要基础。战略预警攻防兼备，以守为攻。其目的在于，及时在尽可能远的警戒距离内，准确探测识别敌方攻击，分析判断各类情报信息，发布先期警戒情报，使国家决策层尽早采取反制措施，甚至先发制人。从冷战初期，美国就开始通过发展预警系统，来增强自己的战略防御力量，可以说是世界上战略预警系统建设的领头羊，目前拥有世界最庞大、最先进、最复杂的战略预警系统。

针对敌方的突然袭击，如何识别、预警、预判、反制、威慑、防御，是全球情报人士热切关注的问题。为此，我们特别策划了“国家战略预警研究译丛”，将该领域的国际研究成果推荐给中国读者。丛书主要针对的是国家层面的战略预警，内容涵盖早期预警、情报搜集、情报分析、预判突袭、预先防御、先发制人、情报失误、减少不确定性等等诸方面。我们所精选的作品，既有享有盛誉的经典著述，也有一些顶尖专家的最新研究，备受各国情报人员和国家安全学者推崇。

目前，中国已进入一个全新时代，比历史上任何时期都更接近实现民族复兴的目标。但习近平主席指出，前进的道路不可能一帆风顺，越是前景光明，越是要增强忧患意识，做到居安思危，全面认识和有力应对一些重大风险挑战……不断提高国家安全能力。[1] 他山之石，可以攻玉。我们真诚希望本套丛书，可对我国相关领域的从业者有所启迪；为维护我国国家安全、践行总体国家安全观，在理论与实践上有所探索。

[1] 2018 年 4 月 17 日，习近平主席在十九届中央国家安全委员会第一次会议上的讲话。

目 录

推荐序

世界著名国家安全研究学者、冲突战略学家　托马斯·谢林（Thomas C. Schelling）

25 年前，罗伯塔·沃尔斯泰特（Roberta Wohlstetter）曾请我为她的一本研究突袭[1]的大作《珍珠港：预警与决策》（*Pearl Harbor:Warning and Decision*）写序。所以，当我被要求为伊弗雷姆·卡姆（Ephraim Kam）的书写点东西时，我实在无法拒绝。借此机会，我又重读了沃尔斯泰特的那本书。果然，我的记忆没有错，两部著作在重叠之处观点极为一致。

起初，沃尔斯泰特只是一名业余研究者。但在翻看美国国会听证会有关珍珠港偷袭的 39 卷档案，查阅可找到的其他大部分相关文献后，她成了这一领域的专家。关于历史上这场美国人引以为辱的偷袭行动，她的上述书籍不仅是各界公认的权威之作，还洞察出无法确保战略突袭不再发生的原因。

多年前，卡姆开始创作本书时，他曾是以色列国防部的一名分析人员，所以，他已是这方面的专家了。1956 年和 1967 年，以色列曾两次对敌发动突袭；可 1973 年，它反遭对手突袭，结果虽未受到毁灭性打击，但也损失惨重。除了精通数据搜集和分析的现代方法外，卡姆还是一位训练有素的政治学者。他曾有诸多机会了解，情报如何被搜集和分析，以及怎样用于（或不用于）规划、政策和决策。

---

[1]　编注：如无特殊情况，本中文版一般将“突然袭击”（surprise attack）简写为“突袭”。

卡姆深入研究了德国入侵挪威和丹麦，朝鲜袭击韩国，中国反击印度，以及包括日本偷袭珍珠港在内的其他 8 次突袭事件。但其研究角度与沃尔斯泰特女士截然不同，主要集中在小国，而非强国；近敌，而非远在天边之敌；多个对手，而非单一对象；当代的军事和情报技术，而非 20 世纪 30 年代末或 40 年代初的手段。

本书末章章名为："突袭真的不可避免吗？"很遗憾地告诉各位读者，卡姆最后得出了悲观的结论；更遗憾的是，他的结论并非凭空捏造。

与沃尔斯泰特一样，卡姆也坚称："信息和预警指标的缺乏，往往并非评估失败的原因。"如果读者认真阅读沃尔斯泰特的书，会发现她早已预料卡姆会提出，"信息搜集的量越大，收到的噪声也就越充满困惑和矛盾"；"接收的信息越多，数据处理就越难"；"越是敏感的信息，越要保护信息源并限制传播"等观点。

在此，我特别引述 1962 年为沃尔斯泰特所写序言中最喜欢的一段：

意外，如果发生在政府身上，就很可能是一个错综复杂、牵涉广泛且与官僚政治相关的问题。其原因除了玩忽职守，更是因为分工不明确而导致行动方向错误；不仅因为情报出现漏洞，更由于一些情报太过于敏感，就像珍贵到令人不敢穿戴的珍珠，真正需要的人反而无法获得；不仅因为预警失效，更由于一些预警发布太过频繁，造成无人在意；不仅因为警卫人员缺乏警惕，更由于这些警卫人员知道：如果因为某些事情向上级报告，扰了上级的美梦，会受到严厉斥责；不仅因为大家都抱有意外不会发生的态度，更由于即便意外发生了，大家都想当然地认为一定有他人在处理；不仅造成直接拖延，更由于内部意见分歧导致决策拖延。除此之外，还因为某些人一定要等到事实确凿才能有所反应，而那时往往已经太晚了。（真实生活不像电影，会在高潮时刻播放背景音乐来提醒观众。）最后，正如"珍珠港事件"中，突袭成功的原因还包括敌人使用了某些新奇手段，或者纯属自己运气不好。

这段话也适合放在本书的序言中。既然如此，那是否意味着如果你读过其他有关突袭的书，就没必要再阅读卡姆的这部佳作呢？当然不是！原因有如下几点：第一，在卡姆的这本书中，就情报的机构角色以及情报分析人员与决策者的关系，他的分析与以前的著作截然不同。他是基于11个案例研究，并体现了自己的个人经验。第二，电子装备、监听手段与情报搜集技术的进步，也使很多问题的答案变得不同。比如，怎样可以侦察到埃及和叙利亚发动"赎罪日战争"（Yom Kippur War）的决定；过去25年梳理来源和数据，让我们更清晰认识日本在偷袭珍珠港前一周的想法。第三，对一些情况不同的国家而言，如美国、以色列、苏联以及马岛战争[1]中的英国，研究突袭为何能常常成功、怎样避免突袭，是重要性或学术价值极高的课题。

我们能汲取一个重要而明确的教训，就是没有任何教训可以轻而易举获得。沃尔斯泰特在其著作的最后一段，写道："如果研究'珍珠港事件'对未来有些许启发的话，那就是：我们要接受不确定性存在的事实，并学习如何与之共处。"在本书最后一段，卡姆也说："历史经验无法帮潜在被袭国免遭突袭。"

阅读本书将大有裨益。

[1] 编注：英国称福克兰群岛战争，简称福岛战争；阿根廷称马尔维纳斯群岛战争，简称马岛战争。

2017年序言

战略突袭范畴的拓展

《突然袭击》一书最早写于20世纪80年代。本书重点探讨了1939年到1973年间，袭击国在战略层面突袭对手的所有案例。经分析可知，避免遭受战略突袭非常困难，但并非不可能。事实上，近些年的大多数战争都以突袭而发轫。只有在少数战争中，被袭国才能预知战争即将来临。

战略情报难点

突袭千变万化，情况迥异。被袭者可能是超级大国，抑或小国；可能是民主政权，抑或独裁政权；可能是大部队，抑或小部队；可能是优秀情报组织，抑或僵化情报组织。所有这一切，都可能无法预测未来的战争。

尽管存在许多重大差异，但在大多数突袭中，似乎有两个重要因素反复出现。一个与情报信息的质量有关。通常情况下，好的情报机构设法搜集大量信息，其数量在过去几十年中出现巨大增长。问题是，在战略层面上，通常这些信息大多不是确凿证据，而是被称作早期预警指标（early warning indicator）。从中，情报分析人员并未被告知将要发生什么，而只能得知敌方部分且有限的动向。这些动向有多种解读的方法，并不一定全部正确。

另一个因素与人脑的局限性相关。人脑是一部奇妙的机器，但有其局限所在。比如，在大量证据和迹象面前，人类的信仰和观念本该予以扭转或改变，但人类却倾向于坚持到底。因此，如果新证据与情报分析人员的评估相一致，似乎就是可靠的；相反的信息则被认为是不可靠或不相关的，而被排除掉。

上述两种干扰因素，会导致战略情报失误。以指标而非确凿证据为依据，会造成信息有误，因此关于战争即将到来的先期情报可能犯错。而错误的评估又不能得以纠正，因为情报分析人员和决策者排除了相反的证据，倾向于以此捍卫自己的结论。

情报失误：另类问题

一国对另一国发动的突袭，仍然是战略情报失误的最常见情况之一。二战后，尽管为了阻止局势恶化以及防止战争发生，国际社会已建立了相应机制并鼓励敌对双方对话，但大规模战争并未消失。二战之后的 70 年里，人们目睹了大规模战争曾在朝鲜半岛、越南、南斯拉夫蔓延，以色列人和阿拉伯人之间战争不断，海湾战争以及伊朗和伊拉克之间的 8 年战争令人震惊。这些战争大多以突袭发端。事实证明，它们与情报失误有非常大的关系。

此外，另类战略对抗会使我们措手不及。1945 年，美国以核打击突袭日本。此后，全球的确没再发生核攻击。然而，像朝鲜或伊朗这样的激进政权正试图获取核武器。这一事实提醒我们，核攻击并非不可能，将来或许会使我们遭受突袭。

与此同时，新型恐怖组织已经出现。其中，最具影响力的是“基地组织”（Al Qaeda）和“伊斯兰国”（Daesh）。前者的特点，是其出人意料的突袭能力，可以在美国中心地带发动突袭，造成巨大伤亡。后者的特点，是它在阿拉伯世界的心脏地带（伊拉克和叙利亚），占地甚广；鼓吹新哈里发愿景，吸引成千上万的年轻信徒趋之若鹜，很多人甚至来自欧洲。虽然情报界掌握了一些指标，表明这些恐怖组织将有所动作，但

2001 年和 2014 年还是发生了大规模战略突袭。将来，这些恐怖组织依然能制造更多战略突袭。

“伊斯兰国”的出现，是整个大背景中的一部分。自 20 世纪 80 年代以来，中东已成为世界上最不安定、最暴力的地区。该地是大规模战争和军事对抗的战场，也是恐怖活动的主要场所。开始被称为“阿拉伯之春”的运动，2011 年即以战略突袭为发令枪，逐渐变成阿拉伯世界的灾难。其后果是，伊拉克、叙利亚、利比亚和也门等几个政权几近瘫痪，目前尚不清楚哪一个政权会幸存，哪一个政权将崩溃。此外，比如为了预测叙利亚的前景，情报界目前不仅需要评估阿萨德政权未来的政策，而且还要判断五到六个参战方未来的行为。在这种不确定的气氛中，战略突袭，特别是关乎中东政权生存的，可能还会发生。

然而，中东的动荡并非个例。由中东放眼全球，对情报界而言，政权的稳定已成为一个重大挑战。苏联共产主义政权的突然崩溃，就是最好的例子。未能预测到政权即将倾覆的原因之一是：无人知晓会发生什么，即使是最佳情报来源，也不能告知情报界，某些政权是会崩溃还是幸存。

最后，网络战的出现对情报界提出了新挑战。网络能力的发展，为海量信息打开了方便之门。情报界发现，处理如此多的信息非常困难，尤其新媒体的发展带来了又一波的非机密信息。同样重要的是，我们需要学习和理解网络这一新的战争维度，包括其优点和局限性。毋庸赘言，网络增加了突袭的危险。

2004年序言

旧模式，新教益

自多年前本书初版以来，不断有新的国家加入这个令人尴尬的俱乐部，成为敌人突袭的对象。新发生的突袭事件，与以往突袭事件的背景极为相似，皆因如下因素共同造成：错误的安全观念；误判敌人动机、企图与能力，而对逼近的威胁产生错误知觉；对即将到来的袭击，缺少关键的确凿证据；组织障碍等。例如，美国和科威特完全没有预料到，伊拉克会在1990年8月入侵科威特。他们认为，萨达姆·侯赛因（Saddam Hussein）可能会威胁并勒索科威特，但不会占领该国，因为：首先，几百年以来，没有任何一个阿拉伯国家曾经占领过另一个阿拉伯国家；其次，科威特一直是伊拉克的亲密盟友，在数年前伊拉克与伊朗的战争期间，科威特还一直积极支持前者；最后，他们认定，在美国支持科威特的情况下，萨达姆断然不敢袭击这个石油丰富的酋长国。

1991年和2003年，美国曾两度出兵伊拉克，究竟萨达姆·侯赛因受到多大程度的战略突袭效果，我们不得而知。但当萨达姆的军队入侵科威特时，他显然没有预料会受到美国领导的联军攻击。在海湾战争爆发前的几个月，萨达姆是否改变过自己的评估，则更难以确定。即使他预测到了美国的军事行动，也极可能没料到军事行动的规模如此之大，也没有想到自己会遭受如此惨败。而他下令向以色列领土发射39枚飞毛腿导弹（Scud missile），却是出乎许多以色列决策者和情报分析人员的意料。2003

年，萨达姆可能预见美国将对伊拉克发起一场大型军事攻击，规模会与1991年海湾战争相似。但这次战争中，他没有真正理解现代战争的意义和影响。因此，他显然不会想到，短短一个月之中，包括首都巴格达在内，伊拉克整个国家全被占领，他的军队也彻底瓦解。

然而，近年最具启发性的突袭案例，当属2001年发生在美国的恐怖袭击——“9·11事件”。这次袭击不同于常规的突袭，因为它既不是常规军事力量间的较量，也不是入侵某个国家。尽管如此，它与常规的突袭还是有很多相似点，也由于其战略重要性，为未来战略突袭的本质带来新认识。其中一个相似点，就是出现了各式各样的情报失误：由于有太多因素的影响，很难在假定和行动链中找出薄弱环节，以阻止突袭的发生。

据美国国会联合调查委员会（U.S. Congressional Joint Inquiry）报告，早在1998年，美国情报界已截获并发布相关情报，以相当笼统的表述声称：奥萨马·本·拉登（Osama bin Laden）的“基地组织”企图在不久的将来对美国国内实施恐怖袭击。该情报提及的一个攻击场景，是使用飞机作为武器撞击建筑物。但是，就像其他突袭案例一样，这一情报并不具体，没有指出确切的时间和地点。可在国会联合调查委员会看来，上述信息足够引起高度警惕，应立即采取更多防御措施。然而，事实是，美国政府并未周密地采取此类措施。

这一失误发生的原因有几个。第一，尽管在2001年的春季和夏季，有信息显示“基地组织”的威胁刻不容缓，但美国政府内部的主流观点认为，像之后“9·11事件”这样大规模的袭击不可能发生在美国国内。美国情报界的普遍看法，是“基地组织”的袭击最有可能发生在海外的美国目标上。第二，由于现有证据不足，还缺乏分析重点，情报界对于“基地组织”的了解非常有限。情报更多侧重于战术分析，而非战略分析，前者为具体行动提供支持，后者才有助于更充分认识“基地组织”及其威胁。因此，在2001年9月11日前，情报界没能进一步研究所获取的信息，以及分析对于可能发生的恐怖袭击，这些信息汇总起来的重要意义。结果，一些重要的信息被完全忽略，而另一些信息也被认为是不重要的，因而没有发布。

这一情报失误也暴露出组织内部存在的某些问题。各情报机构没有充分地分享彼此所获取的相关信息。这种沟通失效是因机构的不同使命、法定授权以及组织本身文化造成的。许多联邦调查局人员负责调查“基地组织”在美国境内的关键活动，却对该调查的其他方面一无所知，因而也不可能弄清楚这些活动的重要性。对这些互相独立的活动，联邦调查局总部也未有效整合，形成全面、有用的图像。此外，分析人员的经验缺乏、训练不足以及工作能力差，也导致情报分析能力的不足。

预测常规袭击：新难题

两次海湾战争以及美国本土遭受的恐怖袭击反映出，应对未来敌人袭击方面存在新难题。在常规的突袭中，一方会发动常规军事力量入侵另一方的领土或袭击军队。本书研究了 1939 年至 1982 年间发生的所有大规模常规突袭，认为在大多数案例中，被袭国都没能预测到袭击的紧迫性，或者说至少没弄清袭击发生的关键特征。

两次海湾战争明确表明，正确察觉战略威胁、预知袭击即将发生的可能性，已经变得越来越复杂。1991 年发生的海湾战争，第一次展示了所谓的军事革命（Revolution in Military Affairs）带来的破坏性力量。这场军事革命始于 20 世纪 80 年代，有赖于训练有素的士兵开始全面使用现代尖端军事技术，并以如下方面作支撑：精密制导武器，以准确击中目标；控制太空，以提供敌军目标的准确情报图像，具有不受地域限制的通信等优势；在战场上灵活机动，以取得压倒性支配地位；信息战，包括网络战和电子战等。

对常规袭击中的潜在被袭者而言，这场革命绝非福音。它让袭击者实现军事现代化，并在技术、武器以及军事准则方面，给袭击者带来新的突袭方式。它还可以使袭击者克服地理或工事造成的困难——这在之前超出了袭击者的能力范围，因而不受被袭者重视。现在，即使被袭者预测到袭击发生的可能性，也因袭击发生的时机、地点以及敌人的军事准则与武器的运用，而遭到比以往更严重的突袭。因此，1991 年和 2003 年，即使萨达姆预测到他将受到攻击，他也不可能预见战争的性质和影响。

现代化的常规军事力量对落后部队所拥有的优势不断扩大，导致情况变得更加复杂。在高科技的常规战争中，弱势方不具备抗衡实力，因而不得不采取恐怖主义，或试图获得大规模杀伤性核生化武器以及远程弹道导弹，以此削弱敌人在常规武力上的优势。最令人担忧的问题，是两者结合在一起：恐怖组织或者支持恐怖主义的国家获得非常规武器。更多地诉诸恐怖主义和大规模杀伤性武器，特别是在中东地区，增加了预测突袭的难度。

预测恐怖袭击

恐怖主义是一种非常古老的战争模式。恐怖组织往往给被袭者带来巨大挑战，部分原因在于其具备较高的突袭能力。首先，恐怖组织小而灵活，具有创新性，因而难以预测。领导层小而严密，一些恐怖组织领导人完全不在被袭国情报机构的掌控中。因此，他们能够轻易选择袭击的目标、时间和地点，并成功隐藏自己的企图和计划。大多数情况下，恐怖组织的人员思想统一，组织分工严密，所以很难渗入其内部搜集有关计划和行动的情报。他们不使用大的武器装备，也没有大型军队和军事基地，更不需要漫长、密集或明显的作战准备。因此，他们不可能暴露许多早期预警指标，供被袭国情报界分析，也没有明显而庞大的军事目标，让被袭国能够先发制人。

从被袭国情报工作角度来看，最难对付的恐怖活动就是自杀式炸弹袭击。此类活动的准备简单快捷，爆炸所需要的炸药也容易获得，且只需少数人员就可完成。仅需要几天时间准备，就可以派遣一位自杀式炸弹袭击者，而这名袭击者就会像人体精确炸弹一样，造成极大破坏。另外，一旦袭击者向目标出发，就很难被阻止。因此，被袭国情报界必须运气好，或者获得准确具体的信息，才能在这最后阶段阻止恐袭的发生。

“基地组织”代表了一种新型恐怖主义。它是由多个极端暴力、激进的伊斯兰教派组成，虽然不属于任何一个国家，但高度团结在宗教激进主义和反美、反西方社会思潮之下。尽管很多恐怖组织造成的威胁有限，但“基地组织”却能给对手带来难以应对的战略威胁：其目的是通过造成大量的伤亡，消除全球现有的温和派伊斯兰政权，削弱美国和西方国家的影响力。对于“基地组织”拟发动的大规模恐怖活动的细节，其内部只有少数人知道，这就增大了搜集和处理情报来先发制人或破坏袭击的难度。“9·11 事件”说明，通过选择意想不到的目标和准确计划，该组织具有发动突袭的能力；而靠着几把简单的工具刀，就能将波音飞机变为精准炸弹，可见其高度的创新思维。

尽管“9·11 事件”已让人们把注意力集中到“基地组织”等带来的严重威胁，但这类组织未来引发战略突袭的可能性仍然很高。2001 年末，美国开始在阿富汗开展军事行动，使后者不再是“基地组织”活动的安全巢穴；抓获几百名“基地组织”成员，为美国情报界提供了有关该组织的结构、活动以及计划等有价值信息。美国安全机构所采取的反制措施，制约了恐怖组织实施未来行动的能力。很多国家（包括伊斯兰国家）都愿意与美国合作反恐，带来了很大的帮助。尽管如此，“基地组织”活动分子现在分散在许多伊斯兰国家，预谋着恐怖袭击。例如，印度尼西亚、摩洛哥、肯尼亚、土耳其以及伊拉克先后受到恐怖袭击，这说明要追踪和阻止恐怖活动仍然相当困难。正如美国国会联合调查委员会所言，情报机构以往的组织和训练主要是针对传统形态的恐怖组织；如今，面对一些跨境活动的国际恐怖分子带来的威胁，情报机构必须在重点和方法上做出巨大改变。这些变化需要花费时间、进行训练、积累经验、增加想象力和开放性，这样才能更加有效地应对恐怖活动。

预防非常规袭击

大规模杀伤性武器的使用，加大了突袭的潜在破坏性。目前，世界上已经有 8 个国家拥有核武器，未来这一数字还可能增加。而且，有很多国家具有化学战能力和远程弹道导弹，其中还有一些国家获得了生物武器。

对方拥有非常规武器，给被袭国情报界带来更复杂的挑战。现在，各国更加意识到非常规袭击的危险性。通常，潜在被袭国会考虑敌人在袭击中使用大规模杀伤性武器的可能。但在实际战斗中，这种武器的使用还不是很多：原子弹只在 60 年前使用过 2 次，生物武器从来都没有大规模使用过。因此，由于不清楚敌人对非常规袭击的考量和限制因素，我们很难分析和评估这种袭击的可能性有多大，对袭击的企图也了无所知。很多国家获取大规模杀伤性武器，无疑为潜在的被袭国创造了新难题：下一次袭击中，敌人会使用这些武器吗？或者，会保留它们等到最后的关键时刻使用？

2003 年美国攻打伊拉克之前，在确认伊拉克是否拥有化学、生物武器以及导弹等问题上，西方情报界所遇到的困难，反映了评估非常规武装能力所面临的挑战。发动非常规袭击，参与者不用太多，行动前的准备也很隐蔽，往往用一些地下设施进行。要想评估常规武装能力，情报界必须核实敌人武器数量，分析其质量，追踪敌人在战场和军事训练中的行为，评估敌人军事领导层的素质以及维修系统的运行。正如本书要表明的，分析常规武装能力，已然是一项非常艰巨的任务；而评估化学和生物战能力就更复杂了。这是因为情报界要了解和分析，常被伪装成民用工厂的小小实验室和其他设施，其内部究竟是什么情况。

与大规模杀伤性武器的发展、获取和使用相关的敌军活动，可查到的有限。这影响着非常规袭击前的早期预警指标的数量和质量。早期预警指标肯定会在袭击发生前出现，通常在敌人攻击准备中产生，是情报界在袭击前获得的主要信息。常规袭击前能够获得许多预警指标，因为这类袭击需要大量不可隐藏的准备工作。而在非常规袭击中，预警指标数量就可能很少，因为这类袭击的准备工作少而隐蔽。此外，非常规袭击前与常规袭击前，很多预警指标可能相似，因而无法识别，例如带有化学弹头的弹道导弹的发射，看起来和常规导弹发射几乎无任何差别。又由于应对非常规袭击的经验很少，故很难明确和识别预警指标，把它们作为防御袭击发生的预警。

情报搜集的进步

军事革命的进行、大规模杀伤性武器的使用，以及恐怖活动复杂性的加剧，使得袭击者发动突袭的能力得以增强。尽管如此，情报搜集的新发展，也提高了情报界预测未来袭击的技术能力。数十年来，新科技的发展极大地推动了情报搜集的进步，使得情报界能够更加准确地获得敌人活动的细节。可问题是，对于提高评估和预测能力以预防突袭，这些进步的帮助却不是很大。我们需要新的情报能力渗透到敌人决策高层，来评估敌人的战略企图，特别是确认其发动战争的可能。而到目前为止，情报搜集所取得的进步未能提高这种渗透能力。

近几十年来，在以下三个相关领域，情报搜集能力的提高最为显著。第一个领域，是信号情报（signal intelligence）、通信情报（communications intelligence）和电子情报（electronic intelligence）。通过这三个渠道所获取的信息，有助于了解敌人活动的战术和作战水平，多少能进一步弄清其战略决策。但有关敌人在发动战争等高度敏感问题决策的确切证据，通过这些情报渠道几乎无法获得：因为很容易被监测到，所以领导人通常都十分小心谨慎，不会使用这些渠道来交换战略决策的秘密信息。

第二个领域，是视觉情报（visual intelligence）。在这方面，特别通过对卫星、无人机以及高清摄像头的使用，信息搜集工作也取得了明显的进步。然而，尽管高空侦察设备能够实时传输高质量、准确的敌人活动信息，却无法获取关键内容：活动背后的企图。而且，由于通常敌人活动会被以不同方式解读，这些情报对评估袭击的可能性也就没有太大的帮助。

第三个领域，是非机密信息的获得和发布。在这一领域，特别是通过滚动新闻网络和互联网，情报搜集能力得到提升。24 小时的新闻网络和互联网数据库，提供了以往没有的宝贵信息，其中有部分是即时性信息。同样，尽管这些变革能帮我们更好了解敌人的活动，但通过这种非机密途径，我们也无法获得敌人秘密战略决策的确切证据。

渗透进敌人高层情报圈的最好方式之一，还是要通过可靠且在行的人力资源。1973 年，在埃及和叙利亚攻击以色列之前，最重要的情报信息来自以色列摩萨德（Mossad）情报机构的一位特工。伊拉克生物战计划的关键信息，是萨达姆·侯赛因的女婿在 1995 年叛变西方后提供的。事实上，美国国会联合调查委员会强调，美国情报界没能很好地发展和利用人力资源来渗透到“基地组织”的核心圈；缺乏此类来源大大限制了情报获取能力，导致“9·11 事件”发生前无法采取任何行动。当然，存在的问题是，很难发展这种高素质的情报人才，对这种人才的招募也纯靠运气，全力以赴未必有结果。

展望未来

本书在最后得出了一个比较悲观的结论，认为突袭至少是极难预防的。过去 15 年的经验教训似乎也支持这样的结论。美国联邦调查局局长罗伯特·穆勒（Robert Mueller）对国会联合调查委员会发表的看法，与此不谋而合。关于是否可以采取行动阻止劫机者发动“9·11 事件”，穆勒说道：“仔细考虑我们在打击恐怖活动中可以改善的方面，我认为我们无法找到阻止这次袭击发生的方法。”在袭击者突袭能力增强与被袭者情报能力提高的两相较量中，前者明显更胜一筹。如果是这样的话，那么，我们的后代将比我们的祖父母辈更容易受到敌人突袭。

与此同时，本书也提出了一个补充观点：尽管突袭经常发生，却像自然灾难那样，并非不可避免。只要情报界和决策层能够秉持开放、谨慎、质疑和想象的精神，就可以减少突袭的严重性。过去 15 年来的教训，给情报界提出了新挑战：要在理念和实践上重新整顿自己，应对 3 个层次的新使命，即常规袭击、非常规袭击和恐怖袭击。这就需要情报界的领导层对未来威胁具有远见，重新分配资源，学习如何处理新型早期预警指标，减少各机构间的组织障碍，培养精干人力接受新使命。

引 言

漫长的战争历史中，突袭战略常被使用。在古代，军队对突袭几无应对之策，这种战略能够制胜，是完全可以理解的。然而，在现代战争中，突袭也会经常发生。例如二战期间，所有强国都曾遭遇突袭：德国入侵挪威、日本进攻新加坡时，英国毫无防备；面对德国入侵，法国措手不及；1941 年，德国发动“巴巴罗萨行动”，苏联受袭；在珍珠港，美国被日本偷袭；而在诺曼底，德国又遭盟军抢滩登陆。即使顶尖的情报机构也无法预测战争：苏联有世界上最大的情报机构，而以色列也拥有全球最优秀的情报机构之一，但这两国却分别在 1941 年和 1973 年遭袭；而从 1941 年到 1973 年，有 5 次袭击给美国军事力量和利益带来重创，但该国情报机构 1 次都没能预测到。[1]

然而，历史并不是位好老师。1950 年 6 月，朝鲜进攻韩国，震惊了美国；5 个月后，中国的介入又一次出乎美国预料；1956 年，以色列突袭埃及；1967 年，埃及并未吸取教训，再一次遭受以色列的袭击；1973 年，2 次成功突袭埃及的以色列，却在下一轮敌对中突遭埃及反制。可见，无论是什么样的国家，什么样的政权，都无法预测攻击：大国也好，小国也

[1] 原注：巴顿·惠利（Barton Whaley）曾就 1914—1974 年间约 20 场战争中的 228 场战役进行研究。这些战役中，仅有 66 例在发动时没有任何初期突袭行为，而 160 场战役都使用某种突袭方式。详见书末参考文献：Whaley, 1975, p. 1。

好，都曾成为被袭者；极权统治也好，民主政权也好，都遭受过突袭。

尽管古代战争就曾运用突袭战略，但直到20世纪，突袭才真正成为一种常见的战略。20世纪初，通信技术、交通运输和包括坦克和空中力量在内的武器系统，得到了综合发展；新官僚结构形成，系统性问题有了先进的解决程序；这一切进步改变了战争的本质。结果，这些进步虽大幅改善了信息搜集，更多却是增加了战略突袭的机会（Knorr and Morgan, 1983, pp. 2-3）[1]。

突袭最令人惊讶的是，当人们回过头来分析时，仍无法弄清它是如何发生的。在国际事务中，暴力手段只在长期的摩擦后才会使用，而军事行动需要长时间准备，且无法被掩饰。事实上，在本书将要分析的几乎所有突袭案例中，对即将发生的战事，被袭者都曾掌握一些不易觉察的证据。尽管如此，也不足以防止袭击的发生。

本书研究的是战略突袭，而不是战术突袭。更准确地讲，它研究的是引发战争的突袭，这类特定的战略突袭案例，情况最为复杂。此外，本书将从被袭国的视角来研究问题，以便了解它们无法预测袭击发生的原因。

对于突袭成功的原因，大多数解释要么关注被袭者认知和信息处理的偏差，要么关注组织过程和通信失败的影响。对此，本人采取了更广泛的方法进行探讨。我的基本假定是，对战争即将到来的预判，比战略评估的其他任何问题都更复杂，因为前者涉及很多相互影响的分析困难和判断偏见、组织障碍，以及政治与军事条件的限制。遭受突袭——对被袭国来说，是所有评估失败中代价最大的情况——绝非仅仅是情报失误。事实上，正是由于突袭极其复杂，才使得预测和预防异常困难。

本书不会试图得出一个核心的解释，因为没有一个解释能够把这个问题的复杂性全部考虑在内。相反，我会尝试从不同的角度，研究不同能力水平的被袭国行为，来观察致使一国遭袭背后所存在的困难、错误以及偏差。本书将从四个层面来探讨研究。第一层面是个体分析人员——如何提

---

[1] 编注：括号中是参考文献的作者、时间或页码等英文信息，具体可详见书末参考文献。后文同。

出假设和处理信息，如何出现错误知觉和判断偏见。我的核心观点是，个体分析人员的错误就已决定无法预判战争。因此，本书将重点分析个体情报分析人员在情报处理过程中的固有困难和偏见。本书提到的术语“分析人员”（analyst），是指情报分析人员以及军事或政治决策者；在某些情况下，该术语仅指代其中一种，我会给予特殊说明。第二层面是分析人员组成的小团体——研究团体的工作方式，团体对成员感知的影响，以及成员是否愿意提供具有一定风险的评估。第三层面是大的情报机构和军事组织——研究其对战争爆发的反应，组织效率低下的影响以及这些组织的相关特征。最后一个层面是决策者以及他们与情报界的关系。

本书将对二战爆发以来的 11 个大规模突袭案例进行分析研究。这些案例分别是：

1940 年 4 月 9 日，德国入侵丹麦和挪威；

1940 年 5 月 10 日，德国入侵法国、荷兰和比利时；

1941 年 6 月 22 日，“巴巴罗萨行动”中，德国入侵苏联；

1941 年 12 月 7 日，日本突袭美国珍珠港；

1941 年 12 月 7 日至 1942 年 2 月 15 日，日本入侵马来亚和新加坡；

1950 年 6 月 25 日，朝鲜攻击韩国；

1950 年 10 月 25 日，中国出兵朝鲜；

1956 年 10 月 29 日，以色列攻占埃及的西奈半岛；

1962 年 10 月 20 日，中国反击印度；

1967 年 6 月 5 日，以色列袭击埃及；

1973 年 10 月 6 日，埃及和叙利亚突袭以色列。

此外，自 1939 年以来发生的突袭，还包括：1968 年 8 月 21 日，苏联入侵捷克斯洛伐克；1979 年 2 月，中国反击越南（Pao-min Chang, 1982）；1980 年 9 月 23 日，伊拉克袭击伊朗；1982 年 4 月 2 日，阿根廷占领马岛（Hopple, 1984）。但是，本书将不深入探讨这些案例。因为与上面的 11 个主要案例相比，这 4 个案例的相关资料并不能令我们获得太多的新发现。

还要说明的一点是，本书所涉及的案例资料数量并不统一。有些案例（特别是“珍珠港事件”和“赎罪日战争”）的史料很多，但有些案例（例如 1956 年和 1967 年与埃及有关的两次袭击）就相对缺乏与被袭者行为有关的数据资料。此外，本书偶尔也会提及一些没有引发战争的战略突袭事件，比如古巴的导弹危机以及伊朗国王[1]的倒台。

由于突袭并非只有一种，因此本书将首先从不同方面和程度对突袭进行区分，并大体上对这些突袭的共同点进行描述和分析。因为很多相关资料都显示，导致突袭的是错误的评估而非正确的评估，所以本书主要基于评估失败的案例来研究，是非常合理的。但为了使研究更加完整，本书也会涉及另外两种战略评估：对袭击的错误预测（最坏情况分析和“狼来了”现象），以及会在结语部分谈到的对袭击发生的正确预判。

[1] 编注：Shah of Iran，此处指的是伊朗末代国王穆罕默德·礼萨·巴列维（Mohammad Reza Pahlavi）。

第一部分
突袭的要素

第1章
突袭的本质

要想了解“突然袭击”的本质，有必要弄清“意外”（surprise）本身的特点。生活中经常发生一些令人意外的突发事件，然而，无论这种事件发生的频率多高，无论我们如何不断提醒自己生活中处处有意外，意外对我们的影响都不会减少。

多数情况下，我们虽未忽略潜在事件的可能性，但仍倾向认为其不可能发生。因此，当意外真正到来时，往往会使我们感到震惊，因为我们预计它没这么快发生，或者在别处、以其他的方式发生。有时，我们的想象力太有限，以致无法考虑到意外发生的可能性，这让我们无法预料到意外事件的到来。

意外的发生很复杂。首先，某个行为或事态的发生出其不意，从而证明我们的假定是错误的。其次，意外的发生，往往毫无指标，让我们猝不及防，因而应对不当。最后，突然发生的事件影响我们的情绪，严重时会让我们惊慌失措，至少有一段时间会如此。

意外有不同的程度，不同的情形下，其强度和特性也有差别。从理论层面来讲，我们可以发现，一个极端是完全**意料之中**，事态的发展与我们的预想完全吻合，我们准备很充分；另一个极端是完全**意料之**

外，事件完全超乎预想，我们毫无防备。在这两个极端之间，根据我们的预期和想法、准备工作以及突发事件的影响，我们可以将意外精准地分为不同程度。

依据这些特点，我们可以更加深入地研究突袭。一些学者对于不同种类的突袭进行了区分（Knorr, 1964a; Ben-Zvi, 1979）。兹维 · 拉尼尔（Zvi Lanir, 1983）将突袭分为**情境性突袭**（situational surprise）和**根本性突袭**（fundamental surprise）。情境性突袭暴露出假定和预测上的错误，但没有基本的概念错误；而根本性突袭，本质上是一个国家性的问题，会突然暴露出非常基本的概念错误。

对突袭的概念，亚历山大 · 乔治（Alexander George, 1979）和卡塔琳娜 · 布罗丁（Katarina Brodin, 1978）两人尝试进一步加以剖析。乔治是从被袭国评估的角度研究突袭，发现突袭的不同方面均可出乎被袭国意料。他认为，其中的基本问题是，袭击**是否**会发生；其他的问题则有，**何种**袭击，**何处**发生，**何时**发生，以及**为何**发生。在一些案例中，袭击是完全出人意料的，因为被袭国无法解答以上任何一个问题。还有一些案例中，人们可以预测到袭击会发生，但无法预知其特性、地点和时机，因此，这是一种部分性突袭。

布罗丁则从另一个角度研究突袭的各种程度。她认为，突袭是“在对手未充分准备好潜在（机动）资源之时，对其发动的一种攻击方式”（Brodin, 1978, p. 99）。因此，防御者的准备程度决定着突袭的程度。完全性突袭（total surprise），意味着被袭国出现根本性的误判；而部分性突袭（partial surprise），则是指虽预测到袭击发生的可能性，但应对不充分。

乔治和布罗丁都对不同程度的突袭进行了区分，却仅研究突袭的部分过程。乔治主要侧重于针对突袭的预期，而布罗丁主要分析这些预期的结果，即被袭国的准备程度。本书将从这两位的研究成果出发，尝试继续探讨突袭的整个过程。

每次突袭事件都是独一无二的，没有两次突袭是一样或相似的。尽管如此，我们还是可以总结出突袭概念中所包含的三大要素。第一，突袭是一种出乎被袭国**预期**和假定的军事行为。从这点看，突袭的强度取决于这类假定的特性和深度。第二，突袭的发生意味着早期**预警**的失败。也就是说，突袭的强度与预警（假如有预警信息的话）的时机和明确性成反比。第三，突袭暴露出了被袭国在应对危机方面的不足。从这个角度来说，突袭的程度可以从被袭国在遇袭时刻的**准备**程度判断出来。但是，由于战争结果受到诸多因素的影响，而且最初突袭的影响也无法被独立分解，所以，突袭的程度不能以战争结果来衡量。

很显然，这三大要素是互相联系的。对可能袭击的假定与预期，决定了早期预警的明确性和时机；而预警的准确性又决定了反应的速度和战争准备的程度。被袭国错误假定涵盖的范围越广，预警就会越晚、越模糊；而预警准确性越低，准备工作就越不充分。

对灾难和预警的应对

在具体分析这三大要素之前，我们先简要谈谈危险来临时，对灾难和预警的应对。

巴瑞·特纳（Barry Turner, 1976, pp. 381, 393-394）认为，不同于意外事件（accident），灾难（disaster）“动摇了社会背景条件，与社会中大多数人的正常期望模式出现巨大的偏差”。灾难是可预见并可预防的，因为它们不是一夜之间突然发生，而是一系列错误、偏差与缺陷等复杂因素所导致的，这些因素长期存在于人们对危害的普遍想法里，以及为避免危害而采用的做法和规范中。特纳认为，在灾难发生前的关键阶段——潜伏阶段中，一系列不符合规范的事件会愈来愈多。由于错误的假定，信息处理的难度，标准与预防措施的缺乏，以及不愿正视极端后果，这些事件不被人们注意，或被错误解读甚至忽视。

大量数据表明，灾难和自然灾害的风险常被误判（Slovic, Kunreuther, and White, 1974）。当人们面对一场即将来临的灾难时，总是觉得自己不会受伤害，否定危险的存在，低估危险的可能，过度夸大自身应对危险的能力。在一项关于灾难的心理研究中，玛莎·沃尔芬斯泰因（Martha Wolfenstein, 1957, pp. 17-18, 23-24）曾这样描述人们对于灾难的反应：

> 对远未发生的潜在威胁，人们通常的反应是毫不担忧，这是因为人们多少相信威胁不会真的发生，或者认为威胁不会对自身造成任何影响。即便是面对即将来临的威胁时，人们也可能倾向持有否认危险的态度。
>
> 人们完全不相信威胁的存在，尤其面对过去没有经历过的危险时，更是如此……在灾难来临前，人们总是坚信：灾难不可能发生，即使发生了，也不会伤及自己。
>
> 眼见才能为实，只有亲眼看到了，人们才会相信。例如，在美国堪萨斯州，面对一场预期即将来临的洪水时，人们会说："我们等等看情况怎样再说。"
>
> 即便是历史上已经发生过的灾难……人们通常不认为其会再次发生，想着现在肯定不会像之前那么糟糕。

从很大程度上来说，这反映出了人们的乐观倾向。斯蒂芬·维西（Stephen Withey, 1962, p. 113）发现，人们倾向将有利事件出现的概率，评估得比"客观"情况的概率高一点；而对于危险事件发生的概率，评估得则低一点。后者表明人们总觉得灾难不会真的发生，或者灾难并没有预测得那么可怕。这种对于灾难的反应，也或多或少反映出社会本身的局限。因为很多社会和文化都排斥担惊受怕的风气，对于大多数人来说，担忧是没必要的，也不符合积极乐观的个人形象（Wolfenstein, 1957, p. 21）。但一些研究表明，早期预警有时可能让人们变得敏感，从而对危险产生更高的警觉意识（Janis, 1962, p. 78）。

人们对突发灾难预警的反应是否警觉或灵敏，受很多因素的影响。一些因素与对突袭的理解有一定联系。例如，人们对于自身应对灾难能力的认识，影响着其对威胁的认识以及对即将到来的灾难预警的反应。换句话说，当人们觉得无法解除危险时，反而会强烈地感受到自己会幸免于难。这种情形下，“否认威胁可以抵御内心的焦虑”（Wolfenstein, 1957, p.20）。此外，“感到无法应对威胁的人，对灾难将至的消息比较不太敏感；而过分自信的人也对于这类消息漠不关心，但不是因为想抵御焦虑，而是由于他们觉得根本不需要这种信息”（Withey, 1962, p.114）。

这种反应可以部分解释，为什么弱国总是受到强国的突袭。当弱国认为自己没有能力阻止或击退一场袭击时，就会漠视战争发生的可能性。1940年4月和5月，挪威和荷兰先后遭德国入侵，便属于这种情况。然而，人们在灾难发生前的行为表明，即便他们相信可以有所作为，但如果行动太过麻烦，他们就更会否认危险的存在。例如，当洪水或飓风来临时，人们一旦觉得从家中撤离很烦琐，就会否认灾难带来的危险（Wolfenstein, 1957, p. 21）。这种行为也提供了另一种视角，即对于可能发生的袭击，决策者会考虑要付出的政治或经济代价，而推迟采取反制措施的决定。这一点，本章后文会进一步探讨。

艾尔芬·詹尼斯（Irving Janis）指出，面对一些慢慢积累的灾难（例如洪水）与突然爆发的灾难（例如龙卷风）时，人们对预警的反应有很大的不同。非突发性灾难发生前，人们往往会忽视预警；而突发性灾难来临前，人们则不会忽略预警。当预警预测会有洪水发生时，人们会认为即使什么准备都不做，也不会有太大的危险，因为当洪水到达附近时，他们仍然有充足的时间撤离（Janis, 1962, p. 81; Janis and Mann, 1977, p. 56）。突袭属于非突发性灾难，因为早期预警指标会逐渐出现。因此，詹尼斯为人们缺乏警觉意识提供了另一种解释：人们或许认为无数次预警发出之后，还会有最后一次警告。

此外，人们还倾向于在熟悉的框架内解读新刺激源，因为通常觉得熟悉的事物会比陌生的事物更有可能发生。由于灾难并非经常发生，因此，人们倾向于解读指标时只“考虑最可能发生的情况，这意味着在毫无压力的情况下进行指标解读”。此种倾向会使人们忽视威胁，但“如果存在针对最坏情况的应对之策，这一倾向有可能会被逆转”（Withey, 1962, pp. 114-116）。

而且，熟悉度源自应对灾难的经验。经历过突发灾难的人，对于未来灾难的忧虑往往更大。他们时常保持警惕，避免再次遭受意外。但是，这样的经验也会有反效果。在灾难中幸存后，人们会对未来的危险过于自信。无论哪种情况，随着时间的流逝，对于灾难的忧虑会慢慢减少。因此，研究发现，在一场地震发生后，地震意外保险的投保数量会迅速增加，而随着记忆慢慢消逝后，投保数量会不断减少（Wolfenstein, 1957, pp. 154, 158; Slovic, Kunreuther, and White, 1974）。

同样，对未来袭击的危险，经历过突袭的分析人员和决策者会更加警觉，有时甚至出现过于敏感，而且对于预测袭击的任何证据，可能都不轻易放过。但是，这种敏感度也会随时间的流逝而降低。最终，由于人们过度认为自己已获得了刻骨铭心的教训，肯定不会再次毫无防备，这种敏感就会最终消减。历史告诉我们，遭受过一次袭击，并不能保证会免于再次受袭。

最后，熟悉度还来自危险预警的不断涌现。正如詹尼斯（Janis, 1962, pp. 81-82）所言，新预警的接收者之前曾接过同一威胁的预警，而新预警中没有新信息显示受危害的脆弱性增加，那么预警所带来的警惕性就会减少。如果过去的预警促使人们清楚了解，自己面对眼前灾难的脆弱性，他们就会更加敏锐地对待新预警，尤其是预告严重威胁即将来临的新预警；但如果新预警被解读为只是一个轻微威胁，完全可以被忽略，则对新预警的敏感也会促使人们采取某些妥协性的做法。

一般性的讨论之后，让我们回到突袭的三大要素：错误的假定、预警的失败和准备的不足。

评估错误的方方面面

关于一场可能袭击的假定，包含四个问题：(1) 袭击是否真的会发生；(2) 袭击发生的时机；(3) 袭击发生的地点；(4) 袭击发生的方式。袭击要想出其不意，必须找到被袭者在上述至少一个问题上犯错，而被袭者的错误往往不止一个。

当然，最基本的问题在于袭击**是否**真会发生。更大程度上来说，这关乎一国如何看待，他国对其国家安全所构成的威胁。一国的威胁感知取决于他国的行为，也受到对他国能力和企图评估的影响（威胁感知的定义，请参阅：Singer, 1958, p. 94; Knorr, 1976, pp. 84, 97-98）。

在这方面，我们就可以区分对潜在威胁的感知和战争真实发生可能性的感知。战争越被看作是很久才会发生的事，就越会被认为是一个假设性事件。即使人们接受了战争可能会发生的假设，也倾向认为“这仅仅是抽象的认识，而不是采取具体、积极行动的诱因。明智地预测战争可能性是一回事，而创造性地认真设想战争局势又是另一回事”（Brodie, 1965, p. 187）。将战争视作潜在威胁是一个双重问题。第一，潜在的威胁并不一定是长久的计划，因为这些威胁也可能没有预期地突然出现。第二，当把战争仅仅看作一个潜在的威胁时，在某些极端的案例中，应对准备就可能缺乏一个清晰的目标，同时无法具体思考战争究竟会在什么情况下发生。这样的感知甚至会曲解应该发出警报的具体条件（Knorr, 1979, p. 70; Harkabi, 1975, p. 121）。

因此，错误以为根本不会有袭击发生的国家，会遭受彻底的突袭。这是因为，如果该国认为战争不会发生，就不会发布预警，也就不会采取任何准备措施。这种完全性突袭很少发生，毕竟任何受到威胁的国家都不会完全排除发生战争的可能。这种突袭意味着，被袭国对敌人和自身最基本的判断是完全错误的；在发生袭击前，该国没有意识到双方间存在紧张状态；袭击国已设法完全隐藏了其企图和军事准备，使得被袭国无法获得任何重要的早期预警指标。事实上，自 1939 年以来，一次这样的突袭都没有。理论上来讲，如果法国明天早上要袭击瑞士，可能会取得如此突袭效果。

然而，我们可以想见，一般国家都不想看到战争的发生，认为战争发生的可能性很小，但并没有完全排除发生的可能性。他们可能会预见其他形式的非战争敌对行动。这种情况下，他们有可能给军队发布模糊的预警，甚至采取一些早期预防准备。某种意义上看，日本偷袭珍珠港就是一例。当时，尽管大多数的美国决策者认为日本有可能袭击菲律宾，或以潜艇攻击或者偷袭美国海军，却并没有料想到日本会袭击美国领土（Sherwood, 1950, p. 414）。他们预想到了日本会袭击美国领土以外的地方，也料想到了日本可能对美军采取敌对行动，因此发布了一个模糊的预警，但这种预警并不足以促使各方采取最基本的军事准备。

根本不相信袭击会发生的国家，显然完全无法预测到敌人攻击的时机和其他方面。这种情况涉及对敌军行动的动机、企图与相对能力的根本性错误知觉，是整个国家的失败，而不只是情报的误判。

被袭国未能预测攻击**何时**发生，可能是突袭成功的最主要原因。典型情况是，被袭国认识到威胁的存在以及战争发生的可能，但当袭击发生得比预测得早或者晚时，还是会感到意外。

自 1939 年以来的所有突袭案例都与发生的时机有关。例如，斯大林认为与德国的战争很有可能发生，甚至不可避免，但他预测战争发生的时间比实际晚了几个月（Ainsztein, 1966）。同样，美国国务卿迪安 · 艾奇逊（Dean Acheson）也称，尽管预测到朝鲜可能会对韩国发动攻击，但没想到会这么快就在 1950 年夏天发生（Rees, 1970, p. 18）。1973 年，以色列情报机构评估，阿拉伯人要等到 1975 年或 1976 年才能具备战争威胁；当年 7 月，以色列国防部部长摩西 · 达扬（Moshe Dayan）也宣称，预计未来 10 年不会发生全面战争（Herzog, 1975, p. 41; *Time*, July 30, 1973; Bar-Lev, 1975, p. 261）。

错误评估敌人攻击时机的原因有多种。最主要是因为被袭国相信，自己在军事力量上占据优势，而敌人需要更长时间为战争做准备。这也是 1973 年以色列作出判断时的依据，当时该国对战争时机的预测，是基于以下假定：到 1975 年或 1976 年，阿拉伯人才会获得和装备中程轰炸机，来轰炸以色列的机场（Herzog, 1975, p. 48; Bartov, 1978, p. 287）。大多数被袭国也普遍觉得，当前的政治环境不适合敌人发动攻击。因此，埃及正是认为以色列在政治上受到孤立，且美国不会支持以色列发动攻击，才错误判断了 1967 年"六日战争"（Six-Day War）爆发的时间点。同样，"赎罪日战争"之前 1 周，美国国务院情报与研究局（Bureau of Intelligence and Research, INR）评估了阿拉伯国家的政治气候，认为阿拉伯国家当时普遍反对叙利亚对以色列开展大规模的攻击（Cline, 1974, pp. 131-134; *Pike Papers*, 1976, p. 7）。

错误评估敌人攻击时机的另一个原因，是被袭国认为对手更喜欢通过其他手段实现目标，比如通过政治压力、游击战或秘密活动，敌人只有在其他手段都失败后才会采取军事行动。这种假定最典型的例子，便是斯大林曾相信希特勒会首先尝试对苏联采取政治勒索，之后才会使用高成本、高风险的战争手段。错误评估还有一个原因是，被袭国认为敌人发动袭击的最佳时间已过，或敌人正在等待发动战争的最有利时机。因此，在得知中国介入朝鲜战争之前，美国情报部门于 1950 年 10 月 28 日评估，"随着战绩辉煌的美军已全面完成部署，中国绝佳介入时间已过"。在原本可对美军造成"敦刻尔克大撤退"式的重击时，中国没有介入，因此，美国认为，中国不会愚蠢到在战争的后半段投入战斗（Appleman, 1961, p. 761; Spanier, 1965, p. 98; Rees, 1970, p. 111）。另一种常见的情况是，由于敌人改变计划，被袭国无法准确预测袭击发生的时机。巴顿·惠利（Whaley, 1969, p. 177; 1976, p. 4）发现，在 67 场战略突袭中，实际只有 26 场是按计划发起的。

与袭击时机相关的突袭，也有程度上的问题。就像 1973 年以色列所想的那样，如果被袭国认为战争会在数月或数年后发生，那么，所受突袭的程度就可能很大，因为被袭国军事准备水平很低。[1] 事实上，这几乎相

[1] 原注：在以色列的这一案例中，此因素有部分被抵消，因为：以色列与其邻国有着长期敌对关系的历史，且认定战争近期不可能发生的评估早在战争爆发前一年就已成型。

当于误判战争是否发生。然而，如果被袭国虽不相信战争马上发生，但认为会在数周或数月内发生，则遭受突袭的程度可能会降低。1940 年，德国入侵法国就是这样的例子。在突袭程度最低的案例中，被袭国遭到突袭的时间是以日计算，因此，此种情况可界定为单纯的战术突袭。

尽管被袭国预测到战争会发生，却可能无法料到敌人在**何处**发动攻击，因而对突袭大吃一惊。当发动突袭的地点远离所预想的区域时，就可能达到战略突袭的效果。当敌人可以选择多个国家作为目标，或者攻击一个国土面积较大的国家时，突袭的地点选择就很重要了。当攻击的潜在区域很小（如以色列的案例），那么选择突袭的地点就仅限于作战或战术层级。

通过选择地点进行战略突袭的最佳范例，可能要算日本偷袭珍珠港。在攻击之前，根据美国分析人员的评估，日本可能会攻击的目标包括滇缅公路、泰国、马来亚、荷属东印度群岛、菲律宾以及苏联滨海边疆区 [1]。夏威夷以及美国其他领土甚至都没被列为潜在目标（U.S. Congress, 1946a, p. 390）。

德国入侵法国，也属于一个从地点上进行突袭的例子。盟军坚信德国陆军没有能力向法国发动全面攻击，因此可能转向地面进攻比利时或荷兰。他们当时想到德国主要有 4 种发动袭击的可能：针对低地国家 [2] 发动攻击，或仅针对荷兰；穿越低地国家发动攻势，夹击北部马奇诺防线（Maginot Line）；对马奇诺防线发动正面袭击；穿越瑞士发动攻击。法军指挥部将重点放在前 2 种可能上，低估了德国主攻方向会穿越法国阿登高地（the Ardennes）的可能性（Hinsley, 1979, p. 129; Knorr, 1983, p. 31）。同样，在中国介入朝鲜半岛前，美国分析人员就假定，假如中国大陆真的采取攻击行动，最有可能的目标是东南亚地区，或者不出所料攻打台湾地区（Paige, 1968, p. 172）。1956 年 10 月，埃及或许也相信，如大多数预警

[1] 编注：Russian Maritime Provinces，位于苏联最东南部，这一区域大体为：西起贝加尔湖（Lake Baikal），东到太平洋，南接中国内蒙古和东北。

[2] 编注：Low Countries，指荷兰、比利时和卢森堡三国。

指标所显示那样，以色列可能会袭击约旦，以此报复源自约旦境内的多次针对以色列的恐怖活动。

与攻击地点有关的突袭，似乎有两种具体的解释。第一，被袭国就地形、战场以及敌人能力作出的错误或过时分析，会使其相信敌人无法克服复杂的地面障碍；在某些情况下，还可能认为在该地作战是“不可能完成的任务”。因此，被袭国会忽视来自某一特定方向的攻击可能。地形分析存在一个问题，即有时只有在实战中才能证明其可行性。此外，几年前被证明是正确的地形分析，到今日可能会造成误导，这是因为敌人在这段时间发展出某些手段以克服障碍。因此，在“珍珠港事件”发生前，美国决策者觉得夏威夷是一个坚不可摧的要塞，日本根本不会冒险攻击（U.S. Congress, 1946a, p. 234）。1940 年，法国人也犯了同样的错误——他们也曾坚信阿登高地是无法通过的（Hinsley, 1979, pp. 128-129）。同样，1941 年，英国驻新加坡司令部相信，日本如果想从马来亚的柔佛（Johore）登陆以攻击新加坡，则要穿过浓密的丛林，这对日本来说非常困难，所以日军不会在该地采取大规模军事行动（Kirby, 1957, pp. 7-8）。

第二种解释是，特别是当攻击的目标可能不止一个国家时，被袭国会误判敌人的动机和企图。例如，1940 年，希特勒是企图袭击法国，还是比利时和荷兰？1941 年，他是想要入侵苏联，还是英国？1941 年，日本是计划袭击美国领土，还是荷兰、英国、苏联？1956 年，以色列是打算攻击埃及，还是约旦？评估这些问题，是一个两难选择。严重误判敌人的基本动机和考量因素，可能会使被袭国遭受极其严重的突袭。特别是被袭国对目标进行评估后，认定没有必要采取重大的预防措施，情况就更是如此。大体而言，“珍珠港事件”就是这样的案例。

在战略层面，当敌人使用的手段和方式使其军事行动超过预期时，就会发生与攻击**方式**相关的突袭。如果被袭国误判一些关键因素，例如预期冲突的特性（秘密活动、游击战、常规战争还是核战争）、参与部队的规模和类型、采用的准则和战术、相关的武器系统以及技术能力等，那么其对未来战场的感知可能会是错误的。

与手段相关的突袭方式，主要取决于敌人在技术、准则和战术上的创新。这些创新会提升敌人的战斗力，并超越被袭国已知或假定的范畴。[1]创新可以在两个方面造成突袭。第一，被袭国由于信息缺乏或解读错误，而不清楚正在进行中的创新，尤其是最近发生的创新。例如，美国海军认定，空中发射的鱼雷无法击沉停泊在珍珠港浅水区的战舰。这种观点基于一个事实，那就是在 1940 年，美国海军所知道的空射鱼雷至少需要 60 英尺的水深才能启动，而珍珠港的水深仅 30 至 40 英尺。然而，日军在舰队出发前 1 周，却设法研发出即便在珍珠港的浅水区也能使用的鱼雷（Wohlstetter, 1962, pp. 369-370）。与此相似，埃及决定改变战术，放弃发展远程空袭能力，改用大规模防空系统，抵制以色列拥有的空中优势。这项决策显然是在 1973 年 10 月前不久才下达，以色列情报机构对此毫不知情。

依靠创新进行突袭的第二个方面是，被袭国虽然知道敌人技术或准则上的发展，但完全想不到这些创新能如何被利用，以及在实际战斗中会造成什么影响。例如，以色列已知埃及陆军获得了“萨格尔”（Sagger）反坦克导弹，也知道这种武器的主要特征。而且，早在 1973 年之前的“消耗战”（1967—1970 年）期间，以色列陆军就遭遇过这种导弹。可是，埃及在战场上大规模使用这种武器所造成的影响，仍然让以色列始料不及。同样，1967 年“六日战争”爆发时，以色列打击埃及机场，也根本算不上创新，因为二战期间德国和日本也用过这种战法。但对多数机场发动如此精准攻击时，产生的全面性破坏效果，着实震惊了埃及人。此种方法成为中东战争中的创新战术，确保以色列的突袭得以成功。

与手段相关的突袭，也有程度大小的问题。在此，人们可以区分由突然出现的新武器及其影响所造就的突袭，以及与战争特性相关的突袭。新型武器或军事科技的使用，可以看作是低层级的突袭。事实

[1] 原注：有关突袭的创新更详细的论述，见书末参考文献：Betts, 1980b, pp. 566-569。该文作者将技术与准则性突袭进行了区分。本人有关创新的说法，部分采用了其观点。

上，正如以色列军备发展局（Israel Armament Development Authority）前局长泽埃夫·波宁（Zeev Bonen）所说，技术性突袭目前很难实现。在二战之前，由于各国军队大多没有意识到新技术发展可能对战争带来的影响，忽略了科技情报，因此，技术性突袭有可能发生。当今，“武器获得的过程漫长且难以保密，可能被实时监测到”。对于可改变国与国间军事平衡的新型武器，其大量生产和部署需要很长时间，与其性能相关的信息在这一过程中就可能被曝光。但如果采取严格的安全措施，例如少量或在战时生产某种武器装备时，一定程度上就更容易取得突袭效果（Bonen, n.d., pp. 3-5）。

关于技术性突袭的主要问题，在于如何发展反制措施。很多案例中，采取有效的反制措施需要新型装备内部部件的信息，而获取这些信息需要时间。因此，反制措施的发展速度，与敌人新型装备的部署相比，就可能远远落在后面。如果在这期间爆发战争，由于尚不具备反制措施，技术性突袭就有可能成功（Bonen, n.d., p. 4）。在某些案例中，如果在尚未得知某种武器的内部特性时就爆发战争，这种武器本身就有可能引起技术性突袭。例如，美国情报机构评估，基地设在台湾地区的日本战斗机，受航程限制无法满足攻击菲律宾的条件。美军的评估不错，但日军在发动攻击的一个月前，通过降低发动机巡航速度、尽量减少燃油用量，以及训练飞行员定速飞行等方式，成功增加了战斗机的航程（Wohlstetter, 1962, pp. 357-361）。

当今，多数情况下技术性突袭都不是主角。同样，在大多数情况中，对敌人（特别是宿敌）战斗序列的误判一般不会大错特错。此外，即使被袭国因此而遭到突袭，也仍有机会进行调整以应对预料之外的创新。因此，1973 年，尽管以色列遭到大规模“萨格尔”反坦克导弹的突袭，却仍然在战争结束前，设法部分减少了突袭的影响。

当被袭国对眼前战争的本质特性产生了错误知觉，便可能遭受程度更严重的突袭。这种错误知觉反映了一种长期性的误判，并会导致被袭国在错误假定的基础上，形成其防御的核心概念。在这种情况下，被袭国更难进行调整。发生这种根本性突袭的原因有多种，可能是长期忽略了准则的革命性创新，也可能是积累了对技术发展的重大误判，还可能是对敌人发动现代战争的意志力产生基本的错误知觉。

这种程度的突袭案例，最具代表性的是德国对波兰的闪电战，其次是德国入侵法国和苏联。在德国闪击波兰前，盟军虽知道坦克的技术性能，但却不曾预料到在脱离步兵独立作战、与空中支援协同作战时，坦克能展现出革命性的作战潜力。因此，苏联总参谋部相信，在宽阔且易遭反击的前线，德军不会将闪电战作为一种可行的战术。苏联认定，德军只有在前线试探性战斗几天后，才会投入主力部队（Betts, 1980b, p. 569; Knorr, 1983, p. 30; Erickson, 1984, p. 418）。同样，日军坦克出现在马来半岛也大大出乎英国的意料。英国早就坚信，坦克不可能在热带丛林中作战，所以在马来半岛一辆坦克都没有部署。然而，日军坦克轻易穿梭于橡胶树间的广阔区域内。结果，"日军的运动速度、克服障碍的能力以及大胆使用坦克等，都完全出乎敌人的意料"（Kirby, 1957, p. 211; Barber, 1968, p. 60）。

在此，我们可以就被袭国的预期水平得出一些结论。前文已述，被袭国对突袭的预期基于四个主要问题：袭击**是否**会发生，**何时**发生，**何处**发生，以及**如何**发生。每个问题上，预期水平以及意外程度都有高低之分。现在，我们将探讨，在前文列举的突袭案例中，这些问题如何发挥影响。

首先，表 1–1 展示了每一案例中，突袭的意外程度和四个方面都互不相同。其次，对于战争是否真会发生出现误判，这种高程度的意外并不常见；当它确实发生时，通常是因为冲突双方过去从未互相敌对。接近这一定义的案例只有德国侵占挪威，日本袭击新加坡，中国介入朝鲜战争。在战争是否发生的问题上，出现较低程度的误判较为普遍。当被袭国从未受过敌人的袭击，或敌人有袭击另一国家的选项时，就可能发生这种误判情况。

表 1–1 突袭四个方面的意外程度

案例	是否发生	何时发生	何处发生	如何发生
1940年，挪威	高	高	高	无
1940年，法国	无	低	低	高
1940年，荷兰	无	低	低	低
1941年，苏联	无	高	低	低
1941年，珍珠港	低	高	高	高
1941—1942年，新加坡	高	高	高	高
1950年，朝鲜	低	低	无	低
1950年，中国—朝鲜半岛	高	高	低	低
1956年，埃及	低	高	高	高
1962年，中国—印度	低	高	无	低
1967年，埃及	无	低	低	高
1973年，以色列	无	高	无	低

上表也说明，利用时机进行突袭最为普遍：上述袭击案例都有这种情况。我们可以推断，在现代战争中，选择出其不意的时机是突袭成功最重要的因素，可能也是最容易实现的。

我们可以看出，在多数案例中，被袭国往往在不止一个方面受到突袭的影响。这并不是偶然的。因为对袭击是否发生的错误假定，一定会引发对袭击时间，以及有时也会对地点与方式的错误预期。更重要的是，战略突袭并非因单一错误假设导致，而是由一系列的错误认知引发的。所以，这些错误认知必然会导致不止一个方面的突袭。

最后，预期的水平可能会改变，因而影响突袭的程度。例如，1971年，以色列情报机构认为在不久的将来会爆发战争。但 1972 年，它又改变了这个假定。因为埃及时任总统安瓦尔·萨达特（Anwar Sadat）在其“决策之年”（1971 年），并未公然暴露埃及有袭击能力或企图的任何证据。1973 年，以色列情报机构进一步修正评估，认为至少在 1975 年或 1976 年之前不会爆发战争。1973 年春夏，以色列国防部部长达扬的预测发生了巨大变化，由之前认为发生战争的威胁和概率很大，转变为近期不会开战。正如我们所见，他甚至比情报机构的评估更进一步，预测在未来 10 年都不会发生大规模战争。然而，在 1973 年战争爆发前的最后数日，以色列决策者渐渐改变了对开战时间的预测；到了袭击发生前最后 24 小时，很多人都相信战争迫在眉睫（Brecher, 1980, pp. 53, 62; Herzog, 1975, p. 41; *Time*, July 30, 1973）。类似地，在 1941 年遭德国入侵前夕，苏联领导人某种程度上也经历了这样的重新评估过程。

战略预警

事前预警，是将情报评估与加强防备所使用的反制措施相结合的重要纽带。缺乏充分的事前预警，就无法做好足以应对威胁的军事准备。从这点来说，突袭可以被看作是未能向决策者和军队发布事前预警的结果，否则他们本可以采取相应的防范措施。

事前预警由如下两种要素组成。**早期预警指标**，是指说明敌人可能企图或准备发动袭击的信号。它们作为原始材料，用于对战争的可能性进行情报评估。**战略预警**（strategic warning），是对有可能发生的战争或敌对军事行动进行警告的信息，由情报机构向决策者，或由决策者向军队发出。战略预警源自对战争可能性的评估，目的在于使决策者和军队能够采取适当的措施，应对威胁。

情报分析人员将战略预警分为两种。第一种是有关敌人**能力**的预警，即认定敌人有发动一场袭击所需的武力和工具。第二种是有关敌人**企图**的预警，即认定敌人已经决定或即将决定发动袭击。情报分析人员相信，对于敌人采取攻击性军事选项的准备工作，他们通常可以判断出敌人是否已经完成，或者什么时候能够完成；但他们不愿意发布有关敌军企图的预警，因为觉得这种预警具有风险并可能是错误的。他们强调说，自己不保证能提供与敌人企图有关的早期预警，因此决策者也应共同承担这种预警的责任。但决策者常常询问情报机构有关敌人可能的行为和企图，且往往可以获得答案。因此，情报分析人员尽管态度上有所保留，还是不得不提供有关敌人企图的评估和预警——如果他们提供不了，就会遭受责备。所以在实践中，这两种战略预警的区别就变得模糊不清。

在此，我感兴趣的是战略预警的**过程**。多数情况下，军队所获得的预警能够反映出情报机构给决策者提供的预警，或者说两者是完全相同的，尽管有时决策者会推迟发布或改变情报机构的预警。为了便于研究，战略预警的两个阶段——情报机构的预警和决策者向军队发布的预警——将被视为同一个过程。

表 1–2 战略预警

案例	预警性质	预警到攻击的时间
1940年，挪威	无预警	无预警
1940年，法国	笼统、模糊	约6周
1940年，荷兰	笼统	24小时
1941年，苏联	部分明确	数小时
1941年，珍珠港	笼统、模糊	2周
1941—1942年，新加坡	无预警	无预警
1950年，朝鲜	笼统	数周
1950年，中国—朝鲜半岛	无预警	无预警
1956年，埃及	无预警※	无预警※
1962年，中国—印度	笼统	6周
1967年，埃及	无预警	无预警
1973年，以色列	大部分明确	11—12小时

※ 根据有限数据所得结论。

未及时发布战略预警，也有程度上的差别。正如表 1–2 所示，在我们研究的多数突袭案例中，情报机构和决策者都发布过事前预警，但这些预警事后证明都不够充分。一个令人满意的预警必须具备两方面特点。[1] 第一，预警的表述应该使用具体明确的文字。理想的预警应该就敌人是否发动袭击、何时发动、何处发动和如何发动，使用适当的概率性词语表达清楚。第二，预警应该及时传递给决策者和军队。但遗憾的是，大多数的战略预警至少在其中一方面，或常常在这两方面，都存在缺陷。

战略情报用词

珍珠港遭袭后，常能听到驻地指挥官抱怨说，华盛顿方面事前未明确警告他们战争即将发生。时任太平洋舰队总司令的海军上将赫斯本德·金梅尔在回忆录（Husband Kimmel, 1955, pp. 35-36, 45）中抱怨，美国驻东京大使提交的任何报告里，都没警告夏威夷即将受到攻击，也没表明过攻击有可能发生。1941 年 11 月 27 日，美国海军作战部（Naval Operations）发布的“战争预警”中，并未警告太平洋舰队可能遭袭，也没撤销或修正海军部（Navy Department）之前发给金梅尔上将的通知：日本没有任何攻击珍珠港的计划。金梅尔上将表示：“‘战争预警’一词，不能在事后被当作包罗所有可能性的证据。”

珍珠港遭袭前所发布的事前预警，值得我们特别关注，因为它最能代表另一个更为严重的问题——情报的模糊语言。

珍珠港遭袭前，华盛顿方面曾发布了一些笼统的预警。1941 年 11 月 24 日，海军作战部部长电告金梅尔上将称，“与日本谈判获得有利结果的可能性不太确定。根据这种情况，再考虑到日本政府的表态和陆海军的动作，我们认为日本可能会在包括菲律宾和关岛的**任何方向发起突然性的攻击行动**”（Wohlstetter, 1962, p. 44；强调部分为作者自行标记）。

珍珠港袭击调查委员会（Committee on the Investigation of the Pearl Harbor Attack）的结论指出，上述电文并未向金梅尔下达命令；而是告知

[1] 原注：针对预警预测的其他重要标准，如一致性、决心、方向调整、可靠性、政策关联性等，请详见书末参考文献：Chan, 1984。

他目前局势紧张加剧，以及提供日本可能动作的评估。金梅尔并没有据此电文采取任何行动。事实上，后来他说道，他觉得这份电文要求采取的行动已经完成。

最重要的一次预警，由海军作战部部长 11 月 27 日发出。该预警开头就说，“这份电文可被视为一次战争预警”，接着又指出：“接下来的几天内，日本将采取进攻性行动……日军的数量和武器装备，以及海军特遣部队的组成显示，他们正准备对菲律宾、泰国、马来半岛或婆罗洲发动两栖攻击。”这次，金梅尔被命令“执行适当的防御部署”（U.S. Congress, 1946a, pp. 104-105）。

这次预警使情况变得更加复杂。它确实涵盖了事前预警所需的大多数要素：包含**“战争预警”**这一具体用词；预期了战争即将发生，提供了袭击的情况以及下达了作战指令。但它仍不够具体明确，更糟糕的是具有误导性。主要缺陷是，它提到了可能被攻击的几个具体目标，但没提到夏威夷。金梅尔表示：“它并没有明确表明或暗示，夏威夷地区即将或可能遭袭。”美国夏威夷陆军司令沃尔特·肖特（Walter Short）将军从这次预警中推断，“战争部（War Department）预测，如果真的开战，也只会在遥远的太平洋彼岸，而不是夏威夷”（U.S. Congress, 1946a, pp. 105, 126）。

事实上，收到上述预警的人对此所作的分析，反映了华盛顿方面在评估时的倾向。美国战争委员会（War Council）的确认定，袭击珍珠港的可能性很低。该委员会想通过预警来提醒夏威夷注意危险的可能性，但其自身的评估却影响了预警的用词。相比之下，夏威夷军官对这次预警的解读却过于极端。“他们认为，这份预警意味着政府领导人赞同他们的假定，认为日本根本不可能攻击珍珠港，唯一需要考虑的只是些微不足道的威胁。”（Janis, 1972, p. 96-97）

11 月 27 日，美国战争部发布了另一份预警。该预警指出，“与日本的谈判似乎即将终止……敌对行动随时可能发生”（U.S. Congress, 1946a, p. 102）。这是我们应注意预警用词的另一个例证。战争部部长亨利·史汀生（Henry Stimson）和陆军战争计划处处长莱纳德·杰罗（Leonard

Gerow）将军在起草这份预警时，开头是“与日本的谈判已经终止”。然而，在与国务卿科德尔·赫尔（Cordell Hull）谈话后，史汀生将上述原本明确的文字改成：“与日本的谈判，出于各种实际目的，**似乎**即将终止，日本政府重返谈判桌的可能性**微乎其微**。”因此，正如调查委员会所言，他把一个非常重要的句子变得含糊不清（U.S. Congress, 1946b, p. 65）。

最后一个例证是，海军作战部在 12 月 3 日发布的信息。这条信息并非一个完整的直接预警。虽然如此，在袭击事件发生后，华盛顿的很多官员认为，此信息对战区司令来说是最重要的情报，也是要求他们进行全面警戒的明确信号。该信息内容如下：“收到高度可靠信息显示，昨日，日军向其驻香港、新加坡、巴达维亚、马尼拉、华盛顿以及伦敦的外交和领事机构下达了明确而紧迫的指令，要求立即销毁大部分密本和密表，烧掉所有重要的机密和加密文件。”（U.S. Congress, 1946a, p. 100）此信息的用词引出了两个问题。第一，该信息指出日本领事馆已经接到命令，销毁**大部分**密码。金梅尔事后称，因为并不是**所有**密码都被销毁了，所以他“并不认为该信息有特别重要的意义”。相反，他认为这一信息说明，“日本是在为准备入侵泰国而采取预防措施，因为日本担心其入侵泰国后，英美一国或两国会突然逮捕日本使领馆人员，截获这些密本和密表”（Wohlstetter, 1962, p. 52）。

第二，这条信息既没有结论也没有指令，所以可能被视为仅向接收者传递信息，让其了解而已。因此，金梅尔可以称，由于类似的报告在当年已收过三四次了，故这条信息就似乎没有什么特别（Wohlstetter, 1962, p. 53）。

当然，这种相互误解的情况并非情报界独有，而是普遍存在的沟通问题。罗伯特·杰维斯指出，“当消息发送者的背景，与接收者的关切和信息不同时，就很可能产生误解”（Robert Jervis, 1969, p. 250）。也就是说，如果一个人缺乏另一个人所知道的相关信息，他们两人就会对同一信息有不同的解读。如果两人都假定彼此背景相同时，解读上的差异就会更大。消息发送者会毫无根据地断定自己的意图很明确，而消息接收者则自认为已领会了对方要表达的意义。

因此，当华盛顿方面通知珍珠港的肖特将军，“敌对行动随时可能发生”时，发送者是想让他清楚，外敌可能攻击美国领土，而肖特理解为可能发生破坏活动。华盛顿并不知晓，夏威夷认为破坏活动才是主要的危险。前者还错误地假定，肖特已充分领会到，这份特别的信息表明突袭极有可能发生。毕竟，美国通过代号为“魔术”（Magic）的密码机，截获并破译了东京与日本驻华盛顿大使馆间的外交电文，才获得了这一重要情报。事实上，在很大程度上，肖特的行动受到美国战争部 7 月 8 日所发消息的影响。该消息声称，日本最可能进攻苏联，其次是英国和荷兰的目标。所以，肖特认为，没有人通知自己改变这一观点。而且，夏威夷军官对他们的解读非常自信，认为没有必要和华盛顿方面核实，以保证自己准确理解后者的意图。不用说，华盛顿方面也抱有同样的镜像式错误知觉。当收到与 11 月 27 日信息内容大体一致的预警信息后，美国其他前线基地的指挥官，都采取全部措施进入战前备战状态，这就证明了拥有相关背景信息的重要性。夏威夷是唯一一个未采取适当警戒的前线基地（Wohlstetter, 1962, pp. 74, 101; Janis, 1972, p. 80; U.S. Congress, 1946a, p. 236）。

同样，虽然金梅尔强烈批判华盛顿发出的预警过于模糊，但他自己也因同样的错误难辞其咎。在袭击发生两个月前，金梅尔在一份写给同事的机密信件中，提到日本可能发动突袭，并补充了应对潜艇行动的一系列指示：“我们也不能忘记，单一的潜艇攻击即表明大规模水面舰队的存在。”（Wohlstetter, 1962, pp. 14-15）但是，当偷袭一小时前，一艘外国潜艇出现在珍珠港时，也没人因此联想到日本可能很快要发动攻击。金梅尔也未进一步说明，在防御海区单纯**看见**一艘敌方潜艇，就有可能表明敌人的特遣部队在靠近。他说，这个证据应是“单一的潜艇**攻击**”。无论这句话背后的目的是什么，金梅尔的同事将其解读为只适用于**宣战后**才会普遍出现的情况。

从更大程度上来讲，这是一个从事评估和预测的组织固有的问题。情报信息由于固有的不确定性，用词常常会非常谨慎。一方面，情报分析人员工作的领域充满了猜测，他们觉得必须保持模糊，才能向阅读情报的人传递出一种感觉，让他们知道围绕该问题还有固有不确定性（Kelly and Peterson, 1971）。另一方面，因为多数预测被后来发生的事件证明是错误的，所以情报分析人员必须小心谨慎，以免再三赌上自己的名誉。大多数情况下，分析人员完全不确定所掌握的信息——信息本身通常表达得不清晰、不全面——是否表明可能发生战争；即使信息明确表明攻击即将发生——这种情况很少见——分析人员也知道敌人的决策瞬息万变。例如，在偷袭珍珠港 24 小时前，日本原本准备取消攻击太平洋上的这块美国领地。“情报分析人员的预测必须基于可逆的动向，因此他们不愿意作出大胆的论断，这一点合情合理。”（Wohlstetter, 1962, p. 395）在必要时，整个情报界需要达成一致，这进一步限制了情报语言，致使评估用词必须降至最小公分母。正如托马斯 · 休斯所言，“特别是在有争议的情况下，评估者会使用模糊性更高的词汇，以便各机构间达成一致”（Thomas Hughes, 1976, p. 43）。

因此，情报预测常使用一些特殊用语——例如**似乎**、**也许**、**不能完全排除**、**可能**、**很有可能**，或**极有可能**等。通常，分析人员的原则是，关于未来不能说得太明确、太准确，除非是不得已的时候。当分析人员被迫要发布具体且明确的预测时，他们会用更低概率的用语来表达。[1] 除了 1940 年 6 月 14 日警戒令外，华盛顿方面发来的其余消息都没有使用“**警戒**”（alert）一词。“事实上他们说的是，‘某事正在酝酿中’，或‘可能一个月内就会看出端倪’，或‘也许——要做好任何方向遭到突袭的准备’。”（Wohlstetter, 1962, pp. 167-168）

预警中谨慎措辞是可以理解的，但用模糊语言描述意外事件，例如“敌人的未来行动不可预测，但敌对行动随时都可能发生”，这无助于战场指挥官作出具体决策，也无法告知他们战略形势有任何变化。在一些突袭发生之前，都发布过一般性预警，但没有让人们觉得战争即将来临。这点

[1] 原注：有关概率用语的若干一般原则，详见书末参考文献：Belden, 1977, p. 194。

表明，笼统、模糊的预警不仅不够，还会随着时间的流逝失去警示效果。由于任何军队都无法随时为一切可能做好准备，因此只能专注于某一时刻最有可能的情况。换句话说，军队倾向于不依靠预警，而是依靠自己的预期和概念。例如，1940 年 4 月末，盟军情报机构发出预警说，德国即将向西发动攻势，并可能毫无征兆地攻击马奇诺防线或瑞士以外的任何地方。这种预警毫无帮助，因为盟军统帅部不可能让军队一直处于警戒状态（Hinsley, 1979, p. 135）。

情报机构或军事指挥部发布的正式预警，往往并不是唯一的情报信息，这一事实使问题变得更加复杂。这些正式的预警还常常伴有非正式的评估和预警，以口头或书面的形式，同时在情报机构负责人、军事或政治领导人以及战场指挥官间交流传递。有时，这些非正式的评估至少在某些方面，会与正式的预警相互矛盾。这种不一致性也削弱了正式预警的效果。例如，在写给夏威夷金梅尔上将的个人信件中，海军作战部部长哈罗德·斯塔克（Harold Stark）上将所说的内容，就与一些最重要的正式预警互相矛盾。这些信件以一种友好且信任的基调，说明了事态并没有官方信息所说的那般糟糕，使得珍珠港的部队更认为不可能受到攻击（Janis, 1972, p. 96）。

战略预警时机

情报预警的主要功能在于争取时间，作出适当的决策，采取必要的反制措施来应对威胁。这些决策和措施是否有效，部分取决于从预警发布到袭击发生的时间长短。大体上，预警时间跨度（warning span），是从情报机构考虑是否要发布一项预警，至预警到达战场部队为止。

只有极少数的战略预警是及时发布的。本书所研究的大部分案例，都完全没有明确的预警，或者在最后一刻才发出预警（详见表 1–2）。在“巴巴罗萨行动”以及“赎罪日战争”两个典型案例中，预警都是在攻击开始前几个小时才发布的。这个时间点并非偶然，它反映了情报预警固有的问题。预警发布得太迟主要有三个原因。第一，敌人可能是在攻击前很短时间才下定决心——往往只有几个月或几周，有时就像 1967 年以色列决定开战一样仅有几天。这样一来，留给被袭国的预警时间跨度会很短。当然如果在敌人作决定前，被袭国就能正确预知敌人发动战争的企图，预警时间跨度可能会长一点。第二，早期预警指标可表明战争即将发生的可能性，所以很大程度上，情报预警取决于对这些指标的解读。但因为大多数指标反映的是敌人的战争准备，所以它们通常在攻击前不久才会出现，这样就大幅减少了察觉它们的时间。第三，从评估信息到决定向决策者发出预警，再到警示部队，这整个过程要花一些时间。当分析人员的主要假定排除了战争立即发生的可能性，再要改变这些假定就会耗时耗力了。

另外，情报流程本身，也构成了及时发布战略预警的主要障碍，但不是最后的障碍。正如理查德·贝茨（Richard Betts, 1980b, pp. 552-553）所说：

情报官和决策者之间的沟通，会产生质疑，并造成确定性的波动；决策者可能会有其他想法，命令搜集更多的情报，或者他们可能会宣布警报然后再取消。信息处理时间可能会比决策时间要慢，或没有经过深思熟虑……最后凝聚（大战将至）共识的战术预警（tactical warning），及被袭国领导人对军队进入战时阵地的授权，也可能在沟通链上被耽搁。这种攻击准备和防御反应的速度对比，对于被袭国来说是非常不利的。

突袭和军事准备

军事准备，是为反击敌人所采取一系列反制措施的结果，这些措施包括提高戒备、组织动员和调整部署。在本书研究的突袭案例中，在袭击发生时，被袭国的军事准备都没有完成。被袭国可能只实施了部分军事准备计划，或者采取了不恰当的反制措施。准备状态是反映突袭强度的一个指数。如果被袭者从接到预警至全面准备的反应过程，被当作一个连续区间的话，袭击者在哪一点发动攻击就决定了突袭的程度（Betts, 1980b, pp. 553-554; Brodin, 1978）。

袭击发生时，军事准备的状态受两大因素影响。第一，准备的核心内容包括，面对未来可能遭受的攻击时，一国所采取最低限度的预防措施，即**基本措施**（basic measure）。这些措施取决于该国对潜在战争及其特点的基本感知。每个国家的准备水平都不一样，并且随军事准则、科学技术、预算限制或对安全问题看法上的变化，一国的准备也会逐渐改变。这些基本措施包括常规军队和后备力量的规模，武器系统的采购和类型，编队部署和战备程度等。第二，必要时，一国主要根据战略预警的要求，采取额外的**应急措施**（emergency measure），对上述基本措施进行补充。任何国家都不可能让其军队长时间保持全面战备状态，而往往其基本准备远不足以应对大规模的袭击。因此，预警应能使军事准备上升到所需要的状态。从这点来说，袭击发生时被袭国军事准备不足，要么是因为没有采取适当的基本措施，要么是没有发布准确的预警，进而导致未能采取必要的应急措施，要么两者兼而有之。

适当的军事准备程度取决于及时明确的预警，这就产生了几个问题。正如贝茨所说，"反应必定落后于预警。即使在敌人攻击前已经对情况了如指掌，如果没有完成提高警戒、军事动员以及防御部署，被袭国仍会因敌人的突袭付出代价"（Betts, 1980b, p. 553）。但是，基本准备得当的话，会减少因没有发布正确预警而造成的影响，1973 年以色列的情况就是这样。

接着是预警时间跨度的问题。人们常要情报界评估，多久以后敌人可能发动袭击，以及在那之前什么时候应该发布事前预警。这种评估对计划和决定基本准备的程度，是非常有用的，往往至关重要。但有时，由于极度不确定性，情报界无法或不愿设定预警时间跨度。因此，继未能在德国入侵挪威与法国前发布预警后，1940 年 5 月 26 日，英国情报机构向各位参谋长警告说，很可能无法就德国登陆英国的时间进行事前通知。英国情报机构宣称，除非有确凿的证据，否则坚持认为德国可能随时从任何方向展开进攻（Hinsley, 1979, pp. 167-168）。

有时，情报界会自信地确定一个预警时间跨度——通常是几天或最多几周。比如，1973 年，以色列各项计划的基础是，假定至少在攻击前 24 小时可发布事前预警（事实上，该项假定的原内容是，在敌人开火前的五六天发布预警，若情况很严重，也可以在两天前发布预警）。以色列军事情报局局长向总参谋部保证，针对敌人发动袭击的任何企图，他都能适时发布事前预警，以便后备力量有足够时间按部就班地组织动员（Bartov, 1978, pp. 278-279; *Agranat*, 1975, p. 19）。该项假定意味着，这样的预警间隔时间足以保证在战争爆发前，大量的后备力量可以被动员起来并到达前线；结果，在战争发生的前一天，后备部队仍没有纳入战备措施。以色列军事情报局提供及时预警的承诺，最终证明是个重大错误，但对此承诺的依赖却完全没有遭到质疑；阿格拉纳特调查委员会（Agranat Inquiry Commission）事后总结道，作出这样绝对的承诺是毫无根据的（*Agranat*, 1975, p. 19; Herzog, 1975, p. 276; Dayan, 1976, p. 381; Bartov, 1978, pp. 278-279）。

问题是在情报界之外，没有人拥有足够的知识和经验，来核查情报机构发布战略预警的能力。而且，即便是在情报界内部，对预警时间跨度的评估大体还是一种推测。它是基于在特定时间搜集所需信息的能力（这种能力会快速变化），以及对不断发展的形势进行分析的假定能力（这种能力完全不可信）。[1]

此外，很大程度上，预警的明确性决定了战场指挥官能否采取适当的反制措施。因此，在德国入侵苏联前夜，苏方战场指挥官收到了较为明确的预警，预测 6 月 22 日或 23 日德国可能会沿前线发动突袭；该预警命令军队，不能让任何可能会使局面复杂化的挑衅行动得逞，要进入全面战备状态以应对突袭。但是，预警里没有指示指挥官们应该做什么，如何区分战争和挑衅行动，或者说怎样区分对挑衅不予应对和对突袭加以应对（Erickson, 1972, pp. 531-534; 1975, pp. 110-112; Sella, 1978, p. 561）。

---

[1] 原注：埃胡德·巴拉克（Ehud Barak）少将解释，预警范围之所以经常变动，是因为其取决于情报搜集能力、敌人的预防性措施，以及敌人全面战争准备工作。请参阅：Barak, 1985, p. 3。

即使已开始感知到威胁紧迫，要想充分、及时地采取反制措施，仍面临着一个主要阻碍：制定应对决策时的政治考量。在本书研究的大部分突袭案例中，政治领导人宁愿冒险，也要推迟作出动员军队与提高军队警惕性的决定。反制措施涉及外交和内政方面的重大代价。因此，只要决策者对战争是否马上到来有所质疑，他们就倾向于晚一些再采取最大程度的反制措施。"决策者习惯于生活在有一些预警的环境中"；"决策者虽重视预警，但仍会暂停判断，命令搜集更多情报以确认威胁是否存在，希望新找到的反证能降低敌人袭击可能性"（Betts, 1980b, pp. 561, 564），这些原因使得决策者更倾向于推迟决策。

因此，问题就变成什么程度的战备才算够用。战备意味着在不同层面采取多样的措施，这能给决策者一些操作空间来争取时间、节约成本。因而，在1973年10月5日，以色列国防部部长批准进入"C"级警戒，这是常规陆军和空军的最高级别警戒，但他没有批准动员后备力量。1天之后，由于新信息显示战争将在当天发生，他才同意动员部分后备军队（Dayan, 1976, pp. 373-374）。同样，1941年6月21日，德国入侵苏联的前1天，斯大林命令莫斯科防空部队将战备程度提升至75%，但明显没有决定让苏联红军提升到全面战备状态（Erickson, 1972, pp. 530-531）。可见，领导人越安心于以基本战备和最少的额外措施来抵御袭击，就越愿意冒险推迟进一步动作。因此，以色列在1973年推迟采取额外的战备动作，很大程度上是源自其对自身的评估：他们认为以色列拥有安全的边界、有利的战略纵深（特别是南部）、强大的常规军队和二次打击能力，这些可以代替频繁动员，使得以色列在不付出过大代价的情况下，承受阿拉伯国家的袭击（Stein, 1980, p. 159; Brecher, 1980, p. 184）。

延迟战备措施的倾向，是由多种原因造成的。最重要也是最常见的原因是，人们害怕这些措施会加剧紧张，使局势恶化为战争。对于提高自身战备程度以遏制敌人的任何尝试，被袭国常常会主动放弃，因为他们相信这些措施会引起对方的敌意或造成误判，因而增加爆发战争的风险。

在本书研究的所有案例中，这种选择都证明是错误的。斯大林推迟抵御德国袭击的最高反制措施时，主要的考量就是防止事态恶化为战争。许多迹象都显示，在德国入侵前，斯大林意识到了危险的到来；但由于苏联陆军当时并没有做好充足的作战准备，他试图拖延冲突的发生。由于斯大林想证明他无意和德国交战，因此，他强烈反对过早采取反制措施的主张。直到最后一刻，他还满脑子都是避免挑衅。6 月 21 日，苏联国防人民委员（Commissar of Defense）谢苗 · 铁木辛哥（Semyon Timoshenko）元帅建议向边防军区的所有部队下达警戒命令，但是斯大林不满意命令草稿的内容。他表示："下达这样的命令还太早——或许还有机会和平解决问题。我们应该下达一道简要命令，说明德军的攻击可能从挑衅行动开始。边防军区的军队绝不能受到任何挑衅行为的煽动，避免使局势复杂化。"（Erickson, 1975, p. 110）

同样，在"赎罪日战争"之前，以色列也十分谨慎，避免对阿拉伯国家的军事集结反应过度。以色列国防部部长达扬认为，以方对于叙利亚军事集结的任何过度反应"都会促使全叙利亚进入战前动员"（Nakdimon, 1982, p. 71）。甚至到了 10 月 5 日的早晨，以色列在西奈半岛的常规装甲师还接到命令，不准进入前线阵地，以免埃及怀疑以色列要对其发动攻击（Herzog, 1975, p. 46）。同样的考量在"珍珠港事件"中也起到了作用。美国战争部部长史汀生说明了在准备 11 月 27 日预警时的情况："由于大量的日本人居住在夏威夷，因此我们需要发布一项特殊预警，表明除非有防御必要，否则不应惊动当地居民，以免引发意外，给日本人发动战争的借口。"（U.S. Congress, 1946a, p. 266-M）同样，1940 年 4 月，挪威政府决定不立即进行军事动员，避免被德国人解读为挑衅（Knorr, 1983, p. 23）。

对采取反制措施保持克制的另一重要原因，是不希望自己被第三方当成敌对行为的始作俑者。在"赎罪日战争"爆发之前，以色列决策者担心，动员后备力量会被国际舆论看作侵略行为。达扬在战后宣称，"如果在战争发生 4 天前知道**确切**的情况，我们也不会提前动员……如果我们一开始就动员后备军队，全世界将会指控我们说——'阿拉伯国家开火，是因为发现以色列准备攻击'"（Brecher, 1980, p. 185）。以色列还担心采取军事行动会导致危机升级，这样会招致美国施压，被迫重新开启谈判，达成不利于以色列的政治方案（Bartov, 1978, p. 242）。

不愿意首先采取敌对行动，也可能是出于内部考量。“珍珠港事件”发生前，华盛顿方面担心，除非日本先公开采取行动，否则国内不会支持参战。因此，夏威夷的陆军保持反破坏的警戒[1]，这种防御态势最不容易擦枪走火，不让日本人找到美国人公然行动的借口。遭日本袭击之前，由于担忧国内孤立主义分子，罗斯福总统决定不让海军作战部部长离开《学生王子》（*The Student Prince*）的演出，因为“可能造成不当的警报”（Sherwood, 1950, p. 434）。

最后但同样重要的内部限制是经济考量。地方层面上，例如，为了使用现有飞机实施 360 度全面空中侦察，美国驻夏威夷的军队不得不减少训练，推迟运往菲律宾的重要货物，加大机组人员工作量，并降低飞机的适航性（airworthiness）（Betts, 1980b, p. 560）。国家层面上，为避免支出过于庞大和公信力丧失，决策者有时会等待更加明确的袭击迹象，因而推迟采取反制措施。正如以色列国防部部长达扬在 1973 年所说，频繁动员会打乱一个依靠平民军队的国家的正常生活。在战争爆发两天前，达扬还在担心如果因过度反应造成恐慌，可能会破坏领导层的公信力（Stein, 1980, p. 159; Bartov, 1978, p. 316）。

[1] 编注：反破坏的警戒是夏威夷陆军的最低级别警戒，即“防范破坏与暴乱，无外来威胁”。

第 2 章

情报与指标

通过分析各突袭案例，我们发现情报界很少因为缺乏相关信息，而无法预测到突袭的发生。在大多数案例中，被袭国都拥有大量信息，可用来预判袭击即将来临。由美国国会评估小组委员会赞助，一项关于预警情报的研究通过调查预警过程发现，在“珍珠港事件”、朝鲜战争、古巴导弹危机、1968 年苏联入侵捷克斯洛伐克以及“赎罪日战争”等危机中，缺乏情报并非造成预判失误的主要因素（Latimer, 1979, pp. 50-51）。

尽管如此，有时，情报分析人员和决策者的确会将情报失误归因于缺乏信息，特别是缺少有关敌人企图的情报。1951 年 2 月 23 日，道格拉斯·麦克阿瑟（Douglas MacArthur）将军在向联合国递交的一份报告中指出，政治情报未能穿透铁幕，也没能发出中国有意介入朝鲜战争的预警，而且由于无法越过鸭绿江实施空中侦察，更导致战场情报工作困难重重。中国军队仅用了“一个晚上”就从保护区行进到战场，对此麦克阿瑟将军认为，“世界上没有任何情报系统能够突破这种障碍，对敌人的兵力、活动及企图作出确实的判断”（DeWeerd, 1962, pp. 450-451）。然而，即使西方情报部门很难打入中国，麦克阿瑟也不该抱怨，说他缺少关于中国意图的证据。中国政府曾多次公开表达自己的意图，只是麦克阿瑟没有严肃对待。中国政府也没有向驻北京的外国使节隐瞒，自1950年9月中旬起就在集结部队，以增援东北的兵力。甚至当时的美国参谋长联席会议主席奥马尔·布莱德雷（Omar Bradley）将军之后也表示，他没有得到任何中国要参战的情报，“但是我们有情报说明中国在东北进行兵力集结……也有情报说明他们有‘介入战争’的能力”（U.S. Congress, 1951, p. 759; Whiting, 1960, p. 111）。在我们研究的其他案例中，类似的抱怨都没有出现。

尽管可用信息没有量的困扰，却有质的问题。沃尔斯泰特指出，在“珍珠港事件”发生前，“我们的政策制定者手头上有大量关于敌人的信息……但是却没有完整的目标清单……他们不知道攻击发生的准确时间和日期，不准确掌握日本的能力，也不确定日本是否愿意冒很高风险来发动袭击”（Wohlstetter, 1966, p. 85）。莱曼·柯克帕特里克补充道，“几百条‘魔术’消息中，没有一条能明确说明美日谈判何时破裂，一旦破裂，日本政府会采取什么行动”（Lyman Kirkpatrick, 1973, p. 91）。

在“珍珠港事件”这个典型案例中，情报分析人员的可用信息就存在质的问题。情报分析人员几乎从未及时得到任何确定性信号，可用于向部队发出警报，或告诉他们会发生什么。相反，分析人员通常接收到的是一系列信号，他们只能试图将这些信号拼凑起来，形成一个可显示即将发生事件的清晰图像。正如沃尔斯泰特所言，问题是这个拼图不可能完全拼完。数据模棱两可，在敌人发动攻击前所见的各种信号更是模糊不清，充满不确定性。“许多看似明显地预示灾难即将来临的信号，只有在事发后排除其他可能的含义时，才能被我们真正理解。”（Wohlstetter, 1962, p. 226）

情报信息的质量

情报信息的质量由其可靠性和应用价值决定。信息的可靠性在于，其所包含的固有证据，能在多大程度上正确客观地反映敌人的行为、企图和能力。我们可以将情报信息的可靠性分为三个等级。

不可靠或部分可靠（nonreliable or partly reliable）的信息被认为是可疑的，往往是因为：信息来源有问题或过于主观，缺乏相关资料或次要来源支撑，信息不够明确、相互矛盾或被判断为是由敌人操纵的。大部分人力情报信息（information derived from human sources）以及一些非机密信息，皆属于这类。

可靠但受控制（reliable but controlled）的信息是指，虽然我们不质疑其来源的客观性和取得的渠道，但是必须假定敌人知道了我们已获得该信息。因此敌人可以调整其部分行为，以便操纵我们的认知，影响我们的结论。航拍照片就属于这类：我们不质疑信息的真实性；但是敌人一定知道我们有能力获取它们，可能会相应地掩饰或改变其活动，从而减少这类信息的用途。一些非机密信息也属于此类。

最后，**可靠且未受控制**（reliable noncontrolled）的信息，之所以被视为确凿的证据，是因为它们能真实揭露敌人行为或企图的某些重要方面，而行为和企图又有紧密的联系。[1] 此类信息的分析基础是，假定敌人不知道我们已获得该信息，或者没有意识到该信息已被用作判断敌人未来行为的指标。因此这类信息的可靠性源自我们相信，敌人不会用它来欺骗或操纵我们。这类信息最好的例子是截获的消息与原始的文件。

为了判断信息的应用价值，我们会深入研究数据内容，以确认或排除有任何矛盾的假设或解读。[2] 这项工作首先取决于信息的解析力（capacity of resolution），即证据、信号的准确度和清晰度，与迹象、噪声的迷惑性和误导性之比；其次取决于信息所报告的情况范围，与所考量问题的相对关系。

[1] 原注：相关内容请参阅：Jervis, 1970, pp. 18-19, 27-28, 35-36; Ben-Zvi, 1976, p. 383; Axelrod, 1979, pp. 245-246。

[2] 原注：本人对情报应用价值的论述，是基于兹维·拉尼尔（Zvi Lanir）著作中更详细的分析，参阅：Lanir, 1983, pp. 126-127, 146-148。

我们可以举个简单的例子来阐明这两点的意义。假设我们要评估敌人发动攻击的企图，获得两份信息：第一份是模糊的人力情报（HUMINT），大意是敌人计划发动战争，第二份是可靠的信号情报（SIGINT），显示敌军某旅正准备实施警戒。第一份报告模棱两可且可靠性存疑，因此解析力低；但因为它直指问题的核心，所以涉及的范围很广。第二份报告的有效性毫无疑问，因此有着很高的解析力；但它仅报告了一个旅，涉及的范围很小，也没有揭露敌人多少企图。尽管原因不同，这两份报告都不能确定敌人的部署是防御性的还是进攻性的，因此应用价值都较低。但如果能提供清晰、可靠的证据，证明敌人即将发动战争，那么这种信息的应用价值就较高。

总的来说，信息的解析力与信息涉及的范围呈负相关。为了获得更高的解析力，我们必须缩小所观察事件的范围。情报搜集技术的进步，使得有关敌军部署与活动的信息数量更多，也更加准确；但是所观察事件的范围没有扩大，甚至是缩小了。因此，信息的应用价值是否比过去有所提高，还存在疑问。

在这样的背景下，我们可以把与预测可能袭击相关的情报信息，分为以下两种。第一种是**直接证据**，应用价值很高，主要包括清晰的、可靠且未受控制的信息，有时也包括可靠但受控制的信息。这种证据如果来自敌人的领导层，且包含一个具体的预警，那么就可以明确地说明敌人的预期行为，至少不太会出现误判。直接证据的质量越佳，越能正确评估敌人的企图，并及时发布预警。这种证据具有动摇感知和偏见，从而改变评估的力量。而第二种是**早期预警指标**，包含部分可靠的和可靠但受控制的信息，有时甚至包含应用价值较低的未受控制的信息。这些指标中有些可能不太可靠，但即使许多指标有较高可靠性和极高解析力，它们也不过是指标而已。也就是说，它们反映的事件范围很小，不能充分显示敌人行动背后的企图，也无法确定诸多想定（scenario）中哪一个真会发生。

可供情报分析人员使用的信息主要是第二种。第一种信息确实存在，但关乎战略进攻、特别是涉及敌人企图的则很少。稀少性是这种情报信息的核心特征，也是导致错误和扭曲评估的主要原因。毫无疑问，与斯大林相比，丘吉尔与英国情报部门之所以能更好地预测德国即将攻击苏联，是因为后者通过截获并破解德国秘密无线电通信，而获得了“超级机密”（Ultra）情报资料。例如，英国政府就是通过这份资料，破译了日本驻柏林大使 1941 年 6 月 4 日发出的消息。在这份消息中，他汇报了刚刚结束的与希特勒的会谈。希特勒向大使表示，他已决定要除掉苏联。日本大使还补充，尽管并没有说到攻击的日期，但紧张的气氛表明攻击迫在眉睫。这份信息使英国联合情报委员会（British Joint Intelligence Committee）相信，德国企图和苏联反目。6 月 10 日，“超级机密”情报资料已确定，德国的袭击不会早于 6 月 15 日。从 6 月 14 日至德军发起攻击的 6 月 22 日，“超级机密”情报资料使人完全确信德国已经攻击在即（Hinsley, 1979, pp. 478-479）。

即使我们拥有了高质量的信息，仍然可能无法判断敌人未来的行为。第一个原因是，就算高质量信息，也会存在不小的质疑空间。例如，1973 年 10 月 6 日凌晨 2 点，以色列情报机构获得一条信息，该信息促使以色列决定动员部分后备军力。这条信息警告，埃及与叙利亚将在当天发动攻击。尽管该信息十分明确，但它也暗示，如果当时的埃及总统萨达特得知以色列已预知这一攻击，他可能会延迟或取消行动。而且，信息报告的攻击时间也值得质疑。此外，这不是该情报来源第一次发出此类警告了。时任以色列国防部部长的摩西 · 达扬之后针对这份报告说道：“我们过去曾经获取过类似消息，等到后来埃及并没有发动攻击，就解释为萨达特最后一刻改变了计划。”（Dayan, 1976, p. 375; Stein, 1980, p. 165）同样，在 1968 年“春节攻势”（Tet Offensive）前数周，驻越南的美国陆军截获了一份下达大规模攻击命令的真实文件。但美国情报部门断定，这份文件没有说明攻击时间，因而不够明确。此外，他们判定，这份文件不能成为攻击命令已经下达的决定性证据。文件撰写者早被调离越共组织高层，因此该信息不能代表越共指挥部的真实政策，而只是内部宣传文件（Oberdorfer,

1971, pp. 117-119)。

高质量信息的应用价值之所以有限，第二个原因是其会造成依赖性和蒙蔽性。罗纳德·列文称其为“超级机密综合征”（Ultra Syndrome），也就是“认定面前这份截获的情报真实且有说服力，既然提供了如此多信息，便不需要其他情报了”（Ronald Lewin, 1978, p. 123）。情报分析人员对确凿证据的偏好，使他们“只要认为数据类型和来源同样具有相关性的话，便会排除看似合理的结论”（Graham, 1979, p. 31）。此外，要一直保持高水准的情报搜集，也是很困难的。有时，即使在最佳的情报机构，情报搜集水准也会暂时下降。分析人员一旦没有尽早充分意识到这种下降，对可靠信息的依赖性可能就会使他们犯下严重的错误。阿哈龙·利夫伦（Aharon Levran, 1980, p. 18）以“赎罪日战争”为例对此进行说明：

> 战前情报失误的主要原因，是由于分析人员拥有梦寐以求的可靠信息，来支持他们的假定。正因为这种信息可以很有说服力地证明分析人员的评估，因此也蒙蔽了他们的判断，使他们无法适当地审时度势，分析其他来源的信息。问题是这种可靠的高品质信息并没有随时更新，未能及时反映（埃及）企图的变化以及发动战争的决心。

早期预警指标

如果直接证据有问题的话，那么早期预警指标的问题就更大了。这些指标包括有关敌人行动、活动或未来行为的少量信息，以及敌方暗示可能发动攻击的声明。在战略层面，这些指标可能涉及敌人的长期准备与计划，而在战术层面，它们可能代表敌人即将展开攻击。预警指标的可靠性各不相同，通常应用价值都较低。

早期预警指标在袭击前肯定会出现。一场大规模的进攻需要很多准备行动，包括政治上的准备。这些工作往往需要数日，更为常见的是持续几周或几个月。这一系列的活动就是早期预警指标的主要来源。正如一句名言所说，攻击者可能一直隐藏部分活动，或在某段时间隐藏所有活动，但不可能从头到尾隐藏所有活动。

早期预警指标一般来自战争的准备。因此，它们可以显示敌人军事准备的状态与战斗力的增加。同时，早期预警指标能透露敌人的企图——军事准备的性质、方向和速度——并隐约揭示其背后的目的和决策。关于敌人行为的信息一般来自其内部的三个层级。**高层领导**通常只包括少数几位政治与军事领导人，他们从战争决策的**开始阶段**就参与其中。**中层人员**通常包括数十名政界领导和军事指挥官，主要负责攻击前的准备工作。他们在**第二阶段**获知战争决策，这也许是战争前几周甚至前几个月。但他们往往只了解部分计划，直到攻击即将开始才得以了解全部。**基层人员**是指真正实施军事准备和发动袭击的军队，包括大量的士兵和军官，一般直到袭击发生前一两天，他们才知道军事准备的目的何在。

显然，信息来源的层级越高，对战略预警的价值就越大。直接证据大多来自高层领导。“对于高度机密的决策，只有决策圈中最核心的人才能接触到。”（Gazit, 1980, p. 50）问题是这个层级的人数很少，很难打入。而中层人员就比较容易渗透，从他们那里获得预警指标后，仍有充足时间发布战略预警。但即使从这个层级获得的指标，可能也无法构成决定性证据，依然让人对敌方企图存疑。由于基层人员范围很广，而且肯定会获知部分军事计划以便开展准备，因此，我们可以从基层人员那里获得很多的指标。但是这些指标的质量和应用价值很低，因为执行军事准备的这些人，在战争发生前一刻才能知道战争计划的全局。在“赎罪日战争”后，以色列曾对 8000 多名埃及战俘进行调查，发现只有 1 名士兵在 10 月 3 日得知所做的准备是为了真正开战，95% 的战俘直到 10 月 6 日战争爆发的当天早上才知道要打仗了；18 名被俘的埃及上校或中校军官中，仅有 4 人在 10 月 4 日知道战争即将爆发，1 人在 10 月 5 日得知，其余 13 人则是到了战争发生的当天早上才接到通知（Herzog, 1975, p. 39）。因此，这些指标给预警留下的时间极短。

指标的数量受以下诸多因素影响。首先，敌人基本军事准备的**程度**越高，留到最后需要完成的准备工作就越少。因此，高度的基本军事准备与进攻阵地的预先部署，将缩短预警时间跨度。其次，敌人进攻的**规模**决定了指标的数量。与局部攻击相比，大规模战争的准备工作，或至少两个盟军参与的攻击行动，会产生更多的指标（Levran, 1980）。再次，就是**时间**的因素。随着时间的流逝，敌人持续的准备工作会产生额外的指标。同时，进入决策核心圈、知道战争决策这一机密的领导人员会不断增多，因而也会增加指标的数量。

图 2–1 显示了袭击国与被袭国两大阵营在同一时间所进行的各种活动，从中可以看到早期预警指标的出现，以及被袭国对指标的截获与分析。假定袭击国决定 6 个月后发动大规模进攻（阶段 1）。在接下来的几个月，该国会在作战程序的不同层级进行战争准备（阶段 2），由总参谋部到集团军、军、师再到旅、营层级。6 个月的准备工作即将结束时，整个程序已经完成：袭击国已完成准备，可以立即或稍后发动袭击（阶段 3）。

决定发动战争之后，预警指标（见图中曲线）不会立即出现。决策后的前几个月，作战程序仅限于总参谋部层级，多数进攻准备与袭击国的例行活动并无不同。此外，只有少数领导人知道这个决定。因此，只有少数指标开始浮现，且通常不被认为有何异常。渐渐地，特别是随着作战程序到了旅、营层级，指标的数量会持续增加，质量不断提高。在攻击发生的前一两天，指标数量可能会达到顶峰。之所以会在这时剧增，是因为敌人在做最后的准备工作，而且此刻部队已经知道了大战在即。在这最后阶段，为避免引起被袭国的怀疑，袭击国也可能会尽全力隐藏这些准备工作，特别是一些大规模的活动，从而确保突袭效果。这种做法甚至会导致可见指标数量的减少。

被袭国通常会在作战程序到达部队层级时，开始截获指标（阶段 A）。由此开始，被袭国逐步感知威胁（阶段 B），依次对决策者和军队发布战略预警（阶段 C），以及采取反制措施（阶段 D 到 E）。这些阶段已在本书第 1 章说明。

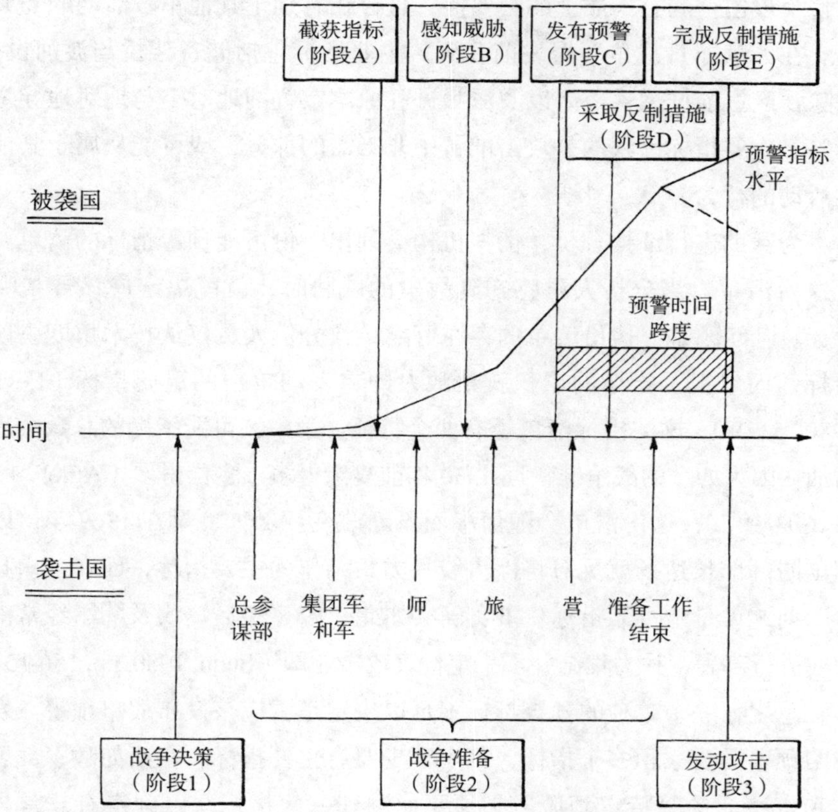

图2–1　突袭前袭击国和被袭国各阶段的活动

很明显，在敌人发动攻击前，当被袭国预警时间跨度较长，并有充足时间完成反制措施的话，就可以避免遭受突袭。这正是图 2–1 所说明的情况。但是假如被袭国反应太慢（在袭击国到达阶段 3 之前，被袭国尚未开始或尚未完成阶段 B 到 E），就会遭到突袭。

大多数预警指标来自军事领域，包括旨在提升军队战斗力和调整兵力部署的行动，以及涉及后勤、指挥与管制的活动。同时，也包括为袭击创造政治背景的行为，例如高级别会议和谈判以及动员民众参战等。

在此，我们必须区分主要和次要的指标。主要指标反映的准备工作，对整个攻击全局有本质上的必要性，且存在有别于其他军事活动的非典型性。在“赎罪日战争”爆发前几天，主要指标包括储备架桥与渡河设备、清除雷区、前推炮兵部署以及派兵进驻原本空置的地对空与地对地导弹阵地等。次要指标反映的是攻击准备中非必需的部分，或可能从属于其他军事活动的行为。

为帮助进行证据分析，情报机构会列出一份可能预警指标的清单。有了这份清单，当分析人员感知到战争的威胁时，就能决定应该寻找哪些指标。[1] 问题是，这份清单的存在可能导致分析人员仅从技术角度去说明指标，而忽视了指标的累积就是敌人即将发动攻击的重要指标（Levran, 1980, p. 19）。这类指标清单还有两个特征。第一，可能指标的总数会逐渐增加，因为如今的战争准备远比 30 年前复杂得多、多样得多（Agrell, 1979, p. 26）。第二，这份清单会随情况而不断改变。例如，早在 1969 年，以色列国防部部长达扬就反对将停火线兵力集结作为主要指标，而在“六日战争”前这可是个可靠指标。事实确实如此，1969 年后，埃及陆军经常沿着前线进行部署，兵力集结并不一定代表攻击在即（Stein, 1980, pp. 156-157）。

总之，一个单独的预警指标不足以决定是否应该发布战略预警。发布战略预警需要累积多个指标，其中至少要有主要指标。在诸如敌军部署调整和空军活动等特定领域，必须要侦测到一些指标，以确定有非常规的活动在发生；同时，在敌人活动的多个领域，也要发现预警指标，这样能够确定指标的累积并非偶然，也不是重要性有限的局部事件。这些累积的指标将首先依据主要指标的权重，进行定性分析。然后，要进行定量分析，因为即使主要指标为数不多，但很多指标的同时存在可能也非同小可。最后，还要分析指标的内在连贯性和一致性，以及能否构成合理的图像。

在实践中，预警指标的分析面临一些严重问题。一方面，敌方活动所产生的指标与另一方定位和搜集指标的能力间有一定的差距。因此，分析

---

[1] 原注：关于 1942 年在苏联中部战区，德军就苏军企图所列的候选指标清单，请参见 Kahn, 1978, p. 102。关于苏联对北约企图的指标清单，请参见：Betts, 1982, pp. 191-192。

人员可能无法识别出值得警惕的主要指标，同时可能会搜集到一些稀少、片面、扭曲和模糊的指标，并被它们误导。

另一方面，预警指标的分析也很复杂，因为它需要同步评估各个领域的发展。对于指标累积与组合的重要性判断错误，会造成严重的危险。在这方面，过去所用的指标清单就没什么帮助了。例如，在“珍珠港事件”前，美国国防计划规定，单一的潜艇攻击即表明大规模水面舰队的存在，且该舰队很可能包含与航空母舰协同作战的快速舰艇。因此，在 12 月 7 日早上 6 点 40 分，当珍珠港附近确定发现一艘潜艇时，整个海军司令部本应立即进入全面警戒，而事实上却没有采取任何行动（U.S. Congress, 1946a, p. 139）。

判断指标时，还有一个基本标准是其特殊性，即是否反映一些严重偏离常态的情况。当特殊指标不断积累时，如果不能从敌人的常规活动中找出令人满意的解释，就应该发布战略预警。如果发现这些指标之前出现过，且符合敌人的常规活动，就不需要发布警报。但是这些指标可能表明，我们应更审慎地考察敌人的行为。

正确把握指标的案例不多，事前得知德国入侵苏联是其中之一。掌握“超级机密”解密资料的英国情报人员确定，有种新的模式正在出现。1941 年 3 月末，他们就相信德国可能入侵苏联，到了 1941 年 5 月 14 日，他们判断这种可能性极高。他们“特别注意到两个方面的进展：一是 5 月 5 日发现战俘营正被迁往波兰的塔尔努夫（Tarnow），这与德国威吓苏联的计划不符；二是在袭击法国、希腊和克里特岛时担任先锋的德国‘第八航空军’（Fliegerkorps VIII）准备紧急调往波兰”（Hinsley, 1979, p. 465）。

大多数指标，甚至包括主要指标在内，都会存在一些让人“习以为常”的先例。如果与过去指标进行比较，当前指标作为预警来源的价值会大大降低。例如，在发动战争之前几年，朝鲜无数次在边界发动轻微侵犯，两次对韩国进行局部入侵。这些边界侵犯频繁出现，以致当时的美国国防部部长约翰逊（Louis A. Johnson）把它们称为“周日晨间入侵”（sunday morning incursion）。冲突的频繁性，使得美国情报分析人员低估了朝鲜发动大规模袭击的新指标。“而袭击发动前的几周，边境冲突的频繁性突然降低，也没有引发什么质疑；显然，没有人想到这其实是暴风雨来临前的平静。”（George and Smoke, 1974, p. 166）同样，“赎罪日战争”开始前，因为之前有过几次类似的军队部署，所以这次埃及陆军的战前布阵也没有引起多少怀疑。1973 年 10 月兵力调动的规模比之前要大，但是这种规模不断增加的情况也持续好几年了。埃及在攻击三天前对苏伊士运河斜坡道进行整修，而以色列未能开展适当的评估，为此以色列总参谋长受到指控。但他回应说，在 1972 年和 1973 年，埃及曾进行了不下数十次的运河整修工作（Stein, 1980, pp. 161, 164）。

与此相关的一个问题是指标的渐进式出现。通常敌人的袭击准备是一个缓慢的过程，需要数周或数月的时间。因此，预警指标也是逐渐出现的，特别是敌人为了迷惑被袭国，会让其对这些准备工作“习以为常”。这种渐进式的演变使被袭国很难辨别哪些指标是有意义的，因为它们在大背景下看起来没什么特殊之处。因此，德国精心安排进攻法国的时机，使盟军情报界大吃一惊。1940 年 1 月，德国下令，用六天的时间完成战斗行进与最后的兵力集结；但是德国发现，这些活动等于提前通知盟军攻击即将开始。1940 年 2 月之后，德国采用的预防措施是，假装准备工作被分阶段叫停。“当 5 月 9 日最终下达攻击命令时，德军早已在边界附近待命，准备 5 月 10 日动身发起攻击，不给盟军提供任何机会来观察或掌握德军的最后准备工作。”（Hinsley, 1979, p. 135）

此外，还有指标不一致的问题。判断指标分析的好坏，要看这些指标是否构成一幅前后一致的图像。而指标通常是不一致的，要么是因为敌人对被袭国的欺骗，要么是因为情报搜集存在的漏洞。例如，在“赎罪日战争”爆发之前，以色列已经发现埃及在苏伊士运河沿岸 70 处地点进行排雷，但同时他们又在其他地方布雷；通往运河的某些坡道依然开放，而另一些则被关闭；埃及这次部署军队时，并没有动员民防组织，这点与之前不同；而士兵和民众的正常生活都没有任何变化——埃及士兵继续不戴头盔沿着运河钓鱼或闲逛（Herzog, 1975, p. 45; Stein, 1980, p. 161）。同样，1940年5月9日，法国第二处[1]接到预警称，德国将于次日凌晨发动攻击。但当日该处却报告，在荷兰和比利时边界以外地区，没有发现德军异动的迹象。英国空军对该地进行了两次空中侦察，飞行员报告并无异常情况（Shirer, 1971, pp. 602-603）。当敌人尚未作出最后的攻击决定时，或者在战争准备中犹豫不决或改变主意时，这种不一致性就会出现。因此，"至少在某段时间内，两种彼此矛盾却都正确的信号可以同时存在……尽管表面上看似不一致"（Handel, 1977, p. 464）。

最后，要讨论一下紧张状态。显然，两个国家在军事或政治上存在紧张状态，应被视为袭击可能到来的重要预警指标。但是，在大多数情况下，紧张状态这一点还不足以成为预警指标。多数紧张状态最后都没有演变为军事行动。而且，突袭一般不会出现在局势最为紧张的时候，这可能是因为袭击国此时会格外小心，以免加重被袭国的怀疑。在许多情况下，紧张状态是逐渐升级的，让人很难察觉到正在走向战争。

本书研究的大多数案例中，突袭发生前双方确实存在紧张状态。但是，不断升级的紧张状态并未高到"剑拔弩张"的临界点。即使紧张程度不断增加，被袭国也不认为需要对敌人的企图发布预警，或者采取反制措施。例如，斯大林虽然知道苏联和德国的紧张状态在不断升级，但他认为如果真有必要的话，也会有时间采取预防措施。美国决策者并不认为与日本间的紧张状态如此危险，因此并未对日方所发出的信号给予足够的关注。就在中国介入朝鲜战争之前，麦克阿瑟总部还认为1950年10月29日当天的情况"无须担忧"。1973年，以色列也没有认识到与埃及间的紧张状态比过去严重。

信号与噪声

分析预警指标的固有困难还涉及一个更大的问题，那就是如何区分信

---

[1] 编注：Deuxième Bureau，即法国总参谋部第二处，是法国的情报部门。

号和噪声。通过借鉴沟通理论中对这两者的区分，沃尔斯泰特首次将其引入突袭研究领域。“某个行动的‘信号’指的是一些迹象、线索或证据，能显示该行动或表明对手采取该行动的企图。而‘噪声’指的是不相关或不一致的背景信号，它们是指向错误方向的迹象，并经常会掩盖指向正确方向的迹象。”（Wohlstetter, 1965, p. 691）

沃尔斯泰特的论文受到了多方观点的批评。首先，有人认为该论文没有考虑到心理学的一项研究实证，即信号侦测不单取决于相对于背景噪声的信号强度，相反的，信号强度对人们辨别能力的影响，会完全被个人预期和辨别该信号所获奖励与付出代价抵消掉（George and Smoke, 1974, pp. 572-573; George, 1980, p. 73）。其次，有些批评者称，与战略性假定（例如敌人什么情况下可能发动攻击）的不确定性相比，信息的模糊性没有那么重要（Whaley, 1973, p. 242; Tanter and Stein, 1976, p. 9）。再次，有人认为，在敌人欺骗行为起主导作用等案例中，沃尔斯泰特的理论则不能提供解释（Whaley, 1973）。最后，还有人认为，对于在不确定的环境中处理模糊信息的决策者而言，她的理论几乎没有任何帮助，因为信号“只有等到事后才能与噪声区分开”（Stein, 1977, p. 438）。

鉴于上述批评，现在人们倾向于将“噪声”一词进行延伸，将各种障碍和筛选做法也纳入其中。这些障碍和做法使我们很难区分信号和噪声，具体包括：敌人隐藏企图或欺骗被袭国的行为、敌人的犹豫不决、国际体系制造的噪声、个人的感知和预期，以及官僚体系对感知与沟通造成的障碍等（Handel, 1977, pp. 462-464）。在这一关键结点上，噪声中与信息和指标有关的各个方面，都需要一个参考标准。从这个意义上说，几乎每一个突袭案例中，因为普遍存在与信号矛盾对立的噪声，所以人们都难以辨认出信号。特别是当分析人员听取错误信号，或被大量信息淹没时，则更是如此。在阿莫斯·特沃斯基和丹尼尔·卡尼曼进行的一系列心理实验中，这种现象得到了验证（Amos Tversky and Daniel Kahneman, 1975）。他们发现，实验对象仅依据相关信息作出的评估，与相关及不相关的信息同时存在时作出的评估，是不一样的。后者中，实验对象即便拥有了得出正确结论所需的全部信息，却仍然不断得出错误评估。

信号与噪声的议题，至少体现了涉及信息和指标质量的三个问题。第一，不可靠或者部分可靠来源的信息，会存在冲突矛盾。分析人员常常面临着一项不可能完成的任务：在没有任何坚实基础的情况下，从两份相互矛盾的报告中作出正确选择。例如，1940 年 5 月 4 日，英国驻瑞士伯尔尼（Berne）武官在递交的报告中说，一名波兰情报官员称德国将在巴塞尔（Basel）与荷兰之间某处发动攻击。但是，这份报告只是众多报告中的一份，而其他报告大多指向不同方向。“而且那时，完全不可能区分出哪些报告是真的，哪些是臆测，哪些甚至是德国有意为之，因为没有一份情报的来源完全可靠。”（Hinsley, 1979, pp. 130-131）

第二，产生噪声的另一个原因是，敌人活动会产生许多预警指标，但这些活动并非都是袭击前的准备。即使是在绝对平静时期，军队也会参与一些看起来像预警指标的例行活动。事实上，指标反映的可能是常规军事演习与训练、例行部署调整、部队调遣，以及内部动乱引发的警戒或针对第三方的军事准备等。大多数情况下，指标表面上看起来是相似的。大多数预警指标除了被视作攻击前的准备工作外，还有其他解读，因此区分噪声与指标就变得更加困难了。正如杰尼斯·斯坦所说，“当同一个指标有两种相互矛盾的理解时，就很难用于解读证据和评估未来行动”（Janice Gross Stein, 1980, p. 157）。

第三，全面军事演习或完全防御姿态的准备工作，在很多方面与真正攻击前的准备是相似的，甚至是一样的。前者产生的指标看起来像是真正的预警指标，很容易造成混淆。这就是为什么德国人在发动“巴巴罗萨行动”前，选择将完全防御姿态作为主要的欺骗手段，隐藏其真实计划。这也是为什么苏联在 1968 年进行全面军事演习，以掩饰其对捷克斯洛伐克的入侵。1973 年，一方面埃及开展战略性军事演习，另一方面以色列假定埃及和叙利亚的部署是防御性的，这让以色列感到迷惑。虽然分析人员知道这些彼此矛盾的指标存在相似性，但他们在辨别这些指标时，仍一次又一次以失败告终。

情报信息的数量

现代情报工作的一个特点，是情报搜集机构掌握的信息数量显著增加。这种增加总体上反映了情报搜集手段的进步。高空侦察与信号情报的发展，带来了技术性情报搜集的巨大成就。同时，情报数量的增加，还在于搜集机构对搜集更多情报的兴趣；机构层面的这一兴趣，源自分析人员对额外信息的要求，而分析人员之所以如此，是因为他们相信，某些缺失的信息或许能帮他们找到问题的解答方案。一旦发生情报失误——这种现象在情报工作中非常普遍——搜集更多情报的压力便随之而来。每次发生重大的情报失误之后，情报界都会大力完善数据的搜集（Szanton and Allison, 1976, p. 196; Freedman, 1977, pp. 62-63; Latimer, 1979, pp. 50-51）。

信息数量的不断增加给情报分析带来了很严重的问题。分析人员发现很难处理大量的信息，这种困难影响了他们的情报评估。例如，在日本袭击珍珠港之前，“从来没有任何个人或机构，可以处理如此巨大的信息网中存在的所有信号”（Wohlstetter, 1962, p. 385）。1973 年某个普通的一周内，虽然没有任何危机发生，但在美国情报界某情报生产办公室里，某地区专家的办公桌上，堆满了几百份有关中东地区的信号情报；关于埃及和叙利亚的战争准备，由于截获的情报数量太多，“以致分析人员连处理其中一小部分的时间都没有”（*Pike Papers*, 1976, p. 20）。

根据丘奇委员会（Church Committee）——1975 年为调查美国政府的情报活动而成立的参议院特别委员会（Senate Select Committee）——所言，造成上述问题的部分原因在于“分析人员本能地想阅读与其研究主题相关的所有原始数据报告，因为他们担心错过任何一份重要信息……分析人员可能害怕因情报失误受到指控，因而认为他们‘必须’涵盖每一个可能的话题，而不管其对美国外交政策的利益是否有用”（U.S. Congress,

1976, Book 1, pp. 274-275）。[1]

此外，搜集的信息越多，就越难将其过滤、组织以及整合成情报评估。分析人员处理信息和从众多指标中生成评估的能力是有限的。许多实验表明，信息数量越多，判断就越不一致，或许就是因为信息超出了分析人员的负荷。还有一个实验表明，随着信息数量的增加，判断的准确性不会大幅增加，但信心会显著地稳步增强（Heuer, 1978a; Oskamp, 1965）。

但这并不意味着，我们不应该努力获得更多信息。在某些情况下，额外信息的确有利于更好地分析，并使分析人员对自己的判断持更敏锐的怀疑精神。理查兹·霍耶尔（Richards Heuer）将分析人员可能会接收到的额外信息分为四种。第一种是分析中已有变量的额外细节。这种信息不会影响整个判断的准确性。第二种是额外变量的信息。因为判断的基础是极少数变量而不是全部证据，因此除非已经发现分析人员理解有漏洞，否则这种信息不会增加预测的准确性；但如果是分析人员有漏洞，仅凭一份说明遗漏因素的报告，就会对分析人员的判断产生很大影响。第三种信息涉及分析中已有变量的价值。当对评估有重要意义的变量发生变化时，新出现的事实会影响分析人员评估的准确性。第四种信息可显示哪些变量是最重要的，以及它们如何互相影响。这种假定构成了分析人员的心智模式，并且决定了他们如何分析信息。因为判断的准确性主要依赖于心智模式的准确性，所以这种额外信息很能左右分析人员的判断。

因此，霍耶尔（Heuer, 1978a, 1979）总结道，额外情报可提高评估的准确性，从而帮助分析人员建立更符合现实的心智模式。但为满足这一需要，信息要符合两个标准：必须确定关键变量的级别和强度，或确定哪些变量最为重要，它们之间如何关联；同时信息还必须是权威、明确和相对完整的。

[1] 原注：丹尼尔·格雷厄姆（Daniel Graham）少将曾抱怨过这种情况的另一个问题：影像与信号情报源源不断，已经多到美国情报界必须减少处理公开与秘密来源信息的分析人员，才有多余人力可用于处理庞大的技术情报搜集工作。请参阅书后参考文献：Graham, 1979, p. 30。

尽管霍耶尔描述的特性非常正确，但很难将他的建议用于实践。分析人员获得的信息往往是可以轻易搜集到的，而不是他们最需要的。增加情报搜集的投入所产生的边际效益逐步递减，这是由于情报搜集的规模日益扩大，成本不断增加，难度和危险性也越来越大，而额外数据与分析能力的提高并无直接关系。此外，搜集的信息越多，所包含的噪声就越多。因此，强化情报搜集并不一定带来更好的情报分析和更准确的评估；当额外信息包含大量噪声时，因情报失误而遭受突袭的可能性甚至还会增加（Freedman, 1977, pp. 62-73; Gazit, 1980, pp. 41-42; Levran, 1980, p. 18）。

第3章
企图与能力

在评估敌人未来行为，特别是发动攻击的可能性时，情报机构试图“衡量敌人作战的技术限制，确定其常见的行为方式，以及查明在什么情况下敌人会进行试探、推进或撤退”（Wohlstetter, 1965, p. 692）。他们依据两个主要方面来评估敌人：第一，敌人的能力——“一国实现既定目标的能力，具体表现为时间和兵力的要求”（Kent, 1949, p. 62）；第二，敌人的企图——敌人的目标以及如何利用自己的能力实现该目标。

毫无疑问，我们所知的敌人能力和企图，是我方预测敌方未来行为的关键。但是，对敌人的评估应以能力为主，还是以企图为主，长久以来人们争论不休。[1] 一方面有人认为关注能力更为稳妥，因为这样的评估是基于事实和可量化的数据，而不是猜测敌人的想法。另一方面则认为：“如果我们总是依据能力来评估的话，那么我军为何不能一直保持自己最大能力呢？”（Greene, 1965, p. 133）

对企图与对能力的评估有所不同，两者的区别体现在涉及的数据和资料，以及评估本身的困难方面。对敌人能力的评估，部分基于相对容易获

---

[1] 原注：可参阅：Brodie, 1965, pp. 378-379; Greene, 1965, pp. 132-133; Shlaim, 1976, pp. 362-363; Garthoff, 1978, p. 24; Handel, 1984, pp. 239-241。

得的确切证据；而对敌人企图的评估，则主要基于模棱两可的证据。敌人的企图和能力都会发生变化，但企图要比能力变化得更突然。因此，敌人的企图更难把握，对于企图的评估结果可能是完全失误，而对于能力的评估可能只是部分失误。然而，对于敌人能力的评估是个漫长的过程，在此期间其能力会逐渐改变。这种情况反过来可能造成错误的累加，往往更难察觉。此外，敌人发动攻击的真实能力通常是未知的，甚至敌人自己都不知道，只有到攻击开始时或经战争检验后方可获知；但在攻击前，敌人真实的企图一般是可知的，至少敌方领导层都知道。

因此，有观点主张“情报技巧中最困难最重要的因素，在于评估敌人的**企图**”（Shlaim, 1976, p. 362），这看来是不正确的。我们不否认评估敌人企图的极端复杂性，但也必须承认，评估敌人能力几乎同样复杂和不稳定。事实上，大多数突袭案例都包含对于敌人能力的错误评估（详见表 3–1）。

表 3–1 对敌人企图和能力的错误评估

案例	企图	能力
1940年，挪威	+	+
1940年，法国	–	+
1940年，荷兰	+	–
1941年，苏联	+	–
1941年，珍珠港	+	+
1941—1942年，新加坡	+	+
1950年，朝鲜	+	–
1950年，中国—朝鲜半岛	+	+
1956年，埃及	+	?
1962年，中国—印度	+	–
1967年，埃及	–	+
1973年，以色列	+	+

注：（+）代表对敌发动战争的能力和 / 或企图的错误评估。（–）代表无错误评估。（？）代表数据不足。

此外，区分企图和能力的评估，并无实际用途。企图和能力并非毫不相关；两者间具有辩证关系。企图是建设能力的主要因素，而能力及其潜力的限制，起主要约束作用（Harkabi, 1975, pp. 118-119）。

因此，企图的评估和能力的评估相互依赖。对敌人企图的错误评估，可能导致对其能力的错误评估，反之亦然，这最终造成对即将来临的战争预测失误。如果分析人员认为敌人的能力不足以成功发动袭击，即使敌人已明确宣称该企图，他们往往也不会重视。1973 年，以色列假定埃及缺乏足够的军事实力，无法越过苏伊士运河并成功发动大规模袭击，因此并没有太多关注埃及总统萨达特的战争威胁。从以色列方面来看，既然认定敌人没有越过苏伊士运河的能力，为什么要在意其企图呢？

反过来，如果分析人员认为对手无意发动战争，一般就较少关注对方的能力。因此，1950 年美国情报机构认为，朝鲜会给韩国施加压力，甚至试图颠覆，但不会有入侵的企图。因此，他们没怎么关注朝鲜是否**有能力**入侵韩国，也就没有采取足够反制措施来应对这种可能。麦克阿瑟将军之后说，即使他提前 72 小时收到朝鲜下达攻击命令的真实文件副本，结果也几乎毫无二致，因为要想将大规模兵力从日本调往韩国，至少需要 3 周的时间（DeWeerd, 1962, p. 441）。

因此，分析人员面临的问题不是：要不要仅以企图或仅以能力来进行评估呢？由于这两种评估相互依存，分析人员应该将两者结合起来。有时，分析人员在评估敌人能力方面不会遇到问题，因为他相信敌人有能力发动成功的袭击。这种情况下，主要的问题就在于评估敌人的利益与企图。尽管如此，当时正确的整体评估，之后可能证明是错误的。德国侵略荷兰与苏联入侵捷克斯洛伐克，都是这种情况。大多数的突袭案例中，关于敌人能力的任何不确定性，会使问题进一步复杂化。为了评估敌人的能力，分析人员必须考虑他所假定的敌人企图，以及敌人冒险的意愿。否则，他的评估只是不加区分地列出敌人的能力与行动选项，而没有提供这些选项相应的可能性（Freedman, 1977, p. 184）。

同时，把敌人能力评估得越高，就越应重视其企图。否则，分析人员定会重蹈美国及以色列的前辙。1950 年 10 月，美国没有从中国加强东北军事力量，联想到北京可能有意介入朝鲜战争；1973 年 10 月，以色列也没有把叙利亚和埃及边界军事能力的增强，联系到阿拉伯可能企图侵略。

从这点来说，过去三十年来，美国军事准则侧重点的明显改变，看来不无道理。弗兰克·斯特奇（Frank Stech, 1980b, pp. 38-39）发现，在 20 世纪 50 年代早期，美国军事准则规定，军事情报只需要评估敌人的能力，而非企图。1951 年，美军《战地手册 30–5——战斗情报篇》（*Field Manual 30-5, Combat Intelligence*）命令指挥官们，“所有行动、部署和计划，应建立在对敌人的能力而非企图的评估之上”。25 年后的《战地手册 100–5》（*Field Manual 100-5*）指出，“敌人的企图，应与其能力和可能的行动，一并被纳入考量范畴”，且指挥官们应设法侦测敌人企图和能力的指标。

评估敌人企图的方法及困难

敌人的企图包括其目标、预期，以及利用能力实现该目标的方法。因此，敌人的企图包含三个主要方面：（1）敌人**基本的目标和预期**，这是在不受内外部限制时，敌人所希望实现的；[1]（2）实现目标的**计划和规划**，即敌人为实现目标所考量的行动方案，也包括每个方案涉及的各种限制；（3）敌人**对若干行动的决心**，包括其承担风险的决心和意愿。这三个方面可以看作是整个过程的三个阶段，在这个过程中，敌人首先定义目标，然后进入计划阶段，最后按照选定的行动方案作出决定。

对于敌人企图的任何评估都应考量诸多因素，首要的是敌人的意识形态，以及短期和长期的政治和军事目标。敌人对自身军事与政治能力的感知也很重要，因为这会限制其对目标的选择。正如狄恩·普鲁特（Dean

---

[1] 原注：在某种程度上，这一方面类似于杰维斯定义的“乌托邦式企图”（utopian intention），也就是“一个国家在完全没有外部限制的情况下会做什么”。“乌托邦式企图”不同于杰维斯所说的“基本企图”，后者包含一国对外部限制所隐含的代价与风险的考量。请参阅：Jervis, 1976, pp. 49-50。

Pruitt, 1965, p. 402）所说，有时候，拥有某项能力会促使其形成某个目标。一个有能力发动战争的国家，要比没有这种能力的国家，更可能通过武力解决问题。敌人对于我方企图和能力的看法，是另一个因素。例如，如果敌人认为我方低估其实力，而有意对其发动攻击的话，那么敌人可能会采取先发制人的行动（Handel, 1977, pp. 477-478）。我们也必须考察敌人的概念框架、行为方式、预期、考量实用价值的模式，以及承担风险的意愿（George and Smoke, 1974, pp. 582-583）。

在第一阶段，要正确了解敌人的基本目标相对容易，因为通常敌人会明确说明。希特勒在《我的奋斗》（*Mein Kampf*）中表明过他的战略目标。而且，早在入侵挪威10年前，德国在海军战略著述中就已说明，他们为何非要占领这个国家（Holst, 1966, p. 36）。在中国介入朝鲜战争前，北京方面已明确说明，参战原因是美国军队进入朝鲜，其反应将是代表朝鲜实施军事介入。这一态度不仅通过中立外交渠道向外传达，而且在其正式公开声明和国内官方媒体中也有表述（Whiting, 1960, p. 110; Appleman, 1961, pp. 758-759）。1973年，对阿拉伯人的长期目标，以色列人也毫不质疑。

但是，未能了解敌人整体目标的情况，也并不少见。1950年，美国官员可能低估了苏联人谋求东北亚霸权的欲望，也就没能了解到，苏联想利用朝鲜对韩国的攻击来推进这一目标。同样，美国决策者没有及早认识到，北京方面希望朝鲜继续作为共产主义国家存在（George and Smoke, 1974, pp. 169, 211）。

大部分情况下，尽管分析人员不质疑敌人基本的敌对企图，但他们往往不相信，为了实现其目标，敌人已决定在不久的将来采取行动。他们也不愿意相信，敌人有能力或决心发动一场冒险性的攻击。而且，把敌人的公开声明和威胁恐吓，解读为虚张声势与勒索手段，总是比较容易的；人们肯定会考虑到，敌人想通过威胁恐吓，来实现用武力无法达成的目标。无论如何，在判断攻击的确定性、时机或地点时，这类声明或书面文字不能作为依据（Betts, 1980b）。

在这种逻辑框架下，敌人的能力可为评估企图提供线索。能力的发展常常是为了追求目标；因此要想入侵邻国，一国很有可能会建立起战争机器。但是，要建设多大的能力才会构成威胁感，部分取决于人们所感知的能力类型。有时，一个国家进行军事武装的原因，被看作是正当合理且不具威胁。因为建设军事能力有多种原因，而大多都是防御性的，所以，把能力作为证据来评估敌人的企图，非常模棱两可（Pruitt, 1965, pp. 402, 405）。因此，在我们研究的某些案例中（如 1967 年的埃及和 1973 年 10 月的战争），尽管被袭国知道敌人已完成全面动员，可以发动战争，这种信号仍然没有使人产生警惕。

在第二阶段，敌人作决定前会考虑很多行动方案，这时要想侦察敌人的企图，可谓难上加难。敌人恐怕都无法预知自己未来的活动。很多事件可能使其重新考虑目标和价值；如果内外部新环境与之前预期有所不同，敌人可能会不按计划行事。此外，当敌人可以采取军事行动时，还有多个选项可供挑选，只有在某些意外情况下，才会继续发动攻击（Jervis, 1976, pp. 54-56; Knorr, 1979, p. 75）。

事实上，只有在少数案例中，敌人无论如何都要坚决发动战争，这时余下的问题主要就是时机。希特勒发动的攻击就属于这个类型。但大体而言，敌人只有认定无法通过其他手段捍卫或获得重大利益时，才会决定采取军事行动；因此敌人不仅决定何时攻击，还要从本质上考虑是否需要攻击。在敌人考量选项的同时，情报分析人员面临着两重任务。正如洛莫·加齐特（Shlomo Gazit, 1980, pp. 51-52）所说："他们必须明确指出，什么样的事态发展会使敌方下定决心，同时还必须预判敌人对事态发展如何反应……实际上，没有任何信息可以帮情报机构预测未来事件。即使我们的情报来源能直达对方决策者，并询问这些决策者未来会采取何种反应，对于他们的答案，我们也须有较大保留。"

在敌人决策前这一阶段，由于缺乏有关敌人企图的直接信息，分析人员必须从发生概率与结果两方面，评估敌人各种可能的行动方案。之后，分析人员要找出在自己看来，敌人最有可能采用的行动方案，包括对敌人最有益和对本国最危险的方案。同时，即使还不能确定敌人是否已决心攻击，对于这一不断发展的威胁，分析人员也应尽早警告决策者，以便采取反制措施。很明显，所有此类评估都是猜测性的，其可靠性有限。

对分析人员来说，最复杂的工作在第三阶段，敌人此时已作出发动战争的战略决策。这一阶段中，分析人员主要有两个问题：一是找出该决策是否已经下达，二是如果已经下达，要找出具体细节（Gazit, 1980, p. 45）。

确认敌人的战略决策存在固有的困难。本书第 2 章曾讨论过敌人决策直接证据的获取，以及指标的不可靠性。有些指标可被看作敌人开战决策的可靠证据，能否确认这些指标，是分析人员常常面临的问题。另外，如何不间断地密切掌握敌人领导层的决策过程，是分析人员面对的另一个问题。即便是事后分析这一决策过程都极为困难，更别提在事发之时了。

很多障碍因素也使得分析人员的工作更加复杂。首先，战略决策是受到最高级别保护的国家机密。通常它们只存在于某个人心里，比如希特勒；或者只有少数最高领导人知道。在民主政府中，参与这些决策的领导人数量很少；在独裁政府内，参与者就更少了。要想确认敌人秘密战略决策，分析人员不得不找出敌方某些领导人心里怎么想，更难的是，还必须确定他们在不同情况下会怎么做。1956 年，贾迈勒·阿卜杜·纳赛尔（Gamal Abdel Nasser）不相信英、法与以色列有任何勾结的迹象。他"完全无法相信，自称对中东无所不知的（英国首相）安东尼·艾登（Anthony Eden），会联合以色列对阿拉伯国家开战，破坏了英国所有阿拉伯友国的安全，有损英国在阿拉伯世界的地位"（Heikal, 1973, p. 107）。同样，以色列政府也很难相信，萨达特总统会凭一己之力，将埃及带入战争。"战前以色列认为，与纳赛尔不同，萨达特没有阿拉伯民族主义（pan-Arab）的野心，只想在埃及国内投入力量和资源。"（Bar-Lev, 1975, p. 262）

正如克劳斯·诺尔所说，"外国行为者并非自始至终稳定一致的人；他们说话时，会用不同且往往是相反的声音"。这种差异通常是"不同人在不同语境中说话的正常结果……外国政府的声明可能会存在模糊或误导性，因为其实该国的计划尚未最终敲定"（Klaus Knorr, 1976, p. 111）。

其次，一国企图与特定环境息息相关。从考量甚至下达决策，到拟行动之时，这期间企图可能发生变化。其战略决策，包括与战争相关的决策，可能会临时发生反转或快速变化。战略决策改变的原因可能是：国内出现了新限制，新任领导人上台，相对能力发生改变，出现新备选选项以实现目标，或突袭效果已丧失。甚至最终决定下达后，敌人仍有反转的空间。

再次，正如本人之前所说，对敌人能力评估的任何错误，都可能导致对敌人企图的错误评估。就算敌人已明确表达其企图，情况也还是如此：因为假如敌人没有发动战争的能力，为什么要担忧其企图呢？即便是最坏的情况，敌人发动攻击，也不过是以卵击石。德国入侵法国前，法国就曾是这样想的，正如安德烈·博福尔将军所说："既然希特勒无法打败我们，他怎么会想和我们开战呢？"（André Beaufre, 1965, p. 150）1973 年 4 月，在一次采访中，以色列军事情报局局长艾利·泽拉（Eli Zeira）解释说，阿拉伯国家领导人的企图常常超越他们的能力，如果把这些企图的声明当成有效指标的话，"这些言论会导致可怕的误判"（Stein, 1980, p. 156）。

然后，敌人的企图和决策，常取决于分析人员所属国政府的未来行动。"珍珠港事件"中，美国对日本的禁运产生了多重效果，且作用日渐增加，但究竟施加了多大的压力却很难计算。为解读对美国有危险的信号（如日本采取特定的军事或外交举动），美国情报人员完全有必要掌握本国最新举动，而且必须在数小时内就知道。但对本国政府政策与企图的变化，只有少数情报分析人员才熟知。夏威夷首席情报官曾表示，尽管自己能接触当地所有情报，但他完全不了解如果日本袭击英国，美国政府将采取什么政策；因为他并不属于"高级政策层级"（Wohlstetter, 1962, p. 57）。

最后，从敌方决定发动战争的时刻开始，我方分析人员就在和时间赛跑。敌人从决策到实施的时间很短；在这短暂期间里，情报机构必须找出敌人的决策，尽早发布预警，使军队能够采取必要的反制措施。然而，被袭国常常没有意识到时间紧迫，因为他们不知道甚至从未疑心敌人已决定发动战争。因此，他们并没有集中精力搜集情报，以找出敌人的决策，因而丧失了宝贵时间。在这种情况下，分析人员不太可能对敌人的企图作出可靠评估。尽管如此，分析人员仍应评估敌人可能考虑的行动方案，指出哪些最可能发生、哪些危险性最大，并尽量确定敌人何时能下定决心。

敌人的概念框架

从逻辑上对敌人企图进行评估尚且不够。敌人会根据不同标准来评估其自身能力和选项，得出不同结论，采用令人意想不到的行动方式。因此，分析人员必须站在敌人的视角进行评估。正如本诺·瓦塞曼所言，“情报预测唯一令人满意的基础是，用**他国的假定合理地**评估他国行为，这一标准是通用且客观的”（Benno Wasserman, 1960, p. 168）。但要从敌人的角度合理解释其行为，却并不容易，因为需要了解敌人与我们不同的概念框架。从我们的概念框架看，敌人的行动和企图可能会显得奇怪、荒谬且不可预测；因此要想合理解释，需要我们有可观的知识、丰富的想象力和良好的直觉。

当敌我的政治文化体系存在差异时，要想了解敌人观点、评估其企图，实在是困难重重。事实上，1939 年以来所有的突袭案例，都涉及社会政治体系和意识形态彼此不同的国家。分析人员对本国政治体系的观点，很大程度上影响着他如何理解敌人的思维和行动方式。在一些案例中，例如苏联所遭受的突袭事件中，分析人员的概念完全受自身政治意识形态影响，并显然以此作为看待敌人的参考框架。这可能严重妨碍了情报工作。乔治·凯南（George Kennan, 1958, p. 22）称，在分析西方国家动机时，整个苏联情报搜集系统严重瘫痪。这是因为长久以来，由于共产党的限制，搜集到真实信息的情报人员，无法客观地分析与解读西方社会。分析人员不得不套用马列主义意识形态来撰写报告，而不管适不适用。

即便意识形态不是障碍，分析人员从本国体系中得到的经验，在一定程度上，也会决定他的知识和看待事物的倾向。例如，由于对中国新生共产党政权内部力量的误解，美国以为中国不会介入朝鲜战争；美国从自己的角度出发，认为一方面介入朝鲜战争会削弱中国政府对国内的把控，另一方面中国不会从战争中获得任何实际利益（U.S. Congress, 1951, p. 2101;

DeWeerd, 1962, p. 446）。结果证明，这两个想法都是错误的。参与朝鲜战争巩固了北京对国内的把控力，中国由此一战成为军事强国之一。

此问题的另一方面，涉及与外界接触少、相对封闭的国家，好几个突袭案例都是这种情况。这种情况存在两个问题：一是情报人员很难打入这些国家内部，搜集相关信息；二是对分析人员和决策者来说，可能无法理解这些国家的价值观、假定和预期，而这正是敌国领导人决策的基础。

之所以无法理解敌人的参考框架，主要是因为人们倾向于认为，敌人和我们有同样的思维方式和衡量模式。我们总会认为，敌人看待现实的方式和我们一样，我们不会做的事情，敌人也绝不会做。如果我们想要维持现状，就会认为敌人也这么想，因此敌人不会发动战争来改变现状。这种偏见还与我们对自身形象的感知有关。我们习惯认定，别人看待我们的方式，与我们对自己的看法并无二致，别人对我们企图的了解，同我们对自己企图的认识一样清楚。因此，美国决策者没想到，跨过朝鲜半岛的三八线，会引起北京强烈的反美情绪。美国人一直自视为中国人的保护者，结果却难以置信地发现：这个一直保持友好的国家，会把美国看作严重的威胁。因为美国无意攻击中国，所以美国人判断，善意的承诺足以作为充分的保证（Spanier, 1965, p. 97; Williams, 1973, p. 226; George, 1980, p. 69）。

透过敌人的眼睛看现实，意味着不仅要理解其意识形态，而且要研究其**操作码**（operational code）。根据亚历山大·乔治的研究（George, 1969），操作码的概念指的是，敌人认定自己对事件进程的控制程度、敌人对冲突的概念、敌人对有效政治手段的看法，以及他们衡量行为的方式。要了解敌人的参考框架，意味着还要理解敌人的背景（包括经验、动机、预期和恐惧），并考虑敌人内部谈判的动力以及官僚体制的压力。正是在这些因素的基础上，敌人得以解读信息、形成企图并作出决策等。正如乔治所说，“即便关于敌人未来行为的信息如实可靠，对敌人的错误意象，也会扭曲我们对该信息的评判”（George, 1980, p. 68）。这些因素构成了敌人的概念框架，了解这些因素是一项非常重要的工作。

许多评估的假定是，敌人会按照我们期望的那样合理行事。通常，分析人员应使用敌人的价值体系，来定义合理性；也就是说，敌人选择某行动方案，是期望它能推动自身的价值观。当缺乏有关敌人企图的有用信息，或者敌人尚未作出决策时，我们只能依据合理性的标准来评估敌人企图。然而，因为合理性是依敌人的价值观界定的，所以我们认为敌人是合理的这一假定，无助于评估敌人未来的行动。因此，根据我们自己的价值观判断另一方具有合理性的做法，使我们回到理解敌人价值观的问题上。

乔治（George, 1980, pp. 67-68）由此介绍了另一个问题：

> 外交政策问题的复杂性常常在于，它们引发的多种价值和利益问题，往往很难调解。因此，即使是理性的行为者也难以选择，因为他面临的是一项价值权衡的问题。对手会如何解决这一难题，即使其身边的人都难以预见，更何况由另一个国家的人，依据合理性假定去预测其行为……对方会试图作出合理的决策，但可能受不确定因素的影响，而难以计算出各种行动方案的预期结果……我们很难预测到，对手将如何应对这些不确定因素，这再一次限制了我方，使我们不能用合理性假定来预测对方的行为。

敌人的概念框架，尽管足以左右其行为，但却不是决定因素。敌人的行为取决于信息，该信息能告知敌人如何行动。被袭国在评估上可能出错，不是因为不理解敌人的概念框架，而是因为没能掌握作为敌人行动依据的信息，忘记了敌我在信息上可能有所不同。

约旦国王侯赛因·宾·塔拉勒（Hussein bin Talal）在1967年6月参与战争的决定，足以说明上述困难。侯赛因之所以如此决策，是基于以色列对埃及在西奈半岛军事行动的反应；但约旦直到6月5日才知道，以色列已决心攻击埃及。在开战前的两周里，侯赛因可能考虑过糟糕、极糟糕以及最糟糕的选项：如果以色列攻击埃及时约旦并不介入，他会被贴上叛徒的标签，可能失去王位；如果以色列攻击埃及时约旦进行干预，他可能会失去领土（事实确实如此）；如果以色列不采取行动，这场危机会成为埃及总统纳赛尔——当时侯赛因在阿拉伯世界的对手——的重大胜利，使其能从内部削弱侯赛因政权。面对这些痛苦的选择，侯赛因决定加入纳赛尔的阵营，与埃及签署防御条约，同意由埃及将领担任约旦对阵以色列的前线指挥官。侯赛因认为以色列不愿动用武力，再考虑到与埃及签署的防御条约，以及伊拉克军队即将进驻约旦的事实，侯赛因认定自己不必决定是否卷入战争。结果，6 月 5 日清晨，纳赛尔发来关于以色列正在进攻的电文，收到该电文 1 小时内，侯赛因即下令开火，殊不知埃及空军此时已被摧毁（Kam, 1974, pp. 15-17, 60-61）。

从情报的角度出发，问题在于侯赛因的决策是在压力之下仓促作出的，受不确定因素影响，缺乏关键信息。根据以色列的价值观来看，约旦参战的决定是不合理的，因为以色列足以同时打败埃及和约旦。如果侯赛因决定不参战，即便埃及被击溃，他还很有可能保住王位。然而，侯赛因的价值观却并非如此，以色列分析人员必须考虑到，侯赛因害怕如果不帮埃及，自己会无法应对可能发生的国内动乱。事实上，以色列在评估时适当考虑到了这一因素，所以未出现情报失误。

侯赛因国王的案例说明，分析人员在评估对手企图时，主要应考量：对手的态度和倾向，这会严重影响其行为；对手对成本、风险以及获利的评估；对手如何看待其他行动方案会产生的结果；对方的担忧与预期；对方对我方企图和能力的评估，和对整体力量对比的判断；以及对方领导人的个人特征。这一案例也显示出，敌人所获信息对其决策的重要性，同时也提醒我们，对方作出决定时可能正面临极大的压力。

最后，对敌人参考框架的误解，可能会导致一国出现误判，不知道自己已对袭击者构成威胁，结果使后者走向战争。因此，1950 年，美国决策者不理解，仍处于巩固政权时期的新中国政府，会把美国军队到达前线视作对中国安全不能容忍的威胁。在北京看来，随着朝鲜战争的爆发，美国的亚洲政策对其构成了日益严重的威胁；中国人认为，美国的政策转向对其不利。然而，美国决策者却认为，美国介入朝鲜战争，并未严重威胁或影响中国的国家利益（Spanier, 1965, p. 94; Rees, 1970, p. 113; George and Smoke, 1974, pp. 214-215）。

敌人的冒险行为

在评估敌人企图的一个核心因素——敌人承担风险的意愿时，透过敌人眼睛看事情的困难，会带来其他的问题。分析人员用什么标准来衡量敌人可能承担的风险？因为分析人员感知的现实多少与敌方政府的不同，因此他们很难预测这些风险。即使双方对现实情况的某一重要方面看法一致，视角上的差异也会使双方得出不同的结论。沃尔斯泰特（Wohlstetter, 1962, p. 354）就“珍珠港事件”指出：“在日本计划的大规模战争和单个行动中，对于日本所承担的风险，美国与日本作出的评估是一致的。但美国误判的是，日本承担这些风险的能力和意愿。正如约瑟夫·格鲁（Joseph Grew）大使所说，‘一国的理智会避免该国发生这种事情，但我们不能用美国的逻辑来衡量日本的理智’。”

分析人员往往假定，敌人会尽可能降低决策中的风险；但这种假定不能解决任何分析问题，因为风险大小这一问题太过主观。降低风险并不总是人们倾向采取的战略（Dror, 1971, p. 17），而且敌人承担风险的意愿与具体情况有关：敌人在某些情况下可能决定冒险，但在另一些情况时却拒绝冒险。因此，即使能够很好地掌握对手的概念框架，对于其在特定情况下的行为，谁也不能保证给出正确的评估。

要判断敌人是否做好承担风险的准备，还存在其他困难。如果我们评估敌人的能力远不足以发动成功的攻击，便会排除其冒险的可能性。因此，以色列情报机构认定，因为阿拉伯国家知道发动攻击无异于自杀，所以不会冒险。麦克阿瑟将军也认为，美国空军几乎无人能敌，再加上美国的核潜力，使中国任何军事指挥官都不敢冒险将大部队投入朝鲜半岛（Willoughby, 1956, pp. 361-362）。对敌人冒险能力的低估，也可能出现在政治层面。谈到朝鲜入侵韩国时，美国国务卿艾奇逊说：“与世界舆论背道而驰会使一国陷入‘冷战’，挑起美国原子弹打击则会卷入‘热战’。美国认为或希望，上述危险可打消他国任何军事侵略的念头。”（DeWeerd, 1962, p. 440）

而敌人看待其军事选项中的风险时，观点可能完全不同。第一，敌人可能认为其军事行动，并没有多大风险。例如，苏联可能认为，朝鲜入侵韩国并不是风险极高的战略；由于美国并未承诺会保护韩国，因此苏联领导人可能低估了入侵的风险（George and Smoke, 1974, p. 168）。或者，敌人可能利用时间因素，希望通过操纵和干预事件来控制风险。在古巴导弹危机前，美国分析人员就犯了这样的错误：他们假定，尽管一些风险已及时消除，在古巴部署导弹对苏联来说还是个高风险战略。事实上，苏联领导人明显认为，在古巴部署导弹是一项可计算、可控制的低风险战略（George and Smoke, 1974, pp. 489, 584-585）。

第二，当分析人员认为敌人承担的风险太高时，促使敌人冒险的巨大利益，往往会被低估。[1] 理查德·斯莫克（Richard Smoke, 1977, p. 277）发现有证据表明，决策者往往会低估敌对国家间战时预期的差异性。他们知道敌我双方的目标全然不同，但对双方预期有多大的差异，他们往往估计过低。

第三，敌人可能也认为自己的能力不足以发动战争，这和我方观点一致；但敌人这一劣势可以依靠一些优势（如发动突袭）来弥补。因此，在德国入侵挪威前，英国和挪威都低估了德国准备冒险的程度。“通常，劣势方可通过大胆、迅速的行动，让突袭因素发挥最大作用，从而克服所谓的战略劣势，而优势方可能没有充分认清这一点。”（Holst, 1966, p. 35）

第四，敌人实际上也清楚其军事行动中的高风险，但坚信自己别无选择，或认为这已是成本最低的行动方案。在敌人看来，为免遭安全威胁，自己用尽了其他所有选项，战争已不可避免。对于敌人这一感受，被袭国特别难以理解。例如，1941 年，日本领导人认为，因为战争不可避免，所以他们别无选择，只能袭击美国；而且当时开战，胜算要比之后更高。美国国务卿艾奇逊（Acheson, 1969, p. 36）后来说道：

---

[1] 原注：在古巴导弹危机发生前，美国分析人员的确预见到，苏联在古巴部署导弹可以获得某些利益，但在评估中，他们并未给予这些利益适当的权重。请参阅：George and Smoke, 1974, pp. 447-479; Hilsman, 1964, p. 172。

> 华盛顿没有人意识到……在东条英机政权看来，征服亚洲不是野心的实现，而是关乎政权的生存。这是生死攸关的大事。他们绝不愿意日本继续处在所谓的危险状态，被敌对强国包围……12月1日，在作出开战决定的枢密院（Privy Council）会议中，东条英机说明了屈服的后果……"如果日本屈服于美国的要求，不仅会使日本声誉尽毁，而且不能解决中国问题，甚至连生存都危在旦夕。"

第五，敌人也可能认为，虽然自己会输掉某次战役，但却能赢得战争，因为军事平衡并不是关键问题。这就是为什么1973年以色列未能察觉到，为了改变政治现状，阿拉伯国家愿意承担高风险。

第六，分析人员也许对敌人能力评估准确，但敌人对自身能力的评估却可能出错。有证据显示，偷袭珍珠港的部分原因是，日本策划者忽略了美国在战争潜力中的压倒性优势，这很不理智（Wohlstetter, 1962, pp. 350-357）。评估敌人的判断错误，也是一项艰巨的任务。1939年以来的突袭案例中，尽管有突袭优势，还是有大约一半的袭击者最终输掉战争。显然，发动突袭并不保证能赢得战争。这些案例证明，那些声称敌人不该发动攻击的人，最终是正确的；但这种正确的分析，也免不了对敌人企图出现评估错误。正如斯特奇所说，"情报失误可能会导致战略失败，因为最出人意料的计划其实是那些被认定不会成功的计划，事实上，此类计划之所以出人意料就是因为它们终将失败"（Stech, 1979, p. 41）。

第七，还是与承担风险的不合理行为有关。敌人的所作所为，从其自身的价值观来判断，可能是不合理的——例如，由不寻常的压力所致——或者仅对另一方分析人员来说是不合理的。英国首相丘吉尔（Churchill, 1950, p. 603）描述了这一困难：

> 日本宣战不符合常理。我很确定，这种冒险会毁了整个一代日本人，而事实的确如此。但是，政府和人民不一定会作出合理的决策。有时，他们会作出疯狂的决定，或者一群人掌权，强迫其他人服从，并帮他们干蠢

事。我多次记录下我的怀疑，不相信日本会走向疯狂。但是，无论我们怎样真心地换位思考，都不可能把握人类思想与想象力的过程，因为它们都不是常理能讲通的。

丘吉尔一语道破这个问题。不合理行为很难准确预测，因为它的走向完全无法用常理去推断。突袭常常会成功，就因为它是违背常理的。此外，分析人员会倾向构建一种事件模型，将对方的行为过度合理化（overrationalize），但要想克服这种倾向并不容易。这种倾向对分析人员来说是个令人非常苦恼的问题，因为他的情报很少，而且对方还是一个与其竞争的社会。竞争几乎迫使他假定敌人是合理的。问题是，这种合理性假定会混淆分析人员对真实情况的感知（De Rivera, 1968, p. 28）。

评估敌人的能力

评估敌人的能力也是个关键问题。1939 年以来的多数突袭案例中，对敌人能力评估出错，是最终没有预测战争将至的核心因素。这一问题确实复杂，也无法用充分且经过验证的公式加以解决。

首先，我们如何定义敌人的能力。一个公认的定义是，在战时，能力被视为是**不受抵抗**（unopposed）时的力量。例如，古巴有能力使一个步兵团在美国登陆，意味着古巴拥有一个训练有素且装备充足的团级部队可用于入侵，同时拥有运送该团并使其登陆的船舶；其隐含的假定是，该团在登陆时不受任何抵抗（Platt, 1957a, p. 64; Stech, 1979, p. 17）。

这个定义不够充分，会引发情报用户的混淆与误解。就同一个例子来说，情报用户可能理解为，古巴实际上拥有在美国登陆一个团的能力，但事实上，在大多数情况下，古巴根本做不到（Platt, 1957a, pp. 64-65）。1973 年 9 月 17 日在以色列总参谋部的会议上，军事情报局局长宣布，由于以色列拥有空军优势，当前阿拉伯国家没能力开战。然而，两周之后，在 10 月 3 日的内阁会议中，军事情报局副局长却表示，从作战的角度来看，埃及人完全有能力发动攻击。在“赎罪日战争”之前，以色列决策者明显更倾向于第一种说法；在开战前一天，国防部部长达扬在采访中还说，埃及人近期不会发动战争，因为他们还没准备好（Bartov, 1978, p. 287; Nakdimon, 1982, pp. 68, 81）。

此外，这个定义只说明，在不受抵抗的情况下，敌人拥有实施具体行动的实质能力。但是，情报分析人员应注意的，不是敌人发动攻击的绝对能力，而是与本国抵御攻击能力对比之下敌人的相对能力。问题不是敌军能否发动攻击，而是攻击能否成功；而成功不仅取决于敌方的军事能力，我方的军事能力也同等重要。然而，情报分析人员中，极少有人处在能同时分析敌我军力的位置上。这个问题可能要由作战机构处理，但其主要负责本国军事事务，因此不便跟踪敌军动态。所以，对敌人能力的综合评估往往缺乏明确的权责分工；甚至开展基本评估时，也存在这方面问题。

其次，敌人军事能力可能会随情况而变化。敌人或许有能力保卫自己的领土，却无力对另一个国家发动攻击。因此，在这两种情况下，敌人可能会有完全不同的行为，并展现不同程度的积极性。同样，敌人或许有能力发动攻击，却不能两面同时作战。

尽管如此，我们还是需要评估敌人的能力，以说明敌人能否发动战争，并区分各种意外事件和中间阶段。1967年，埃及人可能认为以色列无力发动战争，因为一旦开战，就意味着以色列要在两面或三面同时应战；事后证明这种看法是错误的。1973年，以色列总参谋长相信，叙利亚有能力占领戈兰高地（Golan Heights）的部分地区，却无法占领定居点或整个高地（Bartov, 1978, p. 306）。对分析人员来说，准确界定什么在敌人能力范围内、什么是超越敌人能力的，是极其困难的。

再次，情报分析人员总会忽略一个事实，那就是本国军队可能会遭到敌人的战略突袭。因此，他们评估敌人的整体能力时，依据的是正常情况，不是敌人突袭之后的情况，而突袭往往会大大增加敌人的胜算。虽然大多数军队都会拟定应急预案，以应对敌人可能的袭击，但很少会针对突然袭击制定方案。以色列调查委员会（Israeli Commission of Inquiry）发现，拥有25年战争与军事行动经验的以色列总参谋部，在1973年竟然没有任何应对突袭的预案（*Agranat Report*, 1975, p. 40）。[1]

考虑到这些困难，在分析敌人能力时，分析人员应依据各种基本变化，并考虑以下因素：敌人的军事力量、地形、可能的攻击时机与条件、敌人（及被袭国）与攻击相关的限制等。

然而，即使找到解决该问题的一些方法（例如，将与能力和各种变化相关的假定都纳入评估），评估敌人的能力仍然非常复杂。因此，能力评估常会出错；究其原因，要么是对敌人的军力评估失误，要么是对自身的能力假定有误——抑或两者皆有。

分析人员首先面对的是数据问题。所获的有关敌人军力和能力的信息，常常是不正确、不完整、过时或模糊不清的。情报机构有时可能缺乏绝对重要的信息。例如，在“珍珠港事件”前，美国情报机构缺乏日本陆海军战备和设备的进展与状态等重要信息，也不知道日军装备已达到足以攻击珍珠港的程度。美方评估日军的飞机产量大概是每月200架，但实际上超过了400架。美方认为日军飞行员训练水平较低，尽管日本飞行员平均飞行时间远超其美国同行。难怪美国情报机构会低估日本的能力，美国国务院更是存在错觉，认为仅需几周就能击败日本（U.S. Congress, 1946b, p. 29）。其次，对于基本不为人知的新型武器，要想评估其效果，几乎是不可能的。日本袭击珍珠港之前，美方低估了零式战斗机（Zero fighter）的航程、速度以及抗毁性（invulnerability）；美国认为，日军驱逐舰的声呐装置也不如美国的，而事实上前者比后者强5倍；同时日本航空母舰的飞机搭载量（aircraft capacity）也被低估（Wohlstetter, 1962, p 337; Morgan, 1983, p. 55）。对敌方技术本质的了解通常不是问题，因为关于技

[1] 原注：分析人员往往还会忽略，遭遇突袭后，本国军队可能发生的情况。在“珍珠港事件”前，虽然突袭是个相当流行的词汇，且作为考量因素，出现在夏威夷群岛所举行的兵棋推演（war game）和军事演习中，但从未有人实际评估，对美军舰队、空中力量和地面部队，突袭可能会造成什么影响，也未曾计算过人员和装备可能遭受的损失。请参阅：Wohlstetter, 1962, p. 69。

术的信息一般是可以获得的。真正的问题是，“武器系统的战时性能，不能直接由其技术特征推断而来，而是取决于指导武器使用的作战构想、战略与战术”（Betts, 1980a, p. 123; Handel, 1980, pp. 94-95）。和平时期，评估技术的特定军事用途可能更为复杂，因为这时数据更少，而且在评估敌人能力时，情报分析人员比较缺乏警惕性。

数据搜集与分析的难度，引出一个重要问题：评估、衡量和对比军事能力。诺尔说得好：“我们既没有理论指导也没有实证装置，可以衡量、对比和从根本上预测出，各国动员起来的军队战斗力如何。就目前所知，唯一可精确衡量的方式就是实战验证……这主要是因为，由于定性因素的存在，定量对比常常无法得出结论。”（Knorr, 1970, pp. 22-23）评估国家间力量平衡时，大都采用不同形式的定量比较，包括战斗序列数据、现役军人数量与动员潜力、武器系统的数量类型及性能、后勤能力的一些方面以及军事预算。能力评估之所以重点关注这些定量因素，是因为这些因素是可见、可评估且可持续跟进调查的；也是因为，由于现代技术的进步，定量数据的精准度比以往更高。但是，即使在信息充足的条件下，定量对比也会产生问题。我们可能会面临各种各样的定量因素：例如，空军优势要达到多少，才能弥补地面战斗力的不足？（Knorr, 1956, p. 28; Agrell, 1979, pp. 27-32; Colby, 1981, p. 92）

此外，对比武器存量并不等同于对比达成特定目标的能力，因为前者完全不能说明敌我交战时的军事能力。具体来说，战争结果受一系列因素的影响，但我们几乎不能提前评估或衡量它们。这些因素包括：军队的动机与士气；军事领导人的素质与各级指挥官的战术能力；突发情况下指挥框架的灵活性；军队的训练与纪律；军事情报、控制系统和通信的质量；战时武器的维修质量与性能；军事准则的运用；人员组织与表现；国与国的地缘关系、可使用的基地数量与后勤补给条件；对伤亡的承受能力；以及经济容量、技术能力、管理技能，和军事力量的潜在基础等。

因为情报界可使用若干标准来评估敌人一些方面的能力，所以针对部分上述因素，分析人员有时能得出结论。例如，可部分评估军队的训练、军事领导人的素质、维修与后勤能力。但是大多数评估是笼统且不准确的，许多因素根本无法衡量。最重要的是，我们没有什么有效方法，来定义这些因素间的关系（Knorr, 1970, p. 23; Marshall, 1966, p. 2）。我们也无法充分对比敌我双方的能力。也就是说，我们没法把这些多样因素——单个因素的分析并不完整——整合成准确、全面的说明，用于定义在各种可能情况下，敌人实现特定目标的能力。如果定义现状尚且如此，那么对未来进行评估时，由于几乎没有关于未来的信息，问题会变得更加严重。

这并不是说分析人员不用设法评估敌人能力；但是，由于不能准确衡量和对比这些定性因素，他们会改用另外两种方法，而这往往造成结果的扭曲。第一种方法之前提到过，就是专注于可进行定量评估的因素。结果，与其他军事能力要素相比，战斗序列与武器存量等因素的对比情况会显得更加重要，但这并不符合这些因素的固有重要性。武器存量的对比或多或少可以说明，为什么 1967 年埃及会遭到以色列突袭。埃及国防部部长沙姆斯·巴德兰（Shams Badran）在军事法庭上解释说：因为一般认为与以色列相比，埃及的空军力量与装甲部队有压倒性优势，所以没人想到以色列会袭击埃及；埃及的错误在于情报机构没有考虑到，以色列自称接收了 300 架幻影战斗机（*Al-Ahram*, Cairo, February 25, 1968）。结果证明，埃及所犯的错误，并不是忽略了新增的幻影战斗机（这些战斗机其实并不存在），而是错在以为自己在量上的优势能起支配作用。

第二种方法是基于敌人过去的表现，对敌人的能力得出笼统的结论。现在我们来看，敌人过去的军事行动对我们评估其当下的能力，会有什么样的扭曲性影响。1973 年以色列对阿拉伯国家能力的评估，就部分基于其军队在 1967 年和 1970 年的拙劣表现。以色列国防部部长达扬曾写道，"'六日战争'以及战后，以色列与阿拉伯军队在空中与地面的多次冲突，使我们可以判断如果战争爆发，以色列要想赢得胜利并不困难"（Dayan, 1976, p. 509）。但在 1973 年的战争中，正是这些阿拉伯军队，凭借更加高昂的斗志与明显提高的战斗力，突袭了以色列。又如，新加坡沦陷前，英国驻东京武官连续几年提交报告，准确指出日本陆军是世界上最高效的军队之一。然而，马来亚英军司令部却一直低估日军的效率和技能，这可能是由于日军未能打败装备落后的中国军队，才被认定为低效无能。

在新加坡的案例中，低估敌人的能力会导致我方过度自信、放松警惕，继而增加评估敌人能力的难度。“可能就是因为这些因素，所以从1939年起，司令部参谋们就几乎没研究过敌军在丛林的战法与兵法。”（Kirby, 1957, pp. 457, 166）

有时还可用第三种方法来评估敌人的能力——依靠敌人对自身相对军事力量的评估。当然，要想得知或衡量敌人对自身的可靠评估，需要非常准确的信息，但这种信息常常无法获得。以色列在“赎罪日战争”前就采用了这种方法。在10月3日举行的非正式内阁会议上，以色列军事情报局副局长报告说，“我认为，埃及和叙利亚不可能发动战争，因为在他们对西奈半岛驻军状况的评估中，没有什么变动显示他们可能开战”（*Agranat*, 1975, p. 22; Stein, 1980, pp. 155, 162）。这种方法的问题是，如果坚信可以依靠敌人的自我评估，分析人员可能会过于自信；当敌方评估发生变化而我方没有察觉到时，我方整个假定框架恐怕都会出错。这就是1973年以色列犯的最严重错误。

能力评估不够充分，多少解释了战略突袭的一个主要原因：被袭国没有持续更新与敌人能力相关的规则。人们认为，这些规则可以解释敌人的能力与局限，在过去已被证明行之有效；对于这些规则，分析人员与决策者往往直接接受和认可，而没有重新检验其有效性。例如，法国在1940年的作战计划中，就忽略了阿登高地的中央区域，因为据说这里的“地形能够自卫”。在法国，这一假定从未遭到严重质疑，但早在1928年，英国军事分析家李德·哈特（Basil Liddell Hart）爵士就说过，法国的想法是“基于错觉”，而且“穿过阿登高地的难度被过度夸大了”。此外，20世纪20年代早期，马奇诺防线的概念在战略研究的基础上得以形成。这一概念假定，军事技术将像一战时一样，继续更利于防御而非攻击。20世纪30年代，性能更强的坦克与飞机使这个假定变得过时了，但却没人对其进行修改。结果，德国的能力被严重低估（Goutard, 1959, pp. 84-85;

Shirer, 1971, pp. 166, 627; Knorr, 1979, p. 81)。

马来亚和新加坡的案例更是引人注目。在日本进攻前，英国驻新加坡高级军官指出，“马来亚是世界上最容易防守的国家。这里有一条主要公路大致贯穿南北，还有一条铁路。只要我们能守住这两条路，就能守住国家”。当被问到沙滩时，他的回答是海滩不重要。军事地图显示，在沙滩和主要公路之间是空白地区。这个国家三分之二的国土，被划为不可穿越的丛林区。事实上，大多数高级官员从来没有进过这些丛林，于是便认为其他人都无法通行，而且他们也不知道，丛林里到处都是野兽和天然小径。日本军队就是沿着小径步行，顺着河道漂流，或在小路上骑着自行车，到达了新加坡。他们通过沿海岸线挺进，或从海上绕到英军背后登陆，设法绕过了主要通道上的强大防守点。讽刺的是，日军手头只有学校用的教学地图册，所以他们并不知道，英军把丛林当成阻碍他们前进的严重障碍（Leasor, 1968, pp. 18, 117-118; Kirby, 1957, pp. 344-345 ）。

规则的持续性会使人们相信本国的军事优势。分析人员和决策者有时相信，与敌人相比他们拥有压倒性的军事优势，以致忽略其他所有考量因素。这种无懈可击的感觉，常常使人低估敌方的能力，忽视对手军事力量的变化。当分析人员和决策者认为他们将长期保持优势时，以及当他们认为敌人也知道这一点时，情况更是如此。在“赎罪日战争”爆发两个月前，达扬就曾表示：“以色列在整体军事力量对比中更胜一筹，面对其他所有考量时，这一优势具有压倒性的决定作用，使得短期内不会再爆发战争……我们的军事优势，源自阿拉伯国家的衰弱和我国能力的增强。我认为，造成对方衰弱的因素短时间不会消失……在我看来，未来几年，我们将继续保持这种优势。”（*Ma'ariv*, Tel-Aviv, August 10, 1973 ）

造成军事优越感的各种因素中，有三点值得特别强调。第一，安全疆界（secure border）与难以逾越的屏障，会让一国感到自己刀枪不入。以色列之所以自认为无懈可击，就与安全疆界的概念有紧密的关系，他们认为自己在 1967 年就获得了安全疆界。以色列的前线也被视为坚不可摧的屏障，让敌人难以逾越（Dayan, 1976, p. 509 ）。同样，在马奇诺防线保护下，法国人也感到很安全。“这些工事可在守军几乎毫发无损的情况下，阻止德军再次攻击，这种信心充分反映了法国人思想深处的想法，他们还没从一战的流血杀戮中恢复元气。”（Shirer, 1971, pp. 166-167）

第二，如果一方认为敌人的缺陷根深蒂固、永恒不变，那么由此产生的军事优越感，会造成极大的扭曲效果。达扬说出了以色列国内的普遍感觉，认为以色列的优势源于阿拉伯士兵在教育与技术方面的落后。

第三，优越感还与对本国二次打击能力的信心有关，因为即使敌人首先发动攻击，这种能力可以确保最终的胜利。以色列国防军对其二次打击能力的信心，来自以下几种假定。以色列空军相对于阿拉伯空军的空中优势，确保阿拉伯国家发动的任何攻击都会以失败告终；不会出现大面积领土被占，而又无法快速收复的情况；一旦敌人的前进受阻，以色列将立即采取决定性的进攻行为；如果叙利亚试图占据戈兰高地，以色列国防军会立即深入叙利亚境内（Brecher, 1980, pp. 54-55, 67; Bartov, 1978, p. 287）。1950 年 10 月 15 日与 11 月 9 日，麦克阿瑟宣称，中国最多派出 5 万到 6 万人跨越鸭绿江；如果中国全力介入的话，美国空军也会消灭他们，“届时将是一场最大规模的屠杀”。对空中力量的依赖，可能是麦克阿瑟误判的关键因素：就在那时，12 万中国士兵一部分已经或正在过江，另一部分则正由集结和训练区向渡江地点行进（U.S. Congress, 1951, p. 1835; Truman, 1956, p. 366; Appleman, 1961, pp. 760, 765, 767）。

军事优越感与威慑力息息相关。当决策者认为其军事力量有决定性的优势，或低估敌人能力时，往往对自己的威慑力过于自信。如果一国威慑力很强，被突袭的危险就会变高。因为随着对本国威慑力的信心不断增加，决策者倾向于忽略预示敌人即将攻击的早期预警指标，认定敌人因为不想自杀所以不会发动战争。因此，他们的反应就会延迟，预警时间跨度也会缩短。此外，正如乔治和斯莫克所说，威慑成功的印象只是一种幻觉，因为“只要威慑没有公开受到挑战，防御者就倾向于认为威慑起作用了”（George and Smoke, 1974, p. 567）。

如在 1973 年，以色列认为其国防军对阿拉伯国家军队的压倒性优势，足以威慑阿拉伯国家，使其至少短期内不敢进行军事冒险；以色列领导层没人对此提出质疑（Bartov, 1978, p. 279）。法国将领在1940年5月也经历了类似的感受。法国总参谋长莫里斯·甘末林（Maurice Gamelin）承认："我当时以为会取胜，我确信可以阻止德国人。"博福尔将军曾写道："我们拥有世界上最精良的陆军，装备了最现代化的防御系统；法国陆军领导人在接受采访时，对自己的准则充满信心，并向采访者保证，若德国胆敢发动侵略，必定会在前线惨遭痛击。"（Shirer, 1971, p. 602; Beaufre, 1965, p. 150）类似地，在1941年，美国驻珍珠港的舰队，也被视为是防止日本入侵的一种威慑。此外，1940年，针对人口密集的日本群岛，美国专门研制了B–17飞行堡垒（Flying Fortress）轰炸机，这让美国人更加相信，日本受到威慑而不敢直接挑战美国。但美国决策者忽略了，威慑手段也可能成为诱敌攻击的目标（Ben-Zvi, 1976, p. 385; Williams, 1973, p. 224）。

敌人为实现目标会采取什么样的行动，不仅取决于军事能力，也依赖政治能力，如国际形势、内政或第三方所施加的限制。因为国际形势或第三方的利益与行动太过复杂难料，所以也会导致重大误判。以下三个例子就能说明这一点。1940年，挪威领导层认为，英国舰队已控制北大西洋与北海，足以抵御德国的任何袭击，他们还基于这一毫无根据的假定，作出了战略评估。挪威人对战略局势的这一看法，影响了他们对德国备战预警信号的判断（Koht, 1941, p. 57; Holst, 1966, p. 34）。1967年，埃及总统纳赛尔假定，以色列政治上受到孤立，不可能针对埃及发动军事行动。他可能认为，以色列缺乏美国对其军事行为的支持，必然因担心苏联反应而不敢贸然行事。他没想到，阿以危机由来已久，而美国一直无法解决，在这种情况下，以色列的行动反而让美国暗中获利。这就足以化解苏联可能带来的威胁，同时让以色列有充足时间，在没有政治压力的情况下采取行动。最后，1973年，以色列也未充分考虑到，阿拉伯国家在没有真正政治统一的情况下，会采取协调的军事行为（Harkabi, 1975, p. 116）。

第二部分
判断偏见与情报分析

第4章
概念与新信息

总的来说，突袭的模式会不断重演。通常，被袭国的分析人员[1]会认为，敌人无力或无意发动袭击。解读关于敌人行为的新信息时，方式可以多种多样，分析人员正是利用这种模糊性，来证明他们的假设，强化袭击并非迫在眉睫这一信念。也就是说，他们辨认和解读信息时，会采用能证明其假设和信念的方式，而忽略其他可能性。只有在突袭发生之后，他们才会发现其实早有信息表明袭击即将来临。一方面是新信息，另一方面是分析人员对敌人行为的概念集（set of conceptions），这两者的关系揭示了情报与分析方面的一些基本问题。

在探究个体分析人员的思维过程时，我的基本假定是，这一过程中持续存在偏见，而且这种偏见是情报失误的根本原因。我相当重视这些不足与偏见——重视程度可能超过任何关于个人判断的公正调查。虽然，人类的判断策略可以非常有效地处理各领域问题；此外，即使人类的认知过程被不断扭曲，也不是每个过程都会出现判断偏见；而且，这些偏见中，有

[1] 原注：此处的“分析人员”主要指情报分析人员，因为他们是整个评估流程的核心。但分析人员也可能是，决策层涉及评估敌人行为与新信息的任何人，例如战地指挥官、总司令与国家元首等。

些可与另外一些相抵消，有些的重要性又相对较低。但是，由于我们研究的分析过程充满如此重大的错误和困难，因此，这些能解释情报流程错误的偏见，似乎值得我们特别关注。

在本书中，**判断偏见**（judgmental bias）一词，指的是造成某方面思维错误的倾向，这种倾向常常是系统性的而非随机的。这些错误使分析人员形成并维持不正确的假定，并对事件进行错误解读。在信息处理与解读中，存在着各式各样的偏见。

概念集

在噪声的混淆中找出重要的信号，并正确解读模糊不清的早期预警指标，这一工作需要广博的背景知识和各种假设，来指导人们进行观察。如果没有一套庞大而复杂的信念[1]与态度、理论与假定、意象[2]与期望，信息流对分析人员来说毫无作用。这种不可避免的概念集，能简化并建立观察者的外部世界结构，使该观察者能辨别相关变量，将其组织并结合成有意义的体系。

我们在解读时，要部分基于已有的知识体系，包括信念、理论、命题和图式[3]等。这些知识结构能够，迅速且大抵精确地将对象与事件进行分类，并定义一套关于它们的预期。其中一些知识表现为信念和理论，从某种意义上来说，这些信念与理论是关于对象特征的命题；然而，人类的常识似乎也包含许多“命题性”较低、“图示性”较强的认知结构（Nisbett and Ross, 1980, pp. 7, 28）。

信念体系包含“生物体所累积并系统化的、关于自身和世界的全部知识”（Holsti, 1962, p. 245）。它指的是“一个人在特定时间，有意识或无

---

[1] 编注：belief，指人们对自己的想法观念及其意识行为倾向，强烈且坚定不移的确信与信任。

[2] 编注：image，指事物在头脑中形成的形象或概念。

[3] 编注：schema，是人脑中已有的知识经验的网络。

意识接受的、认定与其所在世界相符的，所有想法、定势[1]、期望或假设”（Rokeach, 1960, p. 33）。信念体系包括**理论**与**意象**。理论是用于解释或描述不同事实或现象的一般经验法则。意象则是对某个对象的本质与特性的一套想法；可被定义为“某个对象在个体认知体系中有组织的表征[2]”（Shlaim, 1976, p. 357）。意象通常包括少量定义清晰、很受重视的因素，以及许多感知模糊、认识粗浅的外围因素。[3]

信念体系，特别是意象，会对选择性接收的新消息进行过滤，常常控制对这些消息的感知与解读。信念体系决定哪些信息会得到处理，信息如何组织，信息如何存取，以及赋予这些信息什么意义。在信念的丰富性、复杂性和有效性上，人与人之间存在极大的差异（George, 1980, p. 75; Heuer, 1979, p. 5）。

此外，由于心智能力的限制，对于自然和社会环境中的混乱现实，人类头脑无法直接处理。为了应对世界的复杂性，个体必须对世界的本质形成简化和结构化的信念。有种理论认为，为了简化现实，个体可通过信念集合[4]或局部环境的认知地图[5],来过滤自己的感知。组成这些地图的信念，为个体提供了一套相对连贯的方式，用于把感官所接收的大量杂乱的信号，组织起来并使其有意义（Holsti, 1977, p. 12）。[6]

信念体系越有用，体系不正确所引发的危险就越大。一个人判断的准确性，取决于其信念体系是否正确，以及该体系中关键变量的值是否准确。然而，某些信念、理论与意象却不能准确地表现实际情况。例如，意

[1] 编注：set，指在先前活动中形成的影响当前问题解决的一种心理准备状态。

[2] 编注：representation，指信息或知识在心理活动中表现和记载的方式。

[3] 原注：亦请参阅：Deutsch and Meritt, 1965, pp. 132-134; Axelrod, 1976, p. 114; Snyder and Diesing, 1977, p. 286。

[4] 编注：cluster of beliefs，是指用一个语句集合来表示认知状态。

[5] 编注：cognitive map，指在过去经验的基础上，产生于头脑中的、某些类似于一张现场地图的模型。

[6] 原注：有关认知地图方法的详细描述，请参阅：Shapiro and Bonham, 1973, pp. 155-157; Axelrod, 1976, pp. 58, 72-73; Bonham, Shapiro, and Trumble, 1979, p. 17。

象会因情感、偏颇信息和文化传统而受到扭曲。此外，人们不见得每次都能把对象与事件精确归类，对它们进行处理的知识体系有时也很不相宜。通过控制事实的选择及处理方式，信念体系往往促使人们重新解读与意象不符的信息，或排除同一前提下本不容忽视的对立证据，从而实现自我强化。因为个体会对现实的意象而非"客观"事实作出反应，所以除非在某种程度上，意象的内容正好与现实相符，否则在这些意象的基础上所作的评估与决策，很有可能都不正确（Nisbett and Ross, 1980, p. 7; Finlay, Holsti, and Fagen, 1967, p. 30）。

理论与信念体系，或多或少可以说是对环境的一套整体想法与意象。该体系中，既有大家默认的总的理论，也有一些更明确的理论。它可能包含一系列意识形态方面的先入之见和信念，具体涉及人类的本质与人类行为的原因、社会结构或经济进程、军事与政治力量以及科技的发展。它也可能包括研究国际政治本质和因果关系的各种理论。

在我们的具体案例中，分析人员各种信念与意象的集合，聚焦在一个关键点上：敌人的行为。这一概念集所包含的信念和意象，涉及第 3 章讨论过的若干主题。具体包括：对敌人长期利益与外交政策目标的信念，在当前危机中敌人的直接目的与企图，敌人的策略、外交风格、军事与政治能力，敌人使用武力的坚决程度与承担风险的意愿，敌人对我方企图与能力的意象，以及敌人的可信度与欺骗性等。

在此背景下，格伦・斯奈德和保罗・迪辛（Snyder and Diesing, 1977, p. 291）将意象分为两个层次或两个部分：

背景或长期部分，是双方对彼此的一般看法，与当前危机无关；而近期部分，是双方在危机中对彼此的感知。敌人的最终目标、整体军事潜力及部署，属于背景部分；而敌人在危机中的目标、其利益的强度、盟友的忠诚度与在危机爆发地可使用的军事力量，则属于近期部分。在危机发生前，只有背景部分存在；而当危机初现端倪时，近期部分（定义由此进入危机情况）便逐渐显现。在危机情况这一定义的基础上，我们可以推断出敌人未来的若干预期反应。

情报分析人员概念集的基础，主要来自对敌人政治军事结构、程序以及主要领导人的专业知识。有时候，这与某个社会对另一社会的所谓“民族意象”截然不同，但是会受其影响。情报分析人员是其所在社会的产物，所以很可能受到该社会价值观和意象的影响；但是，通过对敌人在各种情况下的行为进行深入和长期的研究，这些专业人员积累了专业经验，并学会验证这些意象与价值观的有效性。因此，他们应该是可以消除成见的。

概念的难变性

引导分析人员选择并解读信息的概念集，既不可避免又不可或缺；情报问题的根源，就在于这一概念集的难变性（persistence）。心理学家已发现，人们的理论、信念与意象，极其顽固难变，就算再多证据也难以否定或扭转。初步信念一旦形成或被接受，就会构成并影响之后的证据解读过程。新的证据如果与人们的初步信念一致，便会显得比较可靠；相悖的证据会因不可靠、不正确或不具代表性，而不被考虑。总体上，人们更容易因拒绝改变原有信念而犯错，而不是因太快改变而犯相反的错误；而且人们对与其信念不一致的信息，往往直接拒之门外。[1]

信念的难变性是生活各个层面的固有特点。科学上就有许多这样的例子。哥白尼去世将近一个世纪后，改信哥白尼学说的人依然寥寥无几。在牛顿《原理》一书问世半个多世纪后，其学说仍未受到普遍认可。托马斯·库恩写道，“抗拒的根源来自人们确信：原有的范式（paradigm）终将解决所有问题，一切事物的本质都能塞进范式的框架内”（Thomas Kuhn, 1970, pp. 151-152）。在科学领域，信念的难变性具有一定的作用。

[1] 原注：请参阅：De Rivera, 1968, p. 28; Geller and Pitz, 1968, p. 199; Jervis, 1976, pp. 176-177, 187; Slovic, Fischhoff, and Lichtenstein, 1979, p. 39; Nisbett and Ross, 1980, p. 10; Ross and Anderson, 1982, p. 150。

正如库恩所说，范式——已被认可的若干概念与理论，可用来建立研究框架——有助于确定什么现象是重要的、需要进一步研究，以及什么是可以忽略的。

信念的难变性也保证科学家的思想不会过于开放、注意力不会过于分散，还能确保“导致范式改变的异常现象能深入已有知识的核心”（Kuhn, 1970, pp. 52, 65）。但同时，范式也会使科学家拒绝不符合他们理论的证据。结果会错失重大发现，而在矛盾信息面前本该被推翻的范式，却得以继续存在。

理查德 · 尼斯贝特和李 · 罗斯（Richard Nisbett and Lee Ross, 1980, p. 169）提出关于信念难变性的 3 个假设：

1. 当人们在获得真正有价值的证据前，已经有一个理论时，那么接触这一证据……往往使人更相信原有理论的正确性，且相信程度超乎标准规范允许的范围。

2. 当人们在缺乏理论的情况下处理一系列证据，然后在初步证据的基础上形成理论时，这一理论将排斥之后出现的证据……

3. 当人们推断出一些有价值的证据并依此形成一个理论，之后发现该证据有误时，尽管完全不再可信，这一理论常常还会继续存在。

某些类型的信念和意象相对更难改变。首先，意象的一个特征，是存在支持该意象的信念、假设、过去经验及其他意象。支持意象的认知性要素越多，意象就越难改变；意象以往获得的支持越多，其力量就越大。其次，支持某个意象的元素越一致，意象就越不容易改变。就研究目的而言，我们必须要注意普鲁特所说的，“基于评估维度而产生的意象相对不易改变，因为支持这些意象的元素可能相当一致”（Pruitt, 1965, p. 411）。再次，某个特定时间出现的备选意象越少——即存在一个近乎垄断的意象——这一意象的力量就越大。然后，意象往往会自我强化：一旦得到确立，意象就会产生越来越多的支持性认知元素，同时可能凭借与他人的意象一致而得到巩固（Withey, 1962, p. 107）。最后，如米尔顿·罗克奇（Milton Rokeach, 1960, pp. 196-197）所述，与思想开放的人相比，思想封闭的人更难将新信念整合进新系统。这种困难的原因之一是，思想封闭的人很难记起新信念，他们记得越少，整合的事物就越少（Rokeach, 1960, pp. 286-288）。

对于概念的难变性，人们提出过多种解释。人们之所以坚持信念，是因为这是自然而然的事，也是因为信念体现了他们内心深处的价值观（Nisbett and Ross, 1980, p. 180）。此外，用新证据检验某一信念，使个体要面临自己过去可能犯错的想法，或有回归早前不确定状态的危险。概念的难变性也可解释为，人们相信环境是一成不变的，而他们必须以小见大，通过观察各种片段信息来设法理解整个世界。因此，由于需要为环境建立框架，人们会对所观察事物的本质过早下定论（Dixon, 1976, pp. 30-31; Jones and Nisbett, 1971, p. 90）。

大量研究都关注到意象形成的初始效应，也就是说，最早出现的信息对最终判断影响过大。"早期出现的信息，可作为推断某个对象形态的原材料。关于该对象本质的这些推断与理论，会影响人们对之后出现的信息的解读。"（Nisbett and Ross, 1980, p. 172）[1] 人们可根据相对少量的信息形成一个意象；但一旦形成，这个意向就很难改变，因为它会支配人们对其他信息的感知。意象形成后出现的新信息，不再有早期阶段就出现的新信息所具有的影响力。结果，意象不能反映已有信息的全部。这个问题对情报分析人员尤其重要：因为他们必须在压力下快速甚至即时地得出结论，因此分析人员只能在少量信息的基础上形成意象。

当概念是在压力下（如在危机中）形成时，人们无法通过比较大量的理论，来找出对多数证据的最佳解释，而是会采用第一个解释得令人满意的理论。此理论并非在最佳的信息处理条件下形成，尽管如此，人们往往还是会坚持到底：因为改变原有理论，表明承认自己在关键时刻犯了错误

---

[1] 原注：亦请参阅：Jervis, 1976, pp. 187-190, 194; Slovic, Fischhoff, and Lichtenstein, 1980, p. 10; Ross, 1977, p. 370。

（Vertzberger, 1978b, p. 198; Jervis, 1976, p. 191）。当相信这一理论的人，感到该理论得到了事实的印证时，情况就更是如此。

寻找因果解释，也是人们不愿放弃最初意象的原因。人们“不只把符合自我感知与社会感知的信息汇总起来。他们还寻求导致和解释某些事件的先例……一旦人们认为，造成某行动、结果或个人禀赋的原因，是已知的甚至假定的某些先例，那么在没有其他证据的情况下，人们就会继续套用这些先例，来解释相关的后果”（Ross, 1977, p . 371）。[1]

此外，信念持久难变，还与学习过程的本质有关。这一点对情报分析人员来说特别重要，霍耶尔（Heuer, 1979, pp. 7-8）对其描述如下：

> 从经验中学习如何更好地判断，这种说法是假定，人们可以系统性地反馈之前判断的准确性，且能够把某项判断的准确性，与使分析人员作出该判断的某组变量相结合。然而，在实际情况中，情报分析人员几乎得不到系统性反馈，即使知道他们所预测的事件是否已经发生，也无法确定其预测的原因是否准确。因此，分析人员的个人经验，可能无助于修正其思维模型。

另一种解释则与简化现实过程有关，一般出现在激烈的国际危机中。研究人员发现，当人们感到威胁时，更倾向于保护其认知的一致性。“这些情况带来的压力，使人们需要更简单的一致性。人们对于模糊与复杂的容忍度，会大幅降低。人们在高压下会简化对现实的认知；看不到在较安逸的情况下很容易发现且确认的重要特征。”（Smoke, 1977, p. 284）

在我们研究的每个突袭案例中，对敌人预期行为的既定信念，都存在拒绝改变的情况。例如，以色列阿格拉纳特调查委员会曾明确指出，难变性正是以色列在 1973 年 10 月失误的根本原因。以色列的错误始于一个基本的概念，即阿拉伯国家在未来两三年内不会发动攻击，而事件

[1] 原注：亦请参阅：Carroll, 1978, p. 89; Tversky and Kahneman, 1980, p. 61。

的每个新进展都要符合这一概念。在一些情况下，甚至已有明确迹象表明攻击即将发生，也不足以改变这一既定观点。在“珍珠港事件”前，美国普遍的假设，第一是日本的侵略行动会针对苏联、东南亚或同时针对两者，第二是日本不会冒险与美国发生冲突。当然，随着珍珠港遭受攻击，第二个假设被彻底推翻，然而在菲律宾的美军却迟迟没有感知这一剧烈变化。从获悉珍珠港被袭，到自己的部队遭到日军攻击，麦克阿瑟将军有至少九个小时的预警时间。珍珠港遇袭的消息，显然并未促使他在菲律宾采取充分的反制措施；日军抵达菲律宾时，看到在基地里，麦克阿瑟的飞机仍然翼尖相对、并排停放（Wohlstetter, 1965, p. 694）。[1]

在以下三种具体情况时，分析人员与决策者会特别倾向于坚持看法，认定战争并不迫在眉睫。第一种情况是，分析人员，特别是决策者，立场坚定地认可既定观点或与其相关的政策。心理学家发现，一个人情绪上坚持某种信念，就很可能会运用各种必要的认知手段坚持到底。人们如果坚信某种假设，即便后来观点有变，也不愿意改变当初颇为自信的说辞。因此，与之前作决定时相比，人们需要获取更多的信息，才会改变主意。公开的声明以及反对改变既有观点的组织压力，会更加坚定人们的信念，因而降低意象的灵活性（Nisbett and Ross, 1980, p. 180; Slovic and Lichtenstein, 1971, p. 705）。

第二种情况是，敌人的所作所为似乎明确印证了分析人员和决策者的观点。因此，萨达特未能如其宣称的那样，在 1971 年底对以色列发动战争，这让以色列领导层相信，不需要认真对待这位埃及总统的威胁。此外，萨达特驱逐苏联顾问，被视为埃及军事力量薄弱的关键指标，也证明萨达特已作出决定，至少未来几年不想和以色列开战（Brecher, 1980, pp. 53-54）。

---

[1] 原注：发生在菲律宾群岛的这场灾难，以及遭日本攻击前数小时内麦克阿瑟将军异常被动的行为，从未获得充分解释。目前的可靠资料留存甚少，几位主要人物（包括麦克阿瑟本人）的说法，又都彼此矛盾、相互指责。请参阅：Manchester, 1978, pp. 205-212; Spector, 1985, pp. 107-108。

第三种情况，当既定观点并不限于情报分析人员的小群体，而是多数决策者与公众的一致看法时，我们便可预期，改变既定观点定会遭到强烈的抗拒。这种情况比比皆是。评估敌人行为时，并不是情报界一家之言，外界也会给出很多反馈。一旦对敌人行为达成全国共识，这种看法就很难消除。它会影响分析人员的概念框架、信息加工及证据处理。在一些案例中，这种共识可能造成认知闭合，减少对外部威胁的感知。

例如，1972 年至 1973 年，整个以色列普遍认为，阿拉伯人没能力或不愿意发动战争。"先是政府和反对派——接着是以色列社会的大多数人——根据占领区的情况，得出错误的结论。人们渐渐开始相信，占领区令人满意的情况将会支持和平，在占领区阿拉伯人眼中不断改善的以色列形象定会带来和平。情报分析人员不可避免地发现，他们实在难以摆脱这种普遍感知。"（Ben-Porat, 1973, p. 71）

信息的融合

概念的难变性给情报工作造成一大难题。因为观点不易改变，所以人们倾向于让新信息符合已有的意象，并只感知他们想看到的事物。这种融合造成不正确的信念与意象持续存在。[1]

在早期阶段，当个体试图寻找证据的意义时，他会相对开放地对待不同的观点与假设。但是，一旦他认为已了解情况后，就不可能轻易改变想法，而且他当初对刺激的组织方式，会强烈影响之后的感知。霍耶尔这样描述这一过程："尽管刺激模糊不清，我们仍会对自己正在观察的事物，形成初步的假设。我们接触模糊数据的时间越长，对这个可能有误的初始意象的信心就越强，这个初始意象对后续观点的影响也就越大。随着形势更加明朗，在一段时间内形势与初始意象间没有**明显的**矛盾；新数据融入

[1] 原注：关于情报评估的若干信息处理理论，请参阅：Axelrod, 1973; Steinbruner, 1974, pp. 67, 101-102; Tanter and Stein, 1976, pp. 14-18; Axelrod, pp. 227-228; Bonham, Shapiro, and Trumble, 1979, p. 4; Heuer, 1980a, pp. 17-20。

我们的原有意象，初始解读得以维持。”（Heuer, 1982, pp. 39-40）

理解证据的既定方式难以改变，不只是因为很难接受新看法，更多是因为很难抛掉旧看法。越坚信某种观点，要证实该观点所需的信息就越少，要推翻它所需的相反信息就越多。因为推翻初始观点所需信息的数量和质量，远高于形成初始假设时所需要的，所以初始观点往往持久难变。此外，罗斯（Ross, 1977, p. 371）指出，一旦误导性信息被融入，便会从融入过程中独立出来，而成为总体感知的一部分。即使错误感知的原始证据基础被推翻，该错误感知却可能不受影响，因为除了被推翻的证据基础外，还有其他证据可以支持这一意象。

此外，杰维斯（Jervis, 1976, pp. 162-163）还指出，信念会影响新信息在个人记忆中的分类与归档方式。对事件或想法的这种标记，会影响人们看待它们的方式，还能促使人们进一步了解，这些事件或想法与其他同类事件和想法之间有何相似之处。同理，某项信息是否有用，取决于该信息被归为哪一类，以及这一类信息此后是否还有相关性。因为人们将信息进行归档时，总是根据接收信息时所认定的概念与类别，因而我们很难发展新的假设。

结果，尽管事后有明确证据说明分析人员的意象和概念有误，他们还是会坚持到底。与分析人员意象一致的信息，可以很容易被感知和处理；而与其意象不符的信息，则要么被忽视，要么被扭曲成与信念相符（至少不能相悖），要么被否定其有效性。信息的处理方式与其质量有直接关系。确切证据很难获取；可靠性低一些的信息，可能被以强化既有信念的方式进行解读。很多新信息经过筛选后被立即视为不相关，或遭到排斥，或供进一步研究参考，而后销声匿迹。分析人员使用不同标准，来评价相反证据和支持性证据：与违背自己意象的信息相比，他们对符合自己意象的信息更加敏锐。在许多情况下，与意象不符的信息，会简单直接地被忽略掉。当分析人员认为信息与信念不符时，他们也常会把它解读成与信念相符。有一些证据，虽看似符合分析人员的观点，但其实是毫不相关或已遭到扭曲；对于这种可能性，分析人员则是完全忽略。结果就是，意象形成之后出现的数据，看似都为该意象提供巨大的支持（Jervis, 1976, p. 143; Ross, 1977, p. 370）。

因此，在中国介入朝鲜战争前，美国远东司令部的情报机构认定，当时并不是中国介入的好时机，于是根据这一信念解读所有信息；当空中侦察没有发现大批中国军队时，情报机构把它视为支持其假设的证据，而没想到大批的军队可能兵分多路隐藏了起来（De Rivera, 1968, p. 55）。同样，英国情报机构由于获得“恩尼格玛”密码机（Enigma machine），因此能掌握德国的秘密通信，但是直到临近战争爆发，还有一些英国情报机构认为德国不会攻击苏联。英国政府的情报组织判断，信号情报证据支持苏德正在谈判这一假定，且鉴于该假定还得到外交来源的支持，因此对于“恩尼格玛”密码机所提供的线索，他们作出了不同的解读。对他们来说，诸如德国军事准备的规模与紧迫性等其他证据，也可以证明德国想通过谈判达成目标的决心（Hinsley, 1979, p. 475）。

新信息的许多特征，会影响其与已有概念的融合。首先，信息越模糊，与已有概念融合的倾向就越大。“因为模糊性的高低，取决于用多种方式解读证据的难易程度，所以证据越模糊，越不容易撼动既定意象。”（Jervis, 1976, p. 195）信息的模糊性越低，越不容易被扭曲，因而越难将其忽略。其次，一项信息的重要性如何，也与其价值高低有关。我们发现，中性信息比极端信息的重要性要低，然而（与我们的研究关系更大的是），意外程度过高的信息，重要性却会降低（Slovic and Lichtenstein, 1971, pp. 690-691）。因此，当所获信息表明袭击将至时，人们会开始关注这一威胁，分析人员会进一步寻找更多信息；然而，当这一信息看似太过牵强时，其对评估的影响却会减小，因为这项信息可能被视为例外，无法反映真实情况。再次，单个信息所产生的扭曲效果，可能会比许多同类信息一起的扭曲效果要小；一系列信息，会使其中单个信息遭误解或扭曲的可能性增加，因为个别信息能否得到正确解读，取决于对该系列信息的整体感知。然后，当攻击迫在眉睫的信息重复出现时，特别是在人们已开始感知威胁时，这一信息就很难被忽略，也难以融入既定观点中。

信息获取的时机也同样重要。由于首因效应（primacy effect），在分析过程早期所获信息对评估的影响，会大于之后所接收信息的影响。

最后，情报分析人员获得信息的方式，使他们的观念很难改变，也促使新信息与分析人员的观点进行融合。信息是逐渐获得的，分析人员通常不会重新考虑所有证据，或重新研究所有信号。因此，分析人员每次只检视少量信息，表面上将其与之前的信息进行比较，草率地比照既有假设，结果丧失了全部信息固有的累积性警告效果。因此，回顾研究“珍珠港事件”“巴巴罗萨行动”以及1973年阿以战争等，我们可以发现，每个案例中分析人员手头的预警清单，都显示即将出现一些不同寻常的发展。但几乎没有几个分析人员，能像那些有后见之明的调查委员会一样，曾经研究过这些报告中所累积的信息。

杰维斯（Jervis, 1976, p. 308）曾说：

> 当矛盾的信息逐渐出现时，和人们信念之间的每一点冲突，往往小到不被注意，或因不重要而被忽略，或仅需要轻微修正……每一项证据都曾经过充分说明，所以人们不会发现矛盾的信息正在累积。若对某一事件的解释遭到质疑，意象的拥护者便会挺身而出，回应并坚信尽管这一解释并非无懈可击，但其意象肯定是正确的，因为它能够解释如此广泛的数据。这样，存疑的解读被用来支持某一意象，而该意象反过来又被用来证实其他有问题的解释。这在判断其他国家的企图时极其危险，因为对过去事件的解读往往迅速印刻在脑海中。

这种信息处理方式解释出，为什么“魔术”截获的情报信息，无法使美国顶级分析人员警觉起来，意识到战争已迫在眉睫。由于严格的安全措施，没有人获准拥有全部的资料档案。相反，官员每次只能看到一份截获的情报，阅览后还要立即送还情报机构。大多数人快速浏览消息内容时，负责情报递送的官员就站在旁边，等着将资料带回。因此，没有人曾检视全部信息（Wohlstetter, 1962, p. 180），也没有单独任何一份情报，令人震惊到足以改变既有观点。

信息与预期

影响新信息解读的不仅有信念体系，还有对敌人行为的预期。初始预期是由信念体系推断而来的，会受以往经验、个人倾向、组织和国家准则以及对情况的界定所影响。不同的情况会引发不同的预期。

初始预期通常不准确。如果新信息与预期之间的矛盾太大，以致新信息无法被忽略或融合时，预期就要调整，但调整幅度越小越好（Snyder and Diesing, 1977, p. 494）。然而，因为预期主要是基于信念与意象，因此即使面对不符信息时，这种预期仍倾向于继续存在。此外，预期会使分析人员特别关注某类信息，并偏好以某种模式，对该信息进行组织与解读。格伦·斯奈德和保罗·迪辛把这一过程描述为："因为预期与解读的影响是无意识的，因此解读者一开始并不知道，他在解读时加入了自己的想法；他以为这些想法客观存在于消息中。结果，他认为消息与预期相符的情况，客观上证实了他的判断，进而提高了他对自己判断的信心。这样会使他解读下一条信息时，更容易无意识地加入自己的预期。"（Glen Snyder and Paul Diesing, 1977, p. 287）预期会指导分析人员要寻找什么对象、它们可能出现的方式、重点是什么、如何从觉察到的现象中进行推断，以及如何解读所发现的事实。就这方面而言，预期与信念一样，都具有积极作用。它们都能防止分析人员因误导信息过早改变想法，也能给他们留出更多时间以获取其他信息。将大量信息与既有的信念和预期相融合，是理性决策必不可少的（Jervis, 1976, pp. 145, 154, 172）。

然而，预期的这种指导与简化作用，也具有误导性。许多心理实验已证实，一个现象越为人所熟悉，就越快受到认可。如果分析人员对某一信号有预期，就越有可能将模糊的证据当成该信号。单纯的噪声或其他迹象，也有可能被误认为是该预期信号（De Rivera, 1968, pp. 40-41, 53; Jervis, 1976, pp. 146-147, 153）。同样，如果分析人员自认为知道敌人的未来行为，他就会将模糊信息解读为证实其预测的证据。与其预期不符的信息与事件，往往在感知中被忽略或扭曲；意外事件要想得到认可，需要比预期事件更多的信息。分析人员常常忘记，在许多情况下，信息之所以符合某一假设，完全是因为他早就相信该假设的正确性。例如，如果他相信战争并不迫切，自然就会忽略一些小的线索，而若进行整体分析，这些小线索加在一起可能成为重要的战争预警。正如托马斯·谢林所注意到的，“在我们的计划中，有一种将不熟悉与不可能混淆起来的倾向。我们未认真考量过的意外状况，看起来就会很奇怪；看起来奇怪的就被认为不可能；不可能的就不需要认真考量”（Wohlstetter, 1962, p. vii）。由于挑战预期的新信号，远不如证实既有预期的信号那样容易被人接受，因此在互相矛盾的信息流中，预警信号可能根本不会被感知到。当珍珠港的陆军情报机构主管接到华盛顿方面的预警，得知日本已下令销毁密码时，他只是简单地将电文归档；他完全没有感到任何暗含的紧迫性，因为预期不会很快出现麻烦，他的预期决定了他的解读（Wohlsetter, 1962, pp. 388-390）。

许多例子都说明，人们倾向于将信息融入普遍预期中，其中最典型的案例有两个。第一个是“珍珠港事件”。从 1941 年 11 月下旬起，美国太平洋舰队情报处的评估预计，与日本的战争随时可能爆发，但不会发生在珍珠港；可能性最大的情况，还是日军袭击东南亚或苏联的滨海边疆区。结果，美国海军作战部在 11 月 27 日发出消息，警告日本可能攻击菲律宾或东南亚，这一消息也融入了上述观点。对于这一信息，太平洋舰队情报官埃德温·莱顿（Edwin Layton）上校事后描述了自己的看法：“毫无疑问，这个信息符合当时的最新形势，如果日本决定不让菲律宾侧翼开放，并继续向南行，美国很快就会卷入战争……因此我感到，我们对情况的了解既清楚，可能又很全面。”12 月初，太平洋舰队情报处获得两份报告，显示日本的航母已离开母港，向南行进。这完全符合日本准备向南攻击的假设，且因为预期战事不会在珍珠港发生，所以两份报告都根据这一预期得到相应处理。莱顿解释说：“对于日本航母会在无线电静默的情况下接近欧胡岛（Oahu, 珍珠港所在岛屿），我从来没有提出这种可能。我真希望当时可以做到……我个人的观点，同样也是我们评估工作的重点，都是日本航母仍在日本水域备战，一旦日本在东南亚开战，美国将会出兵，因此航母要提前占据隐蔽位置。”（Wohlstetter, 1962, pp. 43-46）

第二个例子是挪威。英国情报机构预期德国企图入侵英国，因此往往根据这一预期来解读新信息。1940 年 3 月 16 日，当奥克尼群岛（Orkney Islands）的哈特斯顿（Hatston）英国海军航空队（British Fleet Air Arm）驻地，遭到德国空军攻击时，英国空军情报机构认为，此次攻击表明德国已决定尽全力逐步攻打英国。然而，这一判断却忽视了，在所有英国空军基地中，哈特斯顿距离挪威的卑尔根（Bergen）与特隆赫姆（Trondheim）最近。此外，挪威与英国海军的战略评估一致认为，德国最有可能采取的行动，是用巡洋舰打开通向大西洋的北方出口。4 月第 1 周，奥斯陆以及作为英国本土舰队主要锚地的斯卡帕湾（Scapa Flow）收到信号，经英国解读认定，这些信号是可以证实上述战略预测的指标。由于此项误判，英国本土舰队于 4 月 7 日起航，沿线拦截企图突围进入大西洋的德国舰队，而在北海中央水域却未设防（Hinsley, 1979, pp. 119-120; Holst, 1966, p. 34）。

与预期相关的最后一个因素，是愿望思维（wishful thinking）。心理学家发现，人们喜欢夸大所处环境中令人满意的特征，同时高估所期望事件的发生概率。在不确定性极高的情况下，人们往往预测，自己所期望的事情确实会发生。对于令人较为满意的事件，人们倾向提高其发生的主观概率。就这样，人们按照自己的愿望改变信念，并以符合这些愿望的方式解读新信息（Knorr, 1964a, p. 462）。一个典型的说法是，寻求维持现状的一方，很少会感知威胁临近，因为在他们看来，敌人的侵略企图似乎显得有些遥远；1941 年的斯大林以及 1973 年的以色列都是极好的例证（Handel, 1977, p. 472）。

然而，与愿望相比，预期对于信息解读的影响更大。在许多突袭案例中，尽管愿望思维似乎起到一定作用，但整体影响力却不大。杰维斯（Jervis, 1976, pp. 365-369, 380）说，大家普遍认为，人们倾向于感知他们愿意感知的事物，但并没有足够的证据支持这种说法。的确，愿望可能会影响预期，进而对感知造成冲击，但这只是影响感知的诸多因素之一。我们的研究显示，没有证据表明，希望保持现状的国家会因此误判敌人的威胁。当然，这样的国家确实更容易受到突袭，但原因却是，该国不愿意或害怕过早动员，以免情况恶化而引发战争。

矛盾信息的处理

概念的难变性，以及将信息融入既有信念的倾向，引发出下面这一问题：面对大量矛盾信息，分析人员是如何解释的。正如我之前所说，大多数此类信息，轻而易举或稍加扭曲后，就能符合既有假设。但在处理矛盾信息时，其他一些心理机制，也会降低预警的接收能力。

有时，分析人员可能没有发现，新信息与其信念存在矛盾；他可能对这一消息理解有误，或误判其关联性。在这种情况下，信息会立即被忽略或排除。显然，这根本不需要改变假设，也不存在信息与既有信念融合的压力（Jervis, 1976, p. 29; Janis and Mann, 1977, pp. 125-126）。1941 年 12 月 3 日，夏威夷的金梅尔上将接到报告，日本各驻外使领馆奉命销毁大部分密码与机密文件，因此该报告建议他“采取行动”。事后发现，这是“珍珠港事件”发生前的十天内，最重要的一份信息。而金梅尔及其参谋一致认为，这一信息看起来与之前“日本在东南亚行动”的信息相符。所以，他们对此无动于衷；美军驻夏威夷陆军司令甚至都不知道这份报告的存在（U.S. Congress, 1946a, p. 130）。

如果消息明确到无法被直接忽略或排除，分析人员就会重新解读，使其与自己观点相符而非相悖，或者至少将消息的不一致性降至可接受的范围（Finlay, Holsti, and Fagen, 1967, pp. 33-34）。这样，矛盾信息会因不重要或不正确而被排除，不一致的现象遭到否定。1941 年 9 月至 10 月期间，美国截获的数条消息显示，东京方面指示日本驻檀香山领事馆，获取珍珠港内所有军舰的确切位置，但这一命令未得到美方应有的重视。美国海军作战部部长哈罗德·斯塔克上将在作证时表示：“我们知道日本人对于各领域详细资料永不满足，这道电文之所以被忽略，可能就是被当成了他们过于注重细节的另一个证明。”美国海军情报局（Office of Naval Intelligence）远东处处长亚瑟·麦卡勒姆（Arthur McCollum）中校解释，1935 年起，日本海军不满足于领事机构传回的情报种类，于是特别针对美国西海岸建立自己的观察网（U.S. Congress, 1946a, p. 185）。

然而，在另一种情况下，分析人员虽然承认某种信息的矛盾性，但否定其有效性，或认为其无关紧要。对于分析人员来说，否定矛盾信息相对比较容易，因为他们通常要求矛盾信息必须是高标准的证据。与其他支持性信息相比，矛盾信息要有更高的明确性，才会被接受（George and Smoke, 1974, p. 574; Nisbett and Ross, 1980, p. 169）。1941 年 6 月，美国海军作战部副部长罗亚尔·英格索尔（Royal Ingersoll）上将通知夏威夷海军司令部，停泊在浅水海域的舰艇也可能会受鱼雷攻击。英格索尔指出，海军舰艇停泊时，不存在免受鱼雷机攻击的安全水深。但他也写道，鱼雷攻击发生在深水区的可能性更大。结果收到该指令的人，只看到后面这段让他们放心的话。金梅尔上将在接到该指令后表示，“我、布洛赫（Claude C. Bloch）将军以及所有参谋都认为，鱼雷攻击的危险微不足道”（Janis, 1972, p. 90; Wohlstetter, 1962, p. 370）。

处理此类信息时，另一种不太常用的方式是回避冲突，或假装根本没有这个问题。这种心理防御模式给人无懈可击的幻觉，从而暂时逃避心理压力。但如果感知正确的话，这些信息本应让人对迫在眉睫的威胁产生警觉。这种不务实的做法，会导致决策者对存在的问题浑然不知，直到遭受突袭。例如，对朝鲜实力的多份评估都显示，**除非**获得大量苏联装备，否则朝鲜不具备入侵的实力，但其内容却被简单报告成，朝鲜没有足够实力成功实施侵略，而与此相反的评估则被忽略（De Rivera, 1968, pp. 79-82; Janis and Mann, 1977, p. 129）。

更为普遍的倾向是，否定矛盾信息来源的可靠性，进而否定信息的有效性或相关性。当信息模糊不清，尤其是当接收者对信息来源的可靠性存疑时，否定某个来源会更容易些。因此，对于英美两国关于德国即将发动攻击的所有警告，斯大林均拒不接受，只当是资本主义国家挑拨离间，破坏苏德两国关系。同样，1950 年 6 月初，美国驻韩国大使汇报说，朝鲜军队沿北纬 38 度线集结，且与韩国军队相比拥有压倒性的优势。但由于不久前，驻韩大使请求美国向韩国陆军提供坦克与重型装备，因此该报告被认定为只是支持该请求的论据而已（De Rivera, 1968, p. 19）。

分析人员甚至可能认识到矛盾信息的潜在重要性，也承认自己既无法解释它，也不能使它与假设相符，但他们还是会拒绝或不愿改变观点（Jervis, 1976, pp. 294, 188）。1973 年 10 月阿以战争爆发两天前，以色列情报发现在埃及和叙利亚，苏联顾问的家属正乘机离开。在阿拉伯各国军队建设的背景下，这一事实几乎无法用普遍观点解释；但以色列分析人员并没有推断出要想解决这一矛盾，需要他们改变对阿拉伯国家能力与企图的概念。相反，他们只是接受这一难题，直到战争爆发。

分析人员可能会用**强化**（bolstering）的机制处理矛盾信息，即寻找新的信息与考量因素，以强化被质疑的信念。他们可能会加强情报搜集，等待其他信息来证实或驳斥面临的威胁，以期新证据能支持既有观点。杰维斯补充道，强化也可以指"重新组织看法，以减少矛盾信息的影响。因此，人们可以承认，尽管重要对象的某一方面与负面价值的事物相关，但该对象其他方面的重要性高过原有预期"（Jervis, 1976, pp. 294-295）。比如，为了继续将全部资源投入训练与补给，美国夏威夷海军司令部提出一系列新理由和主张，但却避而不谈这一政策可能带来的损失，结果没有采取专门的预防措施，以保护夏威夷免遭空袭（Janis and Mann, 1977, pp. 126-127）。

另一个处理矛盾信息的机制是**削弱**（undermining），也就是分析人员通过寻找新证据（包括否定信息来源），来削弱矛盾信息的影响（Jervis, 1976, pp. 294-295; Bonham, Shapiro, and Trumble, 1979, p. 11）。或者，当信息非常清晰以致无法忽略时，分析人员可能会否定该消息的明显内容，而寻找其中不违背其观点的隐含意义。国际关系中，欺诈骗术比比皆是；如果敌人行为的很多方面，均与分析人员所持的意象不符，便可解读为敌人存心欺骗。1940 年 1 月，一架德国飞机在比利时迫降。机上有位乘客带着一份机密文件副本，内容是希特勒关于西线进攻的命令。获知这一计划后，英国与法国被文件的真实性困扰，最后断定这是德国故意设的局。他们不相信，会有德国军官胆敢违反保密规定，将该计划的文件带上可能在敌区上空航行的飞机（Strong, 1968, p. 61; Whaley, 1969, p. 186）。同样，苏联总参谋长格奥尔基·朱可夫（Georgi Zhukov）元帅在回忆录中，引述苏联军事情报局的结论："谣言和文件都在说，今年春天德国将不可避免地对苏开战，这应该是来自英国，甚至可能是德国情报部门的虚假消息。"（Whaley, 1973, p. 196）

当新信息因矛盾性过高而不能被上述手段排除时，分析人员就必须修正某些概念或重新调整观点。既能达成一致，又能实现调整幅度最小化的机制是**分割**（differentiation）：分析人员将信息分割为两个或更多部分，然后只针对造成态度冲突的部分调整信念。与分割法相对的是**超越**（transcendence）：分析人员可使用超越法，在符合其他信念的原则下，将诸多概念进行整合，形成一个符合其他信念的、更高层面的"上层概念"（superordinate concept），使冲突得到调和（Jervis, 1976, pp. 295-296; Snyder and Diesing, 1977, p. 314; Bonham, Shapiro, and Trumble, 1979, p. 11）。

1973 年 10 月的战争，就是使用分割法的一个例子。当时，以色列情报机构认为，埃及前所未有的兵力集结只是大规模演习的一部分；在以色列看来，叙利亚的兵力集结也无足轻重，这是因为以色列假定，在埃及未参与的情况下，叙利亚不可能独自发动战争，而叙埃两国联合出兵的可能性很低。然而，以色列情报机构无法解释，为什么叙利亚苏 –7 轰炸机被调到前线附近的机场，此举明明显示出攻击的企图。到最后，以色列虽然维持评估认为，与埃及或叙利亚之间不会开战，但开始考虑，叙利亚可能对戈兰高地定居点发动有限的攻击，或占领两三个定居点（Bartov, 1978, pp. 296, 300）。

关于分析人员处理矛盾信息时的机制选择，我还有最后一点要说。分析人员选择方法时，往往是无意识的，有时甚至是不理性的。对于这些机制，他可能会分别或同时加以采用。他对机制的选择，可能取决于问题的本质、信息的模糊性、消息来源的可靠性以及个人偏好。但一般来说，分析人员选定的方法，最能使矛盾信息与信念相融合，且不能大幅改变他的观念。

认知偏见与过度自信

概念的难变性不是偏颇判断的唯一来源。根据现代感知与记忆理论，人们通过片段信息来重现知识，对自己看见或记忆的事物得出结论。“在重现过程中，各种认知、社会与动机因素，会使重现的结果出现错误或扭曲。”（Slovic, Fischhoff, and Lichtenstein, 1976a, pp. 14-15）

判断偏见有一些共同点。首先，它们通常具有系统性和一致性，而非随机出现；鉴于人类天生容易判断出错，由此产生的许多偏见难以更正。其次，无论专家还是外行，都有不少这样的偏见。最重要的是，“即使人们完全认识到错误的本质，错误仍具有说服力。知道在感知或认知上存在幻觉，并不能自动提高感知现实的精确性”（Kahneman and Tversky, 1979, p. 314）。因此，即使人们被警告不能心存偏见，或者能够因纠正偏见而获得奖赏，这种偏见仍然会继续存在。最后，各类判断偏见，都有一个积累与反馈的过程。因此，偏见的积累构成了一个概念与假定被扭曲的结构，使人们很难找出错误并改正。

在此，我重点关注会造成逻辑过程扭曲的认知偏见，片段信息正是通过这些逻辑过程才被塑造成结论。一些偏见之所以产生，是因为在评估、推断及预测中，人们错误地运用了知识或信息。我将主要研究影响概率评估的偏见，以及过度自信的原因和影响。

启发式判断方法的运用

关于在不确定条件下进行判断的心理学研究，主要侧重于人们评估证据时使用的方法，及评估主观概率时采用的程序。[1] 搜集不同来源的各类

[1] 原注：本节许多内容来自以下人士的著作：阿莫斯·特沃斯基与丹尼尔·卡尼曼，以及理查德·尼斯贝特与李·罗斯。在将心理学理论应用于情报工作方面，理查

信息，并将其整合成全面的判断，已然是一个困难的认知程序。而无法实现已有信息的最优利用，更加重了这一困难，使人们必须寻求简化策略。近年来的研究已提出一些普遍的推断规则，即启发法（heuristic），可简化复杂的心智功能，并处理各种推断任务。人们可以用启发法，来解决一些困难问题，例如评估事件发生的概率与频率，以及预测价值等。[1]

启发法的使用与情报失误密切相关。分析人员要不断评估各方面的概率：事件与发展的结果、敌人的企图与能力、早期预警指标的意义以及信息来源可靠性等。分析人员必须依据各种可能结果，检视诸多可靠性不同、发生概率不等的信息，因此这一问题非常复杂（Heuer, 1981b）。

通常，启发法既有用又有效；但是在某些情况下，它们会引发一些系统性重大错误，后果非常严重。它们可能会扭曲假定，进而造成更严重的错误观念。不用启发法时，有些新信息本可以理清不确定性，但用了启发法后，同样的新信息将无法更正这些观念。这是因为一旦观念被认定为合理，其逻辑基础便不再被重新检视，而这些信息的内在不确定性，也会遭到某种程度的忽略。

特沃斯基和卡尼曼提出了三个启发式判断方法，可用于评估概率与预测价值，它们分别是：可得性、代表性以及调整与锚定。

可得性（availability）：可得性启发法，能用来判断频率、概率甚至伤亡率。特沃斯基和卡尼曼指出，人们可以通过轻易想到的相关例子或事件，来评估某一事件的可能性或频率（Tversky and Kahneman, 1973, p. 208; 1974, p. 1127; Taylor, 1982, pp. 191-197）。判断某一事件概率时，人们使用的另一个线索，是轻易记起的类似例子的数量。

总体而言，评估概率或频率时，可得性是行之有效的线索，因为频繁

兹 · 霍耶尔作出了很大的努力，本节部分内容沿用他的一些结论。特沃斯基与卡尼曼的一些著作和相关论述，被收录在：Kahneman, Slovic, and Tversky, 1982。

[1] 原注：请参阅：Slovic, 1972, p. 10; Tversky and Kahneman, 1973, p. 207; Tversky and Kahneman, 1974, p. 1124; and 1976, p. 28; Nisbett and Ross, 1980, p. 7; Slovic, Fischhoff, and Lichtenstein, 1981。

发生的事件回想起来，要比不常发生的事件回想得更好、更快。然而，事情是否容易被回想起来，也受到与实际概率无关的许多因素的影响。影响可得性的因素还有情绪的波动、时间的远近、鲜明度与想象性等。这些因素不见得与事件的频率和正确率相关。因此，依靠这种规则评估熟悉、近期、鲜明、可想起、能想象的事件时，分析人员可能会系统性地高估其发生概率与感知频率。

可得性启发法的使用及其偏见，对于开展情报分析和感知即将来临的袭击，有着重要的意义。首先，可得性"突显出，在感知风险方面，经验起决定性关键作用。当个人经验有偏差时，就可能产生不准确的感知。不幸的是，人们所接触的很多信息，都是对这个危险世界的曲解"（Slovic, Fischhoff, and Lichtenstein, 1980, pp. 184-185）。

其次，人们往往根据与过去经验中的例子进行比照，来分析敌人的企图和解读早期预警指标。近期发生的事情与早期发生的事情相比，前者会更容易记起，因此前者对分析人员评估的影响更大。可得性也意味着，对于某个令人痛苦的事件或危险，造成其容易被想起或想象的任何因素，都会严重扭曲人们对这一风险的感知（Slovic, 1978）。这能够部分地解释，为什么上一次战争会影响这一次对突袭的预判失误。

再次，分析人员还根据信息的突出性与鲜明度，赋予其相应的推理权重。然而，"这种赋予证据权重的策略非常危险，因为信息的鲜明度，与其是否有真正的证据价值，充其量只是间接相关"（Nisbett and Ross, 1980, p. 8）。

此外，想象性在评估概率时，也扮演重要的角色。如果某些危险是人们难以想象或根本从未想过的，那么遭受攻击的风险就会被低估。1941 年 12 月 7 日早上 7：02，美方雷达站侦察到大批飞机从 132 英里外向夏威夷靠近。雷达站将这一情况报告美军空防信息中心，但中心某陆军中尉接到报告后，却指示雷达操作人员忽略此情况。这位中尉的评估是，这要么是从希卡姆机场（Hickam Field）起飞的轰炸机正在进行海事巡逻，要么可能是从美国本土飞过来的几架 B–17 轰炸机，按计划它们应于当天早晨抵达夏威夷（U.S. Congress, 1946a, p. 66）。因为这位中尉从未经历过战争，所以脑海中完全想不到发生攻击的可能；他是按照自己的预期来解读这项指标。

最后，正如霍耶尔所说，有些事件发生概率很低，但一发生就会有严重后果，情报分析人员常常很难评估这些事件的可能性。因为分析人员很难想象这种发展，所以他们把概率估计得更低。我们已经注意到，想象性对于正确评估这类事件的概率，常常并无助益（Heuer, 1980c; 1982）。事实上，在大多数案例中，突袭都是概率低、风险高的典型；可得性偏见可以解释，为何分析人员会低估突袭的真实概率。

代表性（representativeness）：这一启发法是指，通过比较相似性，人们只要知道一个事态的情况，便可评估另一个事态的可能性。这能使评估者将许多推断性工作，简化为简单的相似性判断。根据卡尼曼和特沃斯基的定义，“使用这种启发法的人，在评估不确定事件或样本的概率时，会完全根据该事件或样本：（1）与母群体（parent population）在基本特征方面的相似性；（2）能否反映出其产生过程的明显特点。我们的论点是，在很多情况下，只要看起来事件 A 比事件 B 代表性更强，则判断事件 A 比事件 B 发生的概率更高”（Kahneman and Tversky, 1972, p. 431）。

由于能影响概率判断的许多因素，并不会影响相似性或代表性，因此，使用代表性启发法，可能会造成严重错误。首先，仅靠相似性不一定能推出可能性。当代表性本身无法提供准确判断时，人们依然会把它当成唯一的判断策略。人们倾向从证据的突出特点中，选择看起来最具代表性的部分，来预测其结果，而忽略了可靠性、有效性与现有证据数量等其他衡量标准（Nisbett and Ross, 1980, p. 7; Ross, 1977, p. 363）。

还有一个因素，当时不会影响代表性，但过去曾影响过，这就是各种结果的事前概率（prior probability）或基础频率（base-rate frequency）。事前概率是在获得手头案例的证据之前，人们对已知事物的总结；在获得具体证据后，它仍具有重要性。但在预测某一事件的结果时，人们几乎完全依靠具体信息，而忽略事前概率（Kahneman and Tversky, 1973; Tversky and Kahneman, 1974; Slovic, 1982）。

其次，人们几乎不知道，自己所回忆事件的样本规模有多大，及该样本是否有偏差，而这些都是非常重要的。少数事件所显示的特征，具有不稳定性与不可靠性，但人们对此却感觉不到。这些偏差会扭曲样本的特征。然而，明知样本的关键参数存在偏差，人们还是愿意对其进行归纳概括（Tversky and Kahneman, 1974; Nisbett and Ross, 1980, pp. 9-10）。

再次，人们常常从输入信息中，选择他们认为最有代表性的来预测结果。“他们对自己预测的信心，主要取决于代表性的程度（即取决于所选结果与输入信息之间的匹配度），很少或几乎不考虑限制预测精确性的因素。”（Tversky and Kahneman, 1974, p. 1126）这种毫无根据的、凭借预测结果与输入信息之间的良好“匹配”而产生的信心，被卡尼曼和特沃斯基称为“有效性幻觉”（illusion of validity）。他们称，即使人们意识到这些因素限制其预测的精确性，仍然不会改变这种幻觉。

最后，输入信息是预测的基础，人们对自己预测是否有信心，主要也取决于输入信息的一致性。当输入变量高度重复或关联时，这种一致的形式最常被人注意到。所以，由于高度重复的预测变量通常含义一致，因此在该基础上所作的预测，人们会更有信心。然而，也有预测理论认为，随着输入变量的重复性增加，预测的精确性会降低。因而，重复性对于信心的影响，在理论上与实际上正好相反（Tversky and Kahneman, 1974）。

代表性启发法的运用及其偏见，对情报分析有着重要的影响。分析人员可能会忽略基率（base-rate）数据。对于类似情况下的结果分布数据，他们可能会予以否定；而过度强调所分析案例的具体信息。结果，特殊事件或极端指标，可能被认为具有代表性，因而造成评估的扭曲。即使多数的早期指标并未显示威胁，仅凭一则信息，也可能错误地发布警报，造成破坏性影响。

分析人员判断敌人的企图与能力时，作为依据的证据通常是非常有限的。有时，分析人员获得的预警指标，只关乎敌军一小部分；有时与噪声相比，信号极其微弱。然而，分析人员倾向于忽略这一事实，而是相信少量样本与大量样本一样重要。因此，对于从少量证据中得出的结论，他们往往过于自信，而忽略这些证据可能无法代表潜在证据的整体。同样，由于只有几个相关的事件，分析人员与决策者往往会依赖极少数的历史先例样本，认定即便某类事件只发生过个别几次，仍然可能再次发生。

例如，1940 年，主导挪威外交政策的外交大臣哈尔夫丹·科特（Halvdan Koht）并没有预料到，在没有首先挑起冲突事件，或至少下达最后通牒并提出谈判要求的情况下，德国会发动攻击。科特这一预期的依据，是在奥地利、捷克斯洛伐克和波兰等危机中，他对希特勒行为的观察（Holst, 1966, p. 39）。一年后，斯大林犯了同样的错误，认定德国在任何攻击前都会先下最后通牒，让他有机会采取主动。斯大林认为，虽然新近发生在挪威、丹麦和法国的战争前奏都显示，发出最后通牒并非希特勒发动战争的先决条件，但是，仅有这三个案例的样本太小，不足以作为判断依据，也不够有代表性。

分析人员常常会在一致性逻辑的想定下，采用包含证据最多的假设或解释。然而，当信息具有一致性时，分析人员可能忽略的事实是：这些信息只代表一个数量小且不可靠的样本。此外，信息之所以一致，可能只是因为具有高度的相关性或重复性，在这种情况下，多个相关报告不见得比单一报告的信息量更大、更有意义（Heuer, 1981a, pp. 305-306; 1981b, pp. 47-48）。

另外，大量证据表明，对于随机性导致的不确定性，人们非常缺乏概念。特别是，人们无法识别随机性，并对随机现象作出确定性的解释。这种忽略随机性的错误倾向，会造成一些困难。当分析人员使用不确定信号形成假设时，他们会不断寻找确定性规则，来解释所有的信号。此外，当分析人员相信某一信号来源可靠时，他们会认定其准确无误。最后，由于看似得到一些噪声数据的支持，某个不可信的假设得以长期存在；但正确的假设却因为与噪声数据看似不符而被否定（Fischhoff, 1976, p. 431; Stech, 1979, p. 315）。

调整与锚定（adjustment and anchoring）：第三种启发法，即调整与锚定过程，也可用来描述人们如何消除整合信息的压力。在这一过程中，某些自然的起点或基点，可作为判断的最初近似值。接着，再调整这个基点，以容纳额外信息或分析的影响。但一般而言，该基点倾向于缩小本应调整的幅度，使最终判断比应有的情况更接近起点。因此，调整因素不够精准，且无法公正地反映额外信息的重要性。

调整本身也不够充分。不同的基点产生不一样的评估，而每种评估都会出现不同程度的偏差，且都偏向最初值。这种不充分的原因要么是因为人们疲于费尽心思进行调整，要么就是因为该基点有特殊重要性，使人感到，如果评估结果接近基点则风险较低，如果偏离基点则风险较高（Tversky and Kahneman, 1974, pp. 1128-1129; Slovic, Fischhoff, and Lichtenstein, 1976b, p. 172）。

情报失误的影响不言而喻。无论是由于收到重要的新信息还是情况有变，分析人员必须不时地检视和更新他们的评估。进行调整的自然起点，可以是基本的信念体系、情况的最初定义，或针对该主题的原有评估。由锚定和调整启发法造成的偏见显示，分析人员可能没有充分改变评估。他们的判断受到最初基点的影响，而他们对判断的检视，则远远落后于接收新信息和感知情况变化。

二战前，新加坡的国防战略是部署基本护卫部队；这完全可以理解，因为如果该地区有任何危险，英国定会派出部分舰队来阻止敌人攻击。欧洲爆发战争后，英国显然不会将舰队派到远东地区。另外，1940 年，日本已占领中南半岛并使用当地机场。然而，新加坡仍然坚持过去的国防战略，同时英国也继续相信新加坡不会被占领（Leasor, 1968, pp. 15, 123-126）。

过度自信

哲学家与心理学家历来强调，人们常常对于自己判断的准确性过度自信。过度自信，是指毫无根据地相信自己假定的正确性，这种自信广泛存在于判断形成过程的多数阶段中。人们利用知识、信息、假设和推理来形成判断，但对于这些却未能充分加以批判，且常常高估自己对现实的了解。结果，他们对自己评估、理论与结论的确信程度，高于严密论证分析得出的准确性。人们之所以过度自信，还因为他们会忽略与所选假定相反的证据，并严重依赖与所选假定相符而非相反的考量因素。判断特殊事件的发生概率时，往往都会出现过度自信。实证研究提供了过度自信的证据，还证明了信心与准确性几乎毫无关系。研究也发现，专家和外行一样，都有过度自信的倾向。[1]

显然，先前所描述的一些判断偏见，是造成分析人员过度自信的重要原因，但除此之外还存在其他原因和解释。首先，人们渴望确定性。心理学家解释说，要想减轻由不确定性产生的焦虑，方法之一就是否定不确定性的存在。这种否定就是过度自信的来源之一（Slovic, Fischhoff, and Lichtenstein, 1979, pp. 17-18）。

其次，我们的环境结构，通常不会显示我们所作预测的局限。评估中的错误很难被发现，有时，我们几乎或完全得不到反馈。即使收到反馈，我们也会扭曲其意义，而让自己相信：发生的事情符合所作的评估。除了固有的不足外，我们通常能为自己的失误找出理由。还有些例子中，由于评估的判断标准含糊不清，我们无法看出自己实际评估得有多差（Slovic, Fischhoff, and Lichtenstein, 1977, p. 6）。

再次，心理学家还说，人们一般认为记忆能准确反映他们的经历，且自信能凭记忆直接回答问题，而不用任何推断。然而，大量研究表明，记忆只不过是复制的过程。因此，如果人们没有认识到记忆重建的本质，且无法区分主张与推断，则不能批判性地评估推断得出的知识，并会对自己的结论过于自信（Fischhoff, Slovic, and Lichtenstein, 1977, pp. 562-563）。

最后，造成过度自信的另一个原因，是对现有信息一致性的过度敏感。人们从少量但一致的证据中获得的信心，往往会高于从大量但不一致的证据中获得的信心。“一致性效应间接地造成过度自信。为了寻求连贯性，人们常常会看到本不存在的形态，重新解读数据以增强其表面一致性，并忽略与其观点不符的证据。这样，人们可能会高估数据的一致性，

---

[1] 原注：请参阅：Koriat, Lichtenstein, and Fischhoff, 1980, pp. 108, 111; Nisbett and Ross, 1980, p. 119。亦请参阅：Kahneman, 1974, p. 10; Slovic, Kunreuther, and White, 1974, p. 195; Slovic, Fischhoff, and Lichtenstein, 1976a, p. 17。

从中获得过度的自信。”（Kahneman and Tversky, 1979, pp. 323-324）

所有突袭案例中，无论是对分析人员还是对决策者，过度自信都有一定的影响。事实上，一次成功的突袭可以看作是，对被袭者过度自信的反映：因为情报机构与决策者过于自信，认为战争并不迫在眉睫，所以必然感到出人意料。

过度自信对突袭的影响，可以从两个层面来看。在概念层面，如果分析人员相信战争不可能发生，他就不容易识别出与其信念矛盾的信号和预警指标。分析人员越自信，就越要花时间来接纳矛盾的证据，也就越不愿接受涉及敌人企图的备选假设。

在作战层面，一国越自信敌人不会来袭，越不愿采取预防与反制措施。1967 年 5 月，当纳赛尔把军队部署到西奈半岛时，以色列对埃及的企图，以及对本国预测阿拉伯国家未来行动的能力，几乎完全没有信心；结果，以色列采取了全面反制措施。六年后，当预警指标从 1973 年 9 月底开始累积时，以色列明显更为自信，相信阿拉伯国家不会发动战争，也相信本国有能力预测这类战争。所以说，1973 年以色列能接受的风险门槛，远低于 1967 年。

第 5 章
分析的过程

本章中，我首先探讨判断的困难与偏见，然后把情报分析和评估的过程分成几个主要部分，并研究每一部分中（特别是与突袭相关）的困难与扭曲现象。

预测与情报分析

要想了解分析人员如何得出关于敌人未来行为的结论，我们必须先探究预测的本质。汉斯·托奇（Hans Toch, 1958, p. 58）认为：

> 预测，是对未来信念的陈述，其基础是对近期事件的主观评价，和对遥远过去的经验评估：它是从过去经验推断而来……因此，成功的预测在于，该预测对世界的意义是可靠的，且能从这些意义中找出与未发生事件的关系……成功的预测也取决于预判新事物的能力，取决于不能假定某一事物永久稳定或顺序不变。[1]

---

[1] 原注：纳兹莉·乔克利（Nazli Choucri, 1978, p. 4）对“预测”（prediction）和“预报”（forecasting）进行了区分。“预测”通常侧重于某一事件或结果，不考虑概率解释（probabilistic interpretation）。而“预报”则是针对各种意外事件，考量各种

上一章提到的许多困难与偏见，对预测影响很大。不确定性和人为判断的因素有多重要，预测准确性受到的负面影响就有多大。当然，概念的持久性、对证据的忽视以及简化策略，都会使预测过程产生偏差。

道格拉斯·麦格雷戈（Douglas McGregor, 1938）认为，预测不仅受到客观因素和刺激情境（stimulus situation）影响，也有主观因素的作用。人们的态度、愿望和知识会构成一个参考框架，影响假设的形成，而这些假设又是预测的基础。主观因素对预测的影响，由两个主要变量决定：现实情况固有的**模糊程度**（情况越模糊，愿望思维对预测的影响越大），以及预测者赋予相关问题的**重要性**。此外，**乐观之人**的预测，往往与其愿望相符；**谨慎之人**对事件概率的预测，要低于平均水平；而**多疑之人**在预测时，比一般人更多受到客观条件影响，而且更不容易接受朋友意见。

某些错误常出现在大多数预测中，使结果出现系统性偏见。预测者可能低估或完全忽略某些关键因素，或无法适当权衡各种因素，进而导致预测失效。他们也会先验地强调在某些背景下看似关键的变量，而未对其进行充分证实或现状核实（Martino, 1972, pp. 561-576; Choucri, 1978, p. 14; Washburn and Jones, 1978, p. 97）。

预测时最严重的错误——与预判突袭失误关系最大的错误——是人们普遍假定，趋势都是沿直线前进的。然而，在过程的发展中，突变会一再发生。因此，成功的预测应能预报变化的潜在来源，确定变化出现的时机，并描述变化后的情况。

预判新事物和变化时，人们会面临很多心理困难。部分原因是，人们努力追求自身的一致性，所以预测出的事件不太可能与认知大相径庭。此外，预测者对模式只会做一些暂时的小改变，因为他们知道，如果偏离以往的模式，即使只是轻微的偏差，也会产生危险。还有一个相关原因是，预测者的想象力可能太有限。因此，他们自然而然倾向认为，在某个范围内保持不变的事物，未来依旧不会改变。他们意识到，未来有出现变化

可能情况，并在特定概率范围内进行。亦请参阅：Freeman and Job, 1979, pp. 115-118。

甚至突变的可能性；对这种可能性，人们的警觉仅限于以往有过变化的方面，这些过去的变化曾告诉人们，不稳定性是存在的。当预测者思考可能发生的变化时，他们相信，这些变化的方向和程度会与过去一样；他们对于变化的本能感知是，现在与过去相比有什么不一样，未来就会与现在有怎样的不同（Jouvenel, 1967, p. 61; Rothstein, 1972, pp. 172-178; Chuyev and Mikhaylov, 1975, pp. 40-41, 190; Ascher, 1978, p. 203）。

预测极为困难，又常会出错，特别是涉及国际关系和军事事务时，更是如此。[1] 这些领域存在各种不确定性。预测国际与军事行为时，要考虑的变量有很多，但关于未来的信息却很罕见和不完整，有时还有误导性。与其他领域不同的是，要想通过验证和实验等手段，来降低不确定性的程度，是极其困难甚至不可能的。这是因为，敌人可以改变和控制某些条件，进而影响我方的观察，敌人的欺骗行为就是这样的情况。

国际舞台上，许多事件都独一无二、史无前例。不同事件发生的频率也大不相同。因此，通过观察规律性来进行预测，往往难度更大。短期、独特事件预测难度最大，因为没有任何先例可循。然而，这类事件常常是情报界最关注的。虽然备选想定（alternative scenario）等方法可用来应对独特事件，但它们却不能按照人们的需要，生成明确具体的预测。不幸的是，无论敌人整体的袭击还是具体的突袭，都属于这类独特事件。小规模战争每隔几年就打一次，大规模战争每一二十年也出现一次；但是对具体一国而言，就算有也仅有少数几次战争，可作为预测突袭的重要先例。

国际关系与军事事务的进程与趋势，也比过去更加复杂，因而更难预测。大多数战略问题，包括发动战争的决定在内，都涉及包括政治、军事、科技与经济等多个学科。因此，要理解这一复杂情况的战略意义，也变得愈发困难。1941 年华盛顿方面预测，日本可能对泰国、马来半岛或荷兰属地发动攻击。但大多数美国决策者没有想到，日本袭击这些目标意

---

[1] 原注：相关案例请参阅：Knorr, 1964b, pp. 16, 3; Knorr and Morgenstern, 1968, pp. 12-14; Chuyev and Mikhaylov, 1975, pp. 41, 50-51; Clauser and Weir, 1975, pp. 41, 295; Knorr, 1976, p. 112; Dror, 1978, p. 2; Freeman and Job, 1979, p. 130; Sarbin, 1982, pp. 154- 157。

味着和美国开战；同时他们也不了解，鉴于必须保护先遣部队侧翼这一战略原则，日本在深入到东南亚海域前，要先破坏在夏威夷的美国舰队。同样，1962 年，印度总理尼赫鲁（Jawaharlal Nehru）也没有看出中苏关系破裂对印度的影响。他认为印度与苏联的特殊关系，会保证其与中国对抗时的有利地位。但他并不知道，中国可能用反击印度这一手段，削弱苏联在社会主义阵营中的领导地位；他也没有想到，苏联支持印度的能力是有限的（U.S. Congress, 1946b, pp. 29, 44; Vertzberger, 1978b, p. 25）。

最后同样重要的是，许多政治与军事状况可在短期内发生变化，甚至是突变。作为预测基础的假设一开始可能正确；但随着情况变化，本该改变基本假定的新因素，可能会被忽略或不为人知。由于领导层变动或技术发展，敌人的行为模式或企图会突然改变。突发事件的干预也不少见。军事能力与武装冲突方式，虽变化速度较慢，但都会改变。再者，与过去相比，影响国际关系的许多因素变化得更快、更普遍，不连续性的概率也随之增加。出现这种情况的部分原因是，外来且不可控的变量不断增多，这些变量会打破连续性，并导致爆炸性局面。这些变量包括：新型的武器技术与不断增强的军事能力，第三世界的崛起，能源问题，以及全球范围内对恐怖活动和其他极端冒险行为的偏好。有时，改变是逐步发展的，经过一段时间的累积，结果出现剧变。因此，在国际关系领域，预测者仅凭情况的一致性和自身能力，是无法预测变化的走向与强度的。

分析人员的假设与信念，虽符合过去实际，却未能快速准确地记录上述变化。有些信念是基于近期经历，而非当前事件，因此总会有些过时，就更无法体现这些变化了。问题又一次主要出在分析人员的信念上。没有信念时，分析人员说不出情况是否有变；但有了信念后，分析人员却可能看不到变化的证据。在其他案例中，尽管基本变化能被察觉，但该变化对某类行为的影响却不能立即显现。

在"六日战争"爆发前的一周里，埃及人未能察觉到，有两个快速发展的新情况，对以色列的战争决策起到重大影响。1967 年 6 月 1 日，以色列成立紧急内阁，成员包括国防部部长达扬等人。尽管埃及人觉得这一情况会增加开战的概率，但是他们不至于想到，战争会在四天后爆发。更重要的是，5 月 30 日，埃及总统纳赛尔与约旦和伊拉克签署军事条约，规定约旦部队听从埃及指挥官调遣，并要求伊拉克派出一个师进驻约旦。但纳赛尔似乎并不知道，对以色列来说，考虑到埃及和叙利亚已屯兵以色列边境，军事条约这一新情况被以色列看得多么严重。纳赛尔也没有察觉到，以色列正被迫快速反应，争取在被合围之前，阻挡约旦与伊拉克的军队。

长期处于和平状态的被袭国，尤其难以察觉变化所造成的影响，所以一国若想保持有效战备，需要更多的想象力与更高的警惕性。这一标准很难无限期维持，以下情况时更是如此：被袭国，如“珍珠港事件”爆发前的美国，感到本国地理位置优越，不会遭受突袭；或一国，如 1940 年前的挪威，传统上从未卷入国际冲突。如果预测者坚信总体局势本身很稳定，其作出的预测也可能被扭曲，这正是以色列在 1973 年所持的信念。当时，以色列军队沿停火线部署完备，这些阵地看似越来越正当合理。阿拉伯军队似乎对以色列军力非常忌惮，不敢冒险发动攻击。约旦河西岸及加沙地带的阿拉伯人，看起来也甘心接受以色列的长期控制。当莫斯科和华盛顿同意在局势缓和的条件下，重新定义双方关系后，局势稳定的意象就更加深刻，各方均认为：苏联不会主动煽动阿拉伯国家发动战争而激怒美国（Eban, 1977, pp. 485-487; Bartov, 1978, pp. 279-280）。

当情况是渐变而非突变，特别是被袭方已逐渐习惯于敌人的某些行为时，探查变化也是件难事。因此，朝鲜和之后中国入朝部队渐进式的介入，都在蒙蔽美国分析人员，使他们无法得出正确的结论（DeWeerd, 1962, p. 457）。美国分析人员实在没有及时察觉到，中国政府的介入不断增加，已超出了边境冲突的范畴。

情报分析的三个阶段

典型的情报产品包括以下三个要素中的部分或全部：**描述**情况或事件，并注意识别其基本特征；**解释**某一情况发展的原因、重要性和影响；

预测未来发展。每个要素至少包含以下两部分之一：从现有知识与新信息中获得的**数据**，以及用来弥补数据缺失的**评估**或判断。理想的情报产品只包括数据，不存在要靠评估弥补的数据缺失；但这种情况很少见。通常数据远不够完整，我们要靠自己的判断，才能超越现有信息。

情报分析和评估的过程因人而异。目前并没有公认的分析图示，故分析人员主要利用其信念体系，来作出假定和解读信息。这些假定通常是隐含的而不是明确的，甚至分析人员自己也不知所以然。有时，他们很难解释清楚，为什么自己会以某种方式理解现实。至于分析正确与否，分析人员常常无从得知，只好等实际发展来证明。他们有关敌人行为的一些信念，只受到某些具体事件的影响，而当这些事件发生时，再想修正评估往往为时已晚。因此，即使两个分析人员有相同的知识和信息库（这十分少见），也不会在所有问题上看法一致；就算结论一致，他们的分析结构也常有所不同（Jervis, 1976, p. 312; Heuer, 1979, p. 7）。

情报分析是一个持续的过程，既没有起点也没有终点。它的阶段划分也不明确，分析人员很难知道，自己在某一时间，处于哪个阶段。本质上，情报分析是信念、假定与信息之间互动的过程。尽管能指出一些模糊的阶段，但这并不意味着，分析人员必然会从一个阶段走到下个阶段。有时，他同时在几个阶段工作；有时，他甚至会回到前面的阶段。但在整个分析过程中，有个特点对于了解突袭非常重要。正如霍耶尔所说，"随着分析过程一步步推进，本质上假设会越来越具体，同时分析人员所考量的信息也越来越有选择性"（Heuer, 1980b, p. 6）。

很少有人概括分析过程的各个步骤。杰罗姆·克劳泽与桑德拉·韦尔（Jerome Clauser and Sandra Weir, 1975, p. 75）用一个简单的模型来描述假设的产生，具体有五个步骤：由本人或他人代为进行观察；提出多个初始的备选假设（alternative hypothesis）；过滤初始假设；选出最佳假设，供进一步验证或提出新假设；选择已有数据最能支持的一个假设。

霍耶尔（Heuer, 1980b）扩大了这个模型，加入了新信息这一要素。尽管他提出的也是简化的模型，但它能代表理想情况下，分析过程是怎样运作的。它包括八个步骤：定义问题；形成多个初始假设；选择性获取数据；完善这些假设；选择性获取其他数据；解读和评估数据；选出一个假设；持续监测新证据，它们可能会推翻所选假设。

从这两个模型中我们可以明显看出，情报分析过程包括三个主要阶段：形成并评估多个备选假设，评估新信息，以及选择一个最佳假设。

形成并评估多个假设，包括了霍耶尔提出的前四个步骤。这一过程中，首先是将开放性问题，转变为定义更清晰的一系列问题，以划定搜集和评估的信息范围。接着，随着试验性假设的发展，潜在相关信息的范围会进一步缩小。这样就使得在分析过程中，数据搜集遵循的标准，是数据在评估假设时的有用性。假设的发展以及用来验证假设的信息搜集，"是多次循环往复的过程。每一次循环，都会使假设变得更具体，使数据搜集的重点更突出"（Heuer, 1980b, pp. 4-5; Stech, 1979, pp. 312-313）。

第二个阶段——评估新信息——是分析过程的核心。分析人员要问三大问题：信息的可靠性如何？与其他已有信息相比，新信息的重要性是什么？新信息在多大程度上符合或反驳现有假设，又该如何被解读？

第三个阶段——在矛盾的假设中进行选择——是整个过程的目标。分析人员先将备选假设与解读后的信息进行对比，接着再选择最受信息支持的假设。但这并不是整个过程的终点。即使已选出假设，持续的信息流和变化中的局势，还会迫使分析人员对假设进行重新审视，并用不断累积的新证据进一步加以验证。

形成与评估假设的方法

在分析过程中，分析人员使用各种方法形成并评估假设。第一种方法是**演绎法**（deduction），即从一般定律或理论，来推断特定案例。"理论是对某种现象的众多例子加以研究后，作出的概括总结。理论可明确指出，当某组特定条件适用时，其他条件也必然适用。"（Heuer, 1980b, p. 7）从理论进行演绎，能帮助分析人员超越发展现状，认识到哪些趋势仅是表象，哪些才真正重要，并在尚无确切证据的情况下预测未来发展。用于情报分析时，演绎法有两个缺点。在情报研究中，得出结论的过程或许正确，但该结论的前提却可能错误，导致结论也跟着出错。因此，考虑到演绎法的局限性和前提中的潜在错误，使用演绎法时必须慎重。而且，由于演绎法通常以现有理论为基础，它可能会让人一直坚持错误信念，也会使人排除对未来事件有指标意义的证据（Heuer, 1980b, pp. 7-10; Clauser and Weir, 1975, pp. 82-83）。

分析人员与决策者的普遍理论是，由于战争风险高，敌人为实现目标，除非已用尽其他方法，否则不会付诸军事行动。这意味着，只要分析人员能找到风险性更低的方式，来帮助敌人捍卫其利益，他们就不会认为战争迫在眉睫。尽管这个定律可应用于很多案例，但当敌人认为战争对其利益不会造成太大风险，或其他手段都不起作用时，这个理论就不适用了。因此，1950 年，美国的中央情报局（简称中情局）、陆军部（Department of the Army）和远东司令部（Far Eastern Command）都不相信，朝鲜企图立即发动攻击。美国国务卿艾奇逊之后解释说，"普遍观点认为，朝鲜为了达成目标还有许多手段可用，包括游击战、心理战、政治施压与恐吓等，所以他们还会继续使用这些手段，而不是公然发动军事侵略"（U.S. Congress, 1951, III, p. 1991; Spanier, 1965, p. 22）。

同样，美国情报界在 1973 年也相信，对阿拉伯国家来说，只有其他可行的政治选择无法收复领土时，才可能发动战争。美国高层知道，国务卿基辛格与以色列和埃及在联合国举行会谈时，已安排好从 1973 年 11 月起，将就和解问题举行先期会谈。因此，依然存在的政治选择，加上以色列的军事优势，使阿拉伯国家开战的可能看起来微乎其微（Quandt, 1977, p. 168）。

第二种方法是**归纳法**（induction），它是在观察的基础上进行概括和判断的分析过程。情报评估大多都是归纳过程的产物。使用归纳法时，分析人员首先探究特定因素，试图按其特有的逻辑了解情况。然后，再找出该情况的成因或可能的结果。此时，分析人员开始发觉数据中的某些关系。例如，通过观察紧张局势时敌人的行为，分析人员会归纳出在可能的攻击发生前，必然出现的早期预警指标。观察几个类似例子后，分析人员就能够从个别形态判断，发展为形成一个更抽象的概念。显然，在归纳过程中，分析人员也非常依赖一般规则，但这些规则并不涵盖整个情况，而只适用于其中一小部分（Clauser and Weir, 1975, pp. 81-82; Heuer, 1980b, pp. 10-15; Stech, 1979, pp. 309-310）。

归纳过程有自身缺陷。分析人员必须能明白敌人的概念框架，处理大量的不确定性和模糊信息，还要应对很多独特的事件。美国对阿拉伯国家军力的概念，就是个典型的例证，这一概念的形成可以说明，少量的观察如何导致影响广泛的错误归纳。根据美国中情局对1973年阿以战争的事后调查，美国分析人员之所以相信阿拉伯国家不会开战，原因之一是1973年7月《阿以手册》中的一篇文章。这本手册由美国的中情局、国务院情报与研究局和国防情报局合作撰写，其中有篇文章，称阿拉伯作战人员"缺乏有效执行军事任务所需的身体素质与文化水平"，这一说法在1973年10月初美国情报界的讨论中，再一次得到重申和巩固。中情局这一调查报告（*Pike Papers*, 1979, p. 20）评论道：

看起来没有任何先入之见，会比对阿以相对军事能力的看法，更能影响分析倾向。分析人员常用"六月战争"[1]来证明，阿拉伯军队具有根本性甚至永久性的弱点，并由此推断出以色列战无不胜……

此外，当时还有个较为普遍的观点，很大程度上基于……阿拉伯国家过去的表现。该观点认为，阿拉伯人完全无法适应现代战争的要求，并缺乏知识和动机，有时候可能连勇气也不足。

演绎法和归纳法互为补充。在分析过程各阶段中，分析人员可能同时

[1] 译注："六月战争"，即"六日战争"。

使用这两种方法。每一种方法都促使分析人员从不同角度检视证据，而要想充分利用所有相关数据，则必须同时使用这两种方法。就短期进展形成假设时，归纳法更为可取；而对长期发展进行评估时，就必须要用演绎法（Heuer, 1980b, p. 21A）。

类比法和以史为鉴

分析过程中，可使用的第三种策略是**类比法**（analogy）。在本书第 4 章启发法的部分，曾从几个方面探讨过类比法的使用。在此，我们将从更广泛的角度来审视这一策略，重点强调以史为鉴的过程。运用类比法，分析人员可以形成概念、解读信息、挑选假设、掌握事态发展的起因，以及预测结果。分析与预测过程中，寻找类似案例，可能是脑海中最自然形成的步骤。面对不熟悉的事态发展时，分析人员就会四处寻找已知的相似情况。如果两种情况十分相似，研究新情况时，分析人员就会越过分析原因和确定变量的阶段，直接假定新情况的结果与他们熟悉的情况一样。

当情报分析人员寻找国际和军事问题的类似案例时，他们自然而然会吸取过去的教训。根据杰维斯（Jervis, 1969, p. 246）所言，对行为者来说，有三个主要来源，促使其形成对国际关系与其他国家的概念，并影响其认知基准。它们分别是：其对国内政治体制的概念，以往的经验以及世界历史。前文描述从敌人的视角看问题时，已讨论了第一个来源的诸多方面。个人经验将在本章后面加以探讨。第三个也是最重要的来源是以史为鉴。

对分析人员来说，历史是概念的主要来源。正如杰维斯所说，"人们从世界历史关键事件中的收获，是确定意象时的重要因素，而意象又影响人们对新信息的解读……以往的国际事件，给政治家提供一系列能想象到的情况，并让他们发现一些模式与因果关系，从而更好地了解当今世界"（Jervis, 1976, p. 217）。

在类比历史事件时，分析人员会作出一些隐性的假定。他们认定，未来会以某种方式重复过去，过去发生的事件未来还会再次出现。他们也认定，过去导致某一事件的因素与进程，未来也会造成类似的结果；而现在存在的某种趋势，至少在可以预见的未来，还会继续存在。具体来说，他们认定，敌人因为过去有过某种行为，所以在未来类似情况下，也会采取同样的行为（Clauser and Weir, 1975, pp. 297-298）。

有了这些隐性的假定，分析人员了解新情况时，先会试图将其置于自己的经验与知识背景中。接着，他会指出当前情况的核心因素，并挑出和目前情况相似点最多的历史先例，以明了当前事态发展。当古今情况类似时，分析人员就会逐条比较，如果一致程度令人满意，便预测未来结果也与之前相似。[1]

历史类比法的使用，存在很多固有的重要问题。以史为鉴只是皮相之见，且过度概括。根据杰维斯的说法，“人们会更关注发生了**什么**，而忽视**为什么**发生”。由于对过去事件的原因和局限性不够敏锐，“获得的经验教训被广泛应用于各种情况，而没有仔细判定这些事件在关键层面是否相似”。对原因的探寻通常过于草率和简化。“当决策者自认已知过去事件的原因时，很少会进一步搜寻存在该变量的其他案例，以确定该变量在其他情况下的影响力；他也很少找出结果相同的其他案例，以判断类似结果是否由其他原因造成。”（Jervis, 1976, pp. 228-229）分析人员能看出历史事件与现今情况的几个相似之处，然而，他们不但不进行全面的系统性对比，反而结束调查，并认定这两种情况是相似的。这样一来，分析人员就会忽略今昔情况有别，在远没有正当理由的情况下，将类比法广泛应用于各种不同事件。在某些案例中，看似有说服力的相似点，并不一定与产生预期结果有关。即使相似点有关，看似无关紧要的差异，也可能会影响预期的结果（Platt, 1957a, p. 153; Jouvenel, 1967, p. 85; Martino, 1972, p. 66; May, 1973, p. xi）。

其他原因也可以解释，为什么以史为鉴常常过于简化和概括。在第

[1] 原注：相关案例请参阅：Martino, 1972, p. 67; Shapiro and Bonham, 1973, pp. 168-169; Axelrod, 1973, p. 1265; Axelrod, 1976, pp. 116-118; Heuer, 1980b, pp. 15-16。

4章可得性启发法的论述中，我们已经发现，人们都是从引人注目的重大事件中学习。这些令人印象强烈而鲜明的事件，会使分析人员主要从新旧事件的相似点出发，过于迅速地感知新情况。分析人员常常会“在未考虑其他模型的情况下，就认定现状和近期发生的大事一模一样”，或“用以往案例中比较微不足道的方面，来理解当前事件”（Jervis, 1976, pp. 281-282）。

此外，分析人员通常假定，过去事件既然有过某一结果，那么应该或多或少代表参与者的常态行为。有了这一假定，分析人员便能预测，当前情况会产生类似的结果。但是参与者在以往事件中的行为不一定是“常态”；而且从初始条件出发，可能会产生许多看似合理的其他结果（Martino, 1972, p. 67）。

造成过度概括化的原因，还有主题的复杂性，以及可供研究的案例样本存在偏差（Jervis, 1976, p. 235）。国际关系存在复杂性，涉及战争决策的国内政治与军事程序也错综复杂，这些会对分析人员造成严重障碍。分析人员所借鉴的案例样本必然数量较少、存有偏见且不具代表性，要想得出客观分析需要进行大量的对比，而这是个困难的工作。

另一个因素和分析人员借鉴历史的过程有关。分析人员特别是决策者，在选出看似最合适的先例之前，一般不会检视大量的相似案例。相反，他们会抓住最先想到、且较为符合当前情况的先例。然而，如果缺乏对推论的实证检验，人们很难区分哪一个是合适的历史先例，哪一个是不佳的；分析人员和决策者几乎不会验证这些经验教训是否合适；他们也很少获得明确证据，可以证明经验教训的可信度（Fischer, 1970, p. 257; May, 1973, p. xi; Jervis, 1976, p. 236）。

再者，分析人员尤其是决策者，倾向采用自己的亲身经历，或对他们来说特别重要的事件。亲身参与到以往局面中，会使人认为其他案例也是类似的。经历过情报失误或成功的分析人员，在评估未来状况时，会受到那段经历的过度影响。分析人员个人熟悉的案例，也更容易回想起来。然而，从亲身经历中获得的教训，往往过于概括化。这些事件组成的样本之所以失之偏颇，就在于个人经验具有偶然性与局限性（Jervis, 1976, pp. 235, 239, 270）。由于这些困难与偏见，分析人员常面临从历史类比中得出错误结论的风险。他看待的世界，要比实际情况更加恒定不变。“人们经常认为变化是逐步发展的，因而可用基于过去的规则加以处理；即使是突变，也应该按照过去的常态路线发展。”（Dror, 1971, pp. 4-5）在预判敌人攻击等突变时，这种观点往往站不住脚。

而且，对逼近的攻击进行感知时，历史类比可能会产生一些扭曲作用。它们往往降低人们对早期预警指标的警惕。要想察觉到威胁不断增加，部分要靠对异常预警指标的观察。然而，因为这些指标过去并不重要，所以被袭国通常断定，它们现在也没什么新意。例如，在入侵韩国之前，朝鲜将几个师的常规军队调到非军事区附近，驻扎在那里准备攻击。这一情况并没引起远东司令部的警惕，因为他们在1947年就已发现朝鲜这种模式的行动：从那时起，在38度线与后方地区之间，朝鲜部队每年都会全副武装地实施换防（Ridgway, 1967, p. 14）。

分析人员也会通过历史了解敌人的企图。然而，在判断未来企图时，过去行为常会造成误导。例如，1941年4月英国联合情报委员会认为，德国不会忘记在1918年，对俄国西部的占领令其负担沉重，所以一定知道，如果再次攻占苏联，德国在其他地方进攻的兵力会遭到严重削弱（Hinsley, 1979, p. 456）。同样，1941年末，美国国务卿史汀生认为，美国的经济施压使日本不会发动战争，因为1919年伍德罗·威尔逊（Woodrow Wilson）总统“被激怒而对日本实施棉花禁运，并抵制来自日本的丝绸，结果在两个月内，日本便像条挨打的狗一样俯首听命，将其军队撤离了西伯利亚”（Ben-Zvi, 1979, p. 101）。

分析人员不仅借鉴敌人的历史，也会从本国历史，特别是恒定不变的历史因素中总结。过去，美国由于没有强大的邻国，一直享有免遭直接攻击的难得优越条件。在“珍珠港事件”前，美国本土从未遭受过外敌攻击，也从未与日本发生过战争。然而，日本在1905年与俄国发生过战争，这使得1941年日本攻击苏联的可能性更高。在饱受战争摧残的欧洲大陆上，中立国挪威的案例更引人注目。1940 年前，长达 125 年中，挪威没有参与过任何战争。特别是由于其中立的政策，挪威没有参与一战。作为历史学家出身的挪威外交大臣，在很多方面，科特都偏向在先例的影响下建立自己的预期和评估。1807 年，英国对哥本哈根的先发制人式打击，就是让他深为警惕的先例。这能在某种程度上解释，为何他认为本国遭受英国攻击的可能性，要比遭德国攻击的概率更大。英国没有预测到德国攻击挪威，部分也是由于历史原因。作为一个习惯于主动直面敌人、开辟新战场的岛国，英国倾向认为德国不会单独主动进攻，而只会对盟军发起的行动采取被动回应。因此，英国没有把一些模糊的证据，看作德国准备攻击的指标（Holst, 1966, pp. 35, 41）。

这两个关于长期和平的案例，使我们想到完全相反的情况——近期战争的影响。近期战争之所以对感知倾向产生极其重要的影响，是因为两个截然不同的因素。第一，许多分析人员和决策者都曾亲历战争，并深受冲击。许多民众也参与过战争，战争影响了他们的感知倾向。这样，在战争的作用下，对盟友与敌人，对参战方的国力、军力、行为与战斗方式，以及战争的发起方式，人们形成了一些“全民意象”。第二，战争是一个重大且影响深远的事件，分析人员的注意力会集中在这种最为显著的方面。由于巨大的影响力和创伤性，近期发生的战争会扭曲人们对新威胁的感知。战争的胜利者可能会忽视其概念上的不足，而失败者可能会过度强调这些弱点，并对潜在的威胁过于敏感（Betts, 1977, p. 164）。

例如，1956 年以色列袭击埃及时，先在苏伊士运河以东 30 英里处空降伞兵，深入敌人领土，接着机动部队对西奈半岛南部发动突击。战后，埃及全面研究了以色列的作战计划，预期下一次战争中以色列还会采取类似的路线。因此，1967 年以色列的行动——特别是战争伊始便攻击埃及机场，地面主力则主攻西奈半岛中北部——完全出乎埃及意料，使埃及军队迅速瓦解。埃及人似乎忽略了，促使以色列采取 1956 年攻击方式的两个因素，在 1967 年却不复存在。它们是：1956 年，以色列进行伞兵空降及相关动作的目的，是让英法两国能以“保护苏伊士运河”为借口介入战争；1956年部署在西奈半岛的埃及军队，要比1967年时相对较弱。

1967年，埃及还受到另一场近期战争的影响，即1963年至1967年埃及对也门的干预，而这场战争的经验并不适用于埃及与以色列的冲突。作为总统纳赛尔喉舌的穆罕默德·哈萨尼·海卡尔（Mohamed Hassanein Heikal）之后写道，在也门军事行动之后，埃及军事领导层过于高估其陆军的实力；但他们忽略了一个事实，即"在也门的军事领导层只需指导有限的行动，而在与以色列的战争中，领导层要有指挥一个师、多个师和军级大规模作战的知识与能力"（*Al-Ahram*, Cairo, June 21, 1968）。埃及军事情报局前局长萨拉赫·哈迪迪将军后来详细阐述了这一观点（Salah al-Hadidi, 1972）：

> 在也门战争中，埃及并没有让部队对战争有清晰的认识。他们印象中，战争依旧是对装备落后的部落所实施的一种惩戒……原本最有价值的空中武器被忽略……也门作战的特点就是死气沉沉，我方和对方部落均是如此……防空部队完全没用上，部队也没有为防止遭到攻击而分散行动……埃及在离家2000英里外的也门作战，控制了该国大部分地区，赢了几乎所有战役。也门战争的胜利使埃及部队与各级指挥官过于自信，但却没有真正了解信心的来源。由于这种自大，埃及总参谋部没有准确评估以色列政治与军事上可能的反应。

以色列从以往战争中吸取的错误教训，可能更值得我们关注。1973年战争前，以色列感到他们的军队比阿拉伯军队强太多，所以阿拉伯国家如果发动战争纯粹是发疯。这不仅是条情报评估；这种观念还广泛存在于政治与军事领导层、联合执政与各在野党，甚至几乎所有以色列人（Talmon, 1973）。这一评估的基础是"六日战争"、1967年到1970年的"消耗战"，以及影响较小些的1956年战争，在上述战争中以色列都有压倒性的优势。然而，形成这种评估的一些历史教训本身就是错误的。1967年以色列之所以很快取得胜利，部分是因为早期的空袭与突然袭击，造成埃及军队的实质瓦解和心理崩溃。毫无疑问，即使没有突袭效果，以色列也会取得胜利，只不过要多花些时日。但是埃及军队的快速瓦解使以色列过高估计了两军的差距。以色列对其军事优势的评估也没被“消耗战”削弱，因为埃及当时没有实现目标就被迫同意停火。在考虑西奈战线的未来战略时，以色列的思考很大程度上受到“消耗战”的影响（Herzog, 1975, p. 276）。此外，在1956年与1967年的两次战争中，以色列均设法突袭了埃及。这一因素，再加上以往的成功和以色列情报机构的声望，使以色列认定自己不会遭到突袭。在1973年的战争中，以色列使用的仍是上一次战争中的武器，而阿拉伯军队却大规模使用了反坦克与防空导弹。因为这些导弹在“消耗战”期间并未被大量使用，事实上也从未在大规模战争中被任何军队测试过，所以1973年战争前，以色列并未充分认识到这些武器的效果。

当然，也有一些案例中，本该从过去经验中学到的教训，却被其他因素掩盖，或者被忽略。例如，法国不相信德国在波兰的闪电战会在法国重演。尽管法国第二处赞叹德国集结军队、投入行动的速度之快，但仍认为有些战略考量（诸如波兰缺乏前线防御工事、波兰尚未全面动员以及德国极度的优越性）是波兰行动的独有特点，不一定适用于其他情况。该处认为，尽管德国在西线战场的某些地区可使用类似战术，但任何针对法国的行动都会有所不同（Strong, 1970, p. 55）。但问题是，我们没有一套规则可以说明，什么时候以及怎样从过去的战争中以史为鉴。

最后，历史类比法既是概念的重要来源，也是情报分析过程的核心要素；这一事实会形成恶性循环。由于以史为鉴存在问题和偏差，这些被扭曲或过时的概念，很有可能成为现有概念的基础，而现有概念继而又成为未来概念的基础。这种意象往往持续存在，不被质疑，特别是当分析推理与历史类比相结合时，则更是如此。这多少能解释，为什么新加坡和夏威夷坚不可摧、阿登高地难以穿越的概念，会大行其道，直到遭到敌人的突袭打击。

评估新信息

情报研究过程中，评估新信息是一个常规但关键的部分。通常，一名情报分析人员每天会读到成百上千条信息。大多数信息并不重要，或者与其处理的问题毫不相关；一些信息可先保留，以供日后重新分析。只有很少信息——最多几十条——会马上进行评估。评估过程包括两大要素：评估信息的准确性，以及解读信息并分析其重要性。

评估信息的准确性有一些标准。其中一条是，分析人员可根据信息被其他信息支持或反驳的程度，来试图检验该信息。问题是，很多信息无法完全用这样的方式，被完全肯定或否定。因此，分析人员要再次依靠他对敌人行为的概念，并根据信息看起来的可信度和合理性，来判断其准确性。这一标准不仅主观、不准确，而且常常具有误导性。

评估完信息的准确性后，分析人员会试图解读该信息并了解其重要性。这一过程可用图式理论（schema theory）来描述。对于信息所显示的情况，分析人员会检查是否已有现成解释。如果已有解释，则检查新信息是否足以符合该解释的具体要求。如果符合，新信息会以这一既定图示进行解读。如果有多个解释，分析人员要看看，是否有逻辑上独立的理由可以强化这些解释，并选出强化理由最多的一种解释。如果没有充分支持现有情况的解读，分析人员就会从记忆中搜寻过去的类似事件，它们或许能对新情况提供解读。这种搜寻会一直持续，直到分析人员找出和当前情况最像的过去事件才会停止（Axelrod, 1973; Shapiro and Bonham, 1973）。

我们已经解释过新信息的处理方式。现在要讨论的，是检验新信息的另一个关键方面——分析信息来源。评估信息很大程度上取决于，分析人员对其来源的态度。同一条信息如果来源不同（广播信息、人力来源或信号情报），判断也会不同。情报来源的多样性广泛存在；每一种来源在特征、信息获取方式、质量与可靠性、优点与偏差，以及容易受敌人操纵与欺骗的程度上，都各不相同。

情报分析人员通常会分别考量来源的可靠性与消息固有的可信度；最终评估要综合考虑这两个因素。然而，这两个因素却密切相关。大量实验证明，对新信息的反应与人们对其来源可信度的感知有关，并且人们会更关注来自信任来源的信息。当来源可信度高时，人们一般会接受这个信息，不会进行批判性评估。相反，如果来源不值得信任或来源不明，则信息可能被完全忽略，或被认为是有偏差或不完整的。因此，来源的可信度越高，人们就越愿意根据其内容改变自己的想法。此外，信息的质量与数量，也与来源的可靠性有关：当信息内容看似可疑时，来源的可信度就更加重要。信息数量越有限，就越强调来源的可信度。[1]

评估来源的可靠性，是个复杂的问题。在我们研究的大多数突袭案例中，都有分析人员由于不相信绝佳来源，而拒绝了本可以警告他们攻击迫在眉睫的信息。一些因素会影响分析人员对信息来源的态度。分析人员往往依据过去的经验，来评估信息来源质量如何，及自己能否获得精确信息。当某一来源在某个问题上出错时，分析人员对该来源及其提供的新信息，通常持否定判断。但把过去的精确度当作标准尚且不够。即使绝佳的来源也可能提供过不精确、不正确的信息——这与其提供的当前信息的质量毫无关系。而且不佳或意外的来源也可能带来第一手信息。然而，分析人员依然会因来源可疑而否定信息，而不考虑该信息的价值。

例如，二战期间，最高效的苏联间谍网中最好的间谍，在 1941 年 6 月中旬提交报告称，“德国将于 6 月 22 日破晓时对苏联发动全面攻击”，他还详细说明了敌军的编组与主要目标。该间谍由于坚持自己身份的模糊性，且一直拒绝提供线人名单，曾被莫斯科当局怀疑是为德国军事情报机构（Abwehr）效力。直到德国真正入侵后，斯大林才完全相信他的消息（Whaley, 1973, pp. 100-101）。

判断消息来源的可信度，很大程度上也基于：人们是否假定该来源能

---

[1] 原注：相关案例请参阅：Hovland and Weiss, 1951, p. 642; Hovland, Janis, and Kelley, 1953, p. 73; Finlay, Holsti, and Fagen, 1967, pp. 33, 43; Paige, 1968, pp. 292-293; Johnson and Scileppi, 1969, p. 31; Jervis, 1976, p. 123。

获得高质量的信息，以及该来源能否真实无误地传递信息。这不可避免地意味着，来源的可信度也取决于分析人员对其客观性与动机的看法。如果来源对某一主题有一定的个人态度和利益，其可靠性的意象就会相应受到影响。当人们认为某来源提供的信息会引发政策改变，而使该来源从中受益时，这一来源就会变得不可信，所提的警告也会遭到忽略。此外，来源与分析人员间的冲突，也会影响后者对前者的态度。

根据印度驻华大使潘尼迦（K. M. Panikkar）的报告，如果"联合国军"跨过北纬38度线，中国将会介入朝鲜战争。但美国决策者对该报告持怀疑态度，部分原因是该大使曾反对美国的政策。美国总统杜鲁门就曾说，"潘尼迦先生过去就老打中国牌，因此他的说法不算是公正观察者的表述"（Harry Truman, 1956, p. 362）。有时，消息来源不被信任，是由于整个团体或国家的意象。韩国领导人常常警告说，要提防朝鲜攻击的危险；然而他们的警告却被忽略，因为一般认为韩国领导人只是做个样子，以获取更重型的军事装备，抗衡朝鲜得到的苏联坦克。此外，麦克阿瑟将军的总部也倾向"尽量不相信东方间谍人员，而且感到，韩国人即使完全看不到野兽时，也特别喜欢高喊'狼来了'"（Ridgway, 1967, p. 14）。

如果初始消息与分析人员的信念太过矛盾，来源的可信度及其后续信息的影响力就会被削弱。因此，在1956年10月以色列发动攻击前，埃及收到法国与以色列合谋的信息。海卡尔回忆道，"一个法国人走进我们驻巴黎使馆，提供了法以合谋的信息，拿走1000英镑，但几天后他又回来，要我们用5000英镑购买以色列会谈与联合军事计划的更多信息，这一次他的说词没有被相信，开罗方面还要我们把他当骗子赶走"（Heikal, 1973, pp. 105-107）。

同样，德国入侵荷兰前最重要的警讯，来自荷兰驻柏林武官金伯特·塞斯（Gijsbertus Sas）少校。他的主要线人是他的老朋友，也正好是德国反间谍机构的副头目汉斯·奥斯特（Hans Oster）上校。然而塞斯在海牙（The Hague）的上级不相信奥斯特这一来源。塞斯传递的信息越详细，奥斯特的可靠性就越被质疑。“特别是塞斯上报这位线人也计划刺杀希特勒，并将刺杀消息透露给他这位外国武官后，塞斯因坚持担保该线人，差点被撤职。没人能想象真有这样的普鲁士军官存在。”（Mason, 1963, p. 557; Pearson and Doerga, 1978, p. 32）

人力来源通常知道，如果他们的报告与信息用户的信念过于相悖，他们就不会被认可。这个想法反过来会让他们扭曲报告内容。例如，二战期间，苏联“红色乐队”（Red Orchestra）情报网活跃在德国境内。其负责人利奥波德·特雷伯（Leopold Trepper）在多年后回忆说：“苏联军事情报局局长告诉我，在德国的苏联情报人员绰绰有余，但是，在发回报告之前，他们会仔细阅读苏联的报纸，不会传回任何与官方政策相悖的报告。他们没有发回任何有关希特勒准备发动全面战争的消息。”（*Ma'ariv,* Tel-Aviv, February 14, 1975; Trepper, 1975, p. 73）

对于某些消息来源，分析人员也要自问，传回的报告是否是敌人欺骗计划的一部分。荷兰的军事领导层就怀疑，奥斯特泄露的机密是德国的圈套（Mason, 1963, p. 564）。1967 年的战争后，埃及将其遭受突袭，部分归因于共产主义盟友给埃及提供的误导性信息。海卡尔表示，“以色列正确地认定，埃及会相信来自苏联集团的报告，并质疑来自西方报告的真实性，因此就将假信息给了苏联”（Ben-Porat, 1973, p. 68）。即使海卡尔对以色列欺骗行为的说法有误，这个例子也能证明，当评估报告甚至是来自友邦的报告时，分析人员会遭遇问题。

极佳来源的存在，也会造成相反的问题——过度相信该来源的能力。有时，几个出色的来源太可靠，会使分析人员认定，如果敌人决定发动战争，这些来源就会知道，然后告诉他们。因此，分析人员由于确信自己会提前收到预警，便丧失了对战争可能性的警惕。同时，如果敌人成功隐藏其战争决策，这些来源就无法如期提供预警。例如，在“珍珠港事件”前，虽然对即将到来的攻击，“魔术”截获的信息“只能提供悬而未决背景之下一道稳定的暗流”；但由于知道存在这一出色的来源，人们得以安心认为，美国军事情报处（Military Intelligence Division）的手指已放在日本的脉搏上，因此可以掌握日本全部企图（Wholstetter, 1962, p. 300）。

极佳来源的另一个缺点是，倾向于过度依赖特定的来源。尤其是像“珍珠港事件”发生前那样，当各个来源所提供的信息被分开处理时，更是如此。对单一来源的依赖持续增加，而对其他可靠性略低的来源则不断忽视。因此，在古巴导弹危机前，U–2侦察机能提供古巴国内军事活动相对确凿的证据，这种能力使分析人员对苏联军事活动与企图进行推断时，不太愿意依赖情报人员与难民的报告。通过难民渠道，华盛顿方面源源不断地收到关于古巴境内核设施的报告；但是美国情报界却质疑该信息，不仅因为他们曾被古巴难民误导，还因为没人可以确定，这些来源能否区分地对空与地对地导弹（Schlesinger, 1965, p. 800; George and Smoke, 1974, p. 474）。

从备选假设中作出选择

挑出较佳的假设（preferred hypothesis），是情报分析过程的目的。解读敌人的企图与行为，总有不止一种方式：敌人可能计划现在或者在遥远的未来发动战争；他们可能通过展示武力来试图勒索；或者只是加强防御能力。从这些矛盾的假设中作出选择，可以为作战决策提供依据——是按兵不动，还是发布情报预警，甚至采取反制措施。

理想情况下，假设的选择应该经历漫长的系统分析：提出一全套假设并分别进行评估；检视所有相关信息；选择最符合证据的假设。然而，实际情况通常不是这样。在情报工作中，由于时间紧、情报用户施压，以及各种限制与扭曲因素，分析人员往往不会系统性检视所有备选假设，然后选出最佳，而是会选择第一个看似足够接近最佳的假设。因此，“分析人员识别出看起来可能性最大的假设，即对情况的暂时性评估、解释或描述看似最准确的……接着，谨慎的分析人员会快速浏览其他可能的假设，迅速检查较佳的判断尚未触及的证据，以确保自己……没有忽略一些重要考量”（Heuer, 1980b, pp. 23a-24）。

用这样的方法选出假设，存在若干困难与扭曲因素。正如霍耶尔所说，分析人员通常会侧重于证实一个假设，而不是推翻多个假设。分析人员自然不会寻求矛盾的证据，当收到这类证据时，往往也会予以忽略（Heuer, 1980b, pp. 26-27）。此外，由于人们倾向将信息融入既有概念中，一旦确立出令人满意的解读或假设，其他假设的发展就会被抑制。因此，认为战争是低概率事件的话，人们就不会努力寻找其他解释。1962 年时印度认为，中国在西藏增兵是在维持秩序和平息叛乱。印度总理尼赫鲁的基本信念是中国不会反击印度，这使他不再寻求其他解释，纵然中国在西藏的兵力明明已超过治安任务的需要（Vertzberger, 1978a, p. 137）。

这是个复杂的问题，因为在情报分析中，没有一套公认的方法来检验和证实假设。不过，也有一些基本规则，可以确定假设的**可能性**。在以下情况时，假设的可信度会增加：（1）当该假设的结果得到证实时；（2）用于检验假设的各种方法，都支持该假设时；（3）支持该假设的可见证据，看起来存在相互关联时；（4）该假设得到支持的案例数量增加时；（5）不相容或对立的猜想被推翻时；（6）该假设与另一个高度可信的假设相符时；（7）由相同事物支持的其他假设，不如该假设简单时（Clauser and Weir, 1975, pp. 176-178）。然而，这些规则不能完全确定，哪一个假设是正确的。情报分析中，往往没有最终的证据，来证明假设的正确性。有时，关于哪个假设是正确的，事后回顾时仍然众说纷纭，事前就更难达成共识了。确定某一假设正确性的主要标准是，看它能否貌似合理地解读新信息，而不直接被新信息否定。

然而，信息与敌人行为通常都太模糊，所以无法做到这一点。此外，在解读信息时，因为大量的概念和猜测数据都只是部分确定，所以可能有多种解读方式。如杰维斯所说，许多心理实验表明，人们并不理解推断过程，也不明白他们的信念对信息解读的影响。他们经常认为事实只有一种可能含义，还会低估信息的模糊性。因此，人们对自己的假设过度自信，且过早排除备选假设。结果，他们经常用符合其假设的证据，推翻对立的假设。他们往往忽略一个事实，那就是支持其假设的证据，可能也符合其他多个假设。人们不能理解，为何别人用同一个事件，来支持另一个不同的假设。因此，他们越来越偏执，容不下别人的立场（Jervis, 1976, pp. 173, 182; Jervis, 1977, pp. 174-175）。

事实上，考虑到显示攻击即将来临的信息可能有模糊性和欺骗性，因此，根本没法客观确定哪一个假设为真。正如杰维斯（Jervis, 1976, pp. 176-179）所言，当信息很不完整时，最能说明已知事实的往往是错误解释，正确假设反而不被多数证据支持。由于这个原因，那些最终证明是对的分析人员，比起那些最后是错的人，看起来更不合理、更不容易接受新信息，或更不愿意修正其意象。

不幸的是，在分析判断的几乎每一方面，分析人员都不得不选择一种假设或解读。正如沃尔斯泰特研究"珍珠港事件"时所说，"1941 年进入信息网的每个信号，通常都有多个貌似合理的解释，不出所料的是，我们的观察者与分析人员倾向选择符合普遍假设的解释"（Wohlstetter, 1962, p. 393）。但是否有更好的方法供分析人员来挑选解读？他们又如何判断哪一种解读最为合理呢？

为了说明这种困境，我们要再次提到"珍珠港事件"与德国入侵挪威两个案例。1941 年，对于珍珠港将遭袭的谣言，美国予以否认。尽管美国评估失误，但这并不意味着评估背后的假定不合逻辑。事实上，当时美国的判断与日本的判断一致，只是日本联合舰队司令官（Commander in Chief of Japan's Combined Fleet）山本五十六（Isoroku Yamamoto）大将的攻击计划，是直接违背日本海军战术准则的（Wohlstetter, 1962, p. 386）。在挪威，外交大臣科特相信，德国想要挪威保持中立。至少在盟军介入挪威的可能性出现前，这个假定并无不合理之处。对于入侵是否是明智之举，德军内部也出现了严重分歧；有些人认为，由于希特勒的主要目标是在西欧地区发动成功的闪电战，此举是分散兵力的浪费和危险行为（Holst, 1966, pp. 38-41）。

"巴巴罗萨行动"更能说明分析人员面临的问题。1941 年 4 月，大规模的德国军队集中出现在苏联前线，已是确凿无疑的事实。然而，这种兵力集结至少代表四种不同的假设（Whaley, 1973, pp. 223-225, 241）。[1] 第一种认为，不管苏联有何种军事或政治反制措施，希特勒都企图攻击苏联。事后回顾，的确如此；但当时认可这一假设的，只有一些深入了解希特勒对苏基本意图及其本人独特行动风格的领导人，他们还否决了希特勒不会双线作战的臆断。丘吉尔正是这样，突然之间掌握了德国行动的意义。

第二种假设认为，只有当希特勒即将发出的最后通牒遭苏联拒绝时，他才会发动攻击。这正是斯大林的假设。第三种认为，希特勒无意开战，而只想通过军事佯动，骗取苏联更大的让步。这是当时英国外交大臣安东尼·艾登的初始解读。类似地，英国联合情报委员会直到 5 月 23 日还认定，希特勒想与苏联达成新协议，使德国获取经济援助，来应对与英国的长期战争；武力威胁旨在促成这一协议（Churchill, 1950, p. 355）。

第四种假设认为，希特勒无意攻击苏联，至少在打败英国前不会；他只是想加强东线的防御，以防遭到斯大林攻击。这种假设是希特勒欺骗计划的一部分，目的是麻痹苏联，而直到 6 月初，很多英国情报机构还信以为真。

这一案例中分析人员所面临的，是一个极其困难的问题，因为他们必须既考虑模糊的信息，又顾及敌人故意欺骗的可能。这四种假设看起来都是合理的；大多数信息都能对其中任一假设提供支持，而其余数据经过扭曲后，也能迎合选定的解读。事实上，斯大林的最后通牒假设，最符合苏联当时得到的信息，因为该假设所考量或能解释的相关数据——无论信号是真是假——多于其他任何一种解读，当然也多于最终正确的那种解读。平心而论，我们必须提到，斯大林曾与至少 18 位非苏联籍观察员分享过这一假设，其中包括英国和美国的部长官员及在莫斯科的外国大使（Whaley, 1973, pp. 241-242）。

为什么分析人员不愿从不同的角度、分别用流行和不流行的假设，来研究信息呢？他们有时会这样做。一个典型的案例就是“巴巴罗萨行动”

[1] 原注：惠利（Whaley, 1973, p. 223）还提出了第五种假设——希特勒预期苏联将攻击德国，所以决定先下手为强。

前的丘吉尔。但这一过程非常少见，而且耗时。在大多数案例中，“最困难的思维活动，便是将一串熟悉的数据重新排列，以不同方式进行审视，并避免受到主流准则的影响”。我们已经注意到，分析人员一旦形成某个假设，就会把新信息融入这一意象中，而不是重新组织所有信息来支持一个新意象。情报信息的本质，并不鼓励分析人员从不同的角度重新审视证据。形形色色的信息，“如果对两个相悖的观点提供同等的支持，则不会削弱任一观点持有者的信心，反而会加强他们的自信”。因此，“常常可以发现，行为者相信一些数据能为他们的观点提供有力证据（即便无法直接证明），但他们没有注意到，这些数据同时也在支持其他主张”。[1] 正如约瑟夫·德·里维拉解释道：“我们把自己对世界的感知当成理所当然……如果别人指出我们的看法错误，我们可能理智上承认这种可能性，但行事时，还认为自己的看法是正确的……而危险就隐藏在这种确定感中。”（Joseph De Rivera, 1968, p. 21）

有时——特别是信息稀少的早期阶段——分析人员和规划者为避免在众多假设中进行痛苦的选择，可能会描述各种不同的假设，让决策者从中选出最有可能或最合适的一个。一般而言，他们会在当前情况到目标事件之间，构建一系列备选想定。

对某一事件构建想定有一个好处：它使该事件更容易想象，并有助于理解造成该事件的原委。但特沃斯基和卡尼曼（Tversky and Kahneman, 1973, pp. 229-230）认为：

> 在评估复杂事件的概率时，人们只会考量最简单与最可用的想定。特别是，在人们倾向生成的想定中，许多因素完全不变，只有最明显的变化才会发生，互动性的变化更为罕见……人们倾向只考虑相对简单的想定，这在冲突时会造成极其显著的影响。那时，本方的想法和计划，与对手的相比，更容易获得。要想了解敌人在棋局或战场上的观点，并非

[1] 原注：Beveridge, 1957, p. 106; Nisbett and Ross, 1980, p. 171; Jervis, 1976, p. 181.

易事……因此，参与者倾向把敌人的策略看作是相对不变的，且不被参与者的举动所影响。这些考量显示，参与者很容易陷入主动谬误（fallacy of initiative）——一种认为对手的主动性和想象力不如自己的倾向。

更重要的是，如果人们无法克服自己的坚定信念，坚持认为敌人不能也不会开战，即使对攻击构建出正确的想定，也不能保证免遭突袭。法国在 1938 年举行的演习，与后来德国真正的攻击一模一样。但是，法军甘末林将军却假定，在真实情况时，充足的后备军队将能填补阿登高地的缺口，他还以此为借口，为演习结果辩解。但当盟军把后备军队调至防线左翼远端的比利时后，这个假定就出错了（Betts, 1982, p. 30）。

"珍珠港事件"的案例甚至更令人震惊。1937 年底，美国白宫顾问爱德华·马卡姆（Edward Markham）上校奉命调查珍珠港防御情况。他在报告的结论处写道，"与日本的战争，可能会在毫无征兆的情况下突然发生。历史带给我们最明显也最重要的经验教训是，日本会自己选择冲突的时间……万一美国和日本发生敌对行为，毫无疑问，夏威夷群岛会是行动的第一现场"（Rich, 1981, p. 47）。1941 年 3 月 31 日，美国海军基地防御空中部队（Naval Base Defense Air Force）指挥官与夏威夷空军（Hawaiian Air Force）指挥官，针对夏威夷可能遭受的突然敌对行动，准备了一份评估报告。令人吃惊的是，该评估对敌人可能行动的描述，简直是真实事件的预言："看起来**对欧胡岛最有可能、最为危险的攻击形式，将是空袭**。相信目前最有可能的攻击，是从一艘或多艘航空母舰上发动，它们与我们的距离能在 300 英里以内……单一潜艇攻击，可能表明一支尚未发现的大规模水面部队的存在，该部队**很可能**包含与航空母舰协同作战的快速舰艇。"

似乎这些还嫌不够，有人甚至预测出袭击的准确时间。1941 年 4 月 1 日，美国海军作战部部长向海军各军区指挥官发电报说，"过去的经验表明，轴心国常会在周六日或相关国家的全国性节日，在特定战场开始行动"。因此建议海军情报人员"在上述期间采取措施，确保部队实施适当有效的警戒与预防措施”。1941 年 8 月 20 日，夏威夷空军指挥官致函美国陆军航空队司令（commanding general of the Army Air Force），认为“敌人可能会采取清晨攻击”（U.S. Congress, 1946a, pp. 84-85, 89-90）。不出所料，日本的袭击就发生在 12 月 7 日周日黎明时分。

感知的外在障碍

判断偏见、概念的难变性、为迎合概念而采取的信息解读方式，以及分析过程中的扭曲，似乎是对战争信号错误知觉的主因。然而在大多数案例中，还存在其他障碍。它们并不源于分析人员的概念集和逻辑程序，而是来自一些外部因素。这些外部因素会增强噪声，进而很难提取信号。我们将要考量的障碍包括：欺骗行为、受困于其他问题以及意外因素。

欺骗与突袭

主要通过欺骗实现战略突袭时，敌人起何种作用这一问题，本身就需要全面研究；但在这里，我们只能简要讨论。大多数战略突袭案例中，敌人本身的活动，特别是按计划实行的欺骗行为，是造成突袭效果的部分原因。如“巴巴罗萨行动”中，已知至少有 67 份德国文件涉及欺骗计划（Whaley, 1973, pp. 247-266）。“珍珠港事件”和“赎罪日战争”案例中，也存在类似证据。

战略欺骗的目标是，操纵和扭曲敌方决策者与分析人员对现实的感知，从而使他们形成我方所希望的意象，使我方获得战略优势。唐纳德·丹尼尔和凯瑟琳·赫伯格认为，任何欺骗行为都有三个目标：“直接目标是控制对象的信念，中期目标是影响对象的行动，最终目标是使欺敌者从对象的行动中获益。”（Donald Daniel and Katherine Herbig, 1982, p. 5）

通常，敌人会通过两种彼此互补的方式，来欺骗被袭国。第一，敌人会设法减少真正信号的数量，并使它们保持低调、不事声张——隐藏和掩饰关于即将发生攻击的证据。例如，日本的安全系统就是重要且成功的感知障碍；它对攻击的信息加以限制，只有与计划细节关系密切的人才知晓。日本内阁中，在特遣部队从最终的出发地启航前，知晓攻击夏威夷计划的只有首相与海军大臣。此外，日本海军曾发出 700 份具体战争计划，其中详细说明了攻击菲律宾、马来半岛等地的细节，但刻意删去了潜艇侦察先遣部队以及袭击摧毁特遣部队所执行的珍珠港任务，只说这些部队和其他单位一起“将对美国舰队作战”。这项命令中最敏感的部分只对极少数高级军官以口头形式下达（Whaley, 1969, p. 249）。

事实上，攻击者对其战争准备的隐瞒永远不能万无一失。在所有已知案例中，被袭者都不可能未获任何预警指标。（自 1939 年以来唯一可能的例外，就是投向广岛的原子弹。）所以潜在被袭者改进搜集工作，可以降低遭受这类欺骗的风险。

第二，对攻击者来说，要做的主要努力是增加噪声，以便欺骗被袭者，并分散其对预警信号的关注。有两种途径可以扭曲信号的意义。第一种是增加真实信号的模糊性，或者制造一些可解释为威胁并不存在的信号，例如大规模例行演习或全面防御姿态；这两种情况中，人们都很难分辨真假信号，等区分出来却为时已晚。

因此，在“巴巴罗萨行动”中，德国在欺骗计划的命令中说，“部队调往巴巴罗萨，将是战争史上最重大的欺骗行动，意图是表现出德国在为入侵英国的最后准备打掩护……部署在东线的部队，要尽量让人误以为这只是一种欺骗，是在掩饰即将对英国的攻击”（Whaley, 1973, p. 248）。同时，“巴巴罗萨行动”的准备工作，要表现得像是针对苏联在边界增兵而采取的防御措施，或是为了德军在向巴尔干半岛推进时以防万一（Hinsley, 1979, p. 463）。

第二种途径是，通过增加假信号数量并降低它们的模糊性，来引导被袭者在某个特定错误方向产生信心。例如，在 1956 年西奈半岛战役前，以色列通过散布谣言与威胁，成功制造出一种强烈意象，让人们误以为其军事行动将针对约旦而非埃及。攻击者认为自己行为的一些方面被密切观察，因此可能会改变这些行为，以投射一种错误的意象。在攻击韩国之前，朝鲜为隐藏企图，暂时采取一种更加和解的姿态：停止边界袭击，并发表要求举行统一全国大选的“和平建议”（Leckie, 1962, pp. 11, 40-41）。

对于时间、地点与方式已在被袭者预期中的袭击，袭击者会一边拟定袭击计划，一边通过欺骗手段改变被袭者的预期，以达到突袭效果。或者，袭击者会一面强化被袭者的信念，一面在另外的时间、地点，以另外的方式发动攻击。如霍耶尔所说，由于人们倾向感知他们所期望感知的事物，并会把新信息融入既有信念，所以“强化对象的既有信念，把对象引入歧途，进而使对象忽略能显示袭击者真正企图的相反证据，这远比设法说服对象改变……想法容易得多”（Heuer, 1981a, pp. 298-299）。当然，这需要精通被袭国的概念，并正确理解其对常态的感知。就这样，1973 年，埃及人知道以色列的信念是：阿拉伯军队军事上处于劣势，且阿拉伯领导人不愿开战。因此，埃及欺骗计划的目标，就是要强化这些假定（Yasri, 1974, pt. 9）。

敌人使用欺骗计划，会给分析人员提供一个很容易且令人满意的解释，因为几乎所有证据都能被合理解释为与欺骗假设相符（Heuer, 1981a, p. 314）。但是，分析人员却很难识别出，究竟哪些信号来自敌方故意的欺骗计划。首先，通常没有可靠信息说明敌方有欺骗计划。敌方阵营中，只有少数几个人知道这一计划的存在。与战争的军事准备不同，欺骗计划的实施不需要太多人参与；并且大多数参与者也不知道自己已身处其中。

其次，分析人员要想证明战略欺骗的存在，几乎不可能，部分原因在于该计划涉及的，都是诸如企图或动机等无形因素。分析人员会尽量赋予新信号理性和秩序。但过于频繁地采用欺骗解释，会损害分析人员的可信度，因为他的假设永远不能被检验和证实；他所做的，无非是在评估中引入另一个不确定性来源而已（Feer, 1980, p. 145; Epstein, 1980, p. 128）。

霍耶尔还说，警惕欺骗的可能性，会影响分析人员对新信息的接受程度，也可能让他们更认真地审视所有证据。但有时，提高警惕可能没什么用，因为这样会使分析人员更加怀疑所有证据。“如果欺骗不属实，戒心增强可能导致分析人员产生错误知觉。假如欺骗属实，并且欺骗者的目标是利用并强化分析人员先入为主的概念，那么警觉性提升会使分析人员排除错误证据。"（Heuer, 1981a, p. 320）

尽管欺骗能促成突袭，但并不是突袭的主要原因。在我们研究的一些突袭案例中，就存在欺骗完全没有效果或仅有战术效果的情况（Hinsley, 1979, p. 440; Levran, 1980, p. 19; Laqueur, 1985, pp. 286-291）。在"巴巴罗萨行动"等少数案例中，欺骗行为在强化既有错误信念上起到了重要作用，但在这些案例中，欺骗行为并未制造出错误概念。

受困于其他问题

在许多战略突袭案例中，袭击会出现在情报界或决策者受困于其他问题时。这样会从两大方面，降低他们解读战争信号的能力。

首先，专注于另一个问题，会分散或削弱原本应放在战争可能性上的注意力。例如在"珍珠港事件"爆发前的一周里，美国政府一门心思把注意力放在大西洋和欧洲战场。罗斯福总统本人非常关注欧洲局势，所以几乎将远东事务都交给了国务卿赫尔。与德国的战争机器相比，日本袭击的威胁似乎显得遥远且可控。在庞大的数据库中，主要资料都是关于欧洲事务的，远东地区的信息只占一小部分。新闻和民调也证明，美国民众普遍关注欧洲、忽略远东（Wohlstetter, 1962, pp. 230, 278）。

同样，在 1956 年战争前，埃及总统纳赛尔受困于苏伊士运河国有化的后果，几乎没有精力去关注以色列发动攻击的可能性。在 1973 年战争前的一周里，以色列领导人关注的焦点是，巴勒斯坦游击队是否会攻击一列开往奥地利的火车，车上搭载了苏联犹太移民。以色列总理还亲自前往欧洲解决这一问题，开战三天前才回到以色列。

其次，只要心中所想的是另一场战争的可能性，背景噪声就会增加，而袭击逼近的真正信号就可能被误读。例如 1940 年 4 月 9 日之前，对挪威在战争中的倾向，同盟国和德国都表现出明显兴趣。盟军企图干预挪威的预警信号相当明确与频繁，它们全都指向一个方向，也符合挪威领导人的普遍预期。相比之下，有关德国准备的消息就没那么可靠。德国的信息在很长时间都未能左右挪威的预期，最重要的是，它们出现的时机，恰好是同盟国企图干预的预警指标加速累积的时候。因此。挪威人认为主要危险在于，同盟国试图迫使挪威与之联盟并参战，而这可能会招致德国的报复。这样，挪威人认为，来自德国的威胁是因同盟国威胁而产生的，所以对于德国准备先发制人的信号，他们毫不理会（Holst, 1966, pp. 37-39）。

意外因素

正如沃尔斯泰特所述，“在情报工作方面，机会、意外与厄运的影响无处不在”（Wohlstetter, 1965, p. 705）。一系列意外缺陷和错误，就在“珍珠港事件”中发挥了影响。不巧的是，袭击发生前，美国切断了所有通往苏联的西北航线，导致无人目测到前往珍珠港执行任务的日本特遣部队。倒霉的是，12 月 7 日早晨，夏威夷又发生无线电中断。而厄运连连的是，遭受攻击时，珍珠港拦截管制室的值班军官是一名没有经验的中尉，他后来作证时表示：“我并不知道自己有什么职责。我只是被安排在那里做那项工作而已。”（Wohlstetter, 1962, p. 12）

此外，12 月 7 日早晨，“魔术”破译出一则消息显示，在华盛顿与美国政府谈判的两名日本外交官，接到命令将于美国东部时间下午一点整，向美国发出最后通牒。情报分析人员意识到，华盛顿这一时间正是夏威夷的日出之时，于是推测日本可能会在黎明时分发动攻击。因此，美国陆、海军首长决定向夏威夷和美国其他军事基地发出紧急通知，要求他们警惕大规模攻击。如果立即用无线电传送这一预警，夏威夷可以获得两个小时的事前预警时间；但是陆军参谋长乔治 · 马歇尔（George Marshall）没有选择使用保密电话来通知夏威夷。不幸的是，因为星期天早上夏威夷陆军指挥部没人上班，美国战争部无法用无线电联络夏威夷。而另外还有两个可以直通夏威夷的无线电通信，分别由海军与联邦调查局使用。但由于马歇尔将军在匆忙间忘了注明这是一封急电，信息中心的通信官并不知道这一信息如此急迫。因此，这份急电被西部联盟电报公司（Western Union）

当成一般电文传送。当地时间早上 7 点 33 分，这份急电终于到达檀香山，然后又由信差骑摩托车送往陆军指挥部，但此时日军投下的炸弹已经爆炸（Janis, 1972, p. 233; Rich, 1981, p. 50）。

另外，对“魔术”所获情报的处理上，最遗憾的情况之一就是，关于日本的一些重要消息未能在袭击前完成破译。其中一份是 12 月 2 日东京指示檀香山：“鉴于目前局势，停泊于珍珠港的战列舰、航空母舰与巡洋舰是极其重要的……向我回报在各种情况下，珍珠港上空有无观测气球……并且回报战列舰是否装有防雷网。”而这份信息直到 12 月 30 日才被破译。另一份是 12 月 6 日日本驻檀香山总领事发出的电文，直到 12 月 8 日才得以破译。在提及珍珠港附近的气球防御措施时，总领事说：“**我几乎可以肯定，在这些地方突袭的胜算很大。**”（U.S. Congress, 1946a, pp. 229-230）其他案例中也存在类似的意外因素；但总体而言，这些因素的影响力不是很大。毕竟突袭并非偶然。

改变观点

从相互矛盾的假设中作出选择，是分析过程的最后一个阶段，但却不是结束。分析过程没有终点；概念和观点会发展并改变。在本书第 4 章中，我们曾讨论信念的持久难变性与使信息迎合假设的方法，从中可得出结论：要让分析人员改变关于战争临近可能性的观点，即便并非完全不可能，也是个非常缓慢的过程，而且时间在其中起决定性作用。意象会受到特定事件或令人震惊的新信息影响，但往往不到最后不会改变。1973 年 10 月 5 日，在埃及和叙利亚发动攻击的前一天，以色列情报机构才开始更严肃地考虑战争逼近的可能性。这一态度之所以转变，是因为获得了最新且不可否认的报告，可能也因为一个可疑却又无从解释的事实——在埃及与叙利亚的苏联顾问家属正在乘机离境。然而，这一态度转变尚不成熟，却为时已晚。如果阿拉伯国家晚三四天发动攻击，那么很有可能就不算突袭了。

观点很难改变，多少也是由于早期预警指标演变的方式。因为分析人员很难只凭单一攻击信号，就能确定战争即将来临，“我们必须等待多个信号汇总起来，才能形成关于敌人企图与行为的单一假设。这是一个必要却缓慢的过程”（Wohlstetter, 1965, p. 695）。

最主要的问题，是关于分析人员概念的持久难变，以及他们感知和处理新信息的方式。我曾说过，仅凭新证据常常无法改变错误概念。通常，少量矛盾信息逐渐累积，不太可能产生概念上的重大改变，因为这些信息会融入既有概念中，或被第 4 章谈到的某种机制所否定。然而在某个阶段，即便这些机制，也无法处理那些质疑主流概念的信息。此时此刻，分析人员才意识到，概念与一些新证据间存在不一致。而当这种情况出现时，一个渐变的过程由此开始。于是，这个看起来不断反驳分析人员概念的新证据，得以带来变化，但其速度比不上客观看待该证据时，本应有的改变速度（Ross, 1977, p. 374）。

在这个变化过程的背后，有一个总的原则。分析人员和决策者试图尽可能少改变他们的信念与概念。这些为容纳新证据而进行的修改，往往牵涉范围很小，且尽量不改变本质。如果分析人员以对既有概念最小的改动，便可令人满意地解释多数情况，他们就认为没必要大幅度修改其概念。此外，如果信息的矛盾性不容忽视，那么他们会先修正外围信念——“那些最无关紧要、最不受证据支持、与其他信念最无关联的信念”（Jervis, 1976, p. 291）。[1] 分析人员会尽量保留自己整个信念体系中的核心概念，因为改变信念后，再想重建一致性则需要其他相应改变，而与改变基本信念相比，改变外围信念导致的连锁效应程度较低。

然而，当这些小变化依然无法解释不一致的信息时，就需要进行更深层次的改变。甚至大范围改变外围信念仍不足以化解时，就必须改变核心信念，由此会引发一系列变动。这样的话，拒绝某个概念的决定，同时总是伴随着接受另一个概念的决策；而导致作出这种决定的判断，包含着概

[1] 原注：亦请参阅：Finlay, Holsti, and Fagen, 1967, p. 36; Stein, 1977, p. 437; Bonham, Shapiro, and Trumble, 1979, pp. 11-12; Tversky and Kahneman, 1980, pp. 60-61。

念与证据的比较以及两个概念间的相互比较。一旦分析人员认识到“他接受的想法有悖于以前的很多信念，那么，与保护旧概念的机制相同的机制，就会通过改变外围信念的方式，将新概念的内涵扩展开来”（Jervis, 1976, pp. 304-305, 291; Kuhn, 1970, p. 77）。

否定旧概念和出现新概念是个痛苦的过程，没人能提前知道这一变化何时发生。在科学上，库恩这样描述，“有时，在非常规研究赋予反常的结构中，新范式的形式就已预示出来了……更常见的情况是，这样的结构预先没有被自觉地看出。相反，新范式或者一种可供日后阐释的充分暗示，会一下子突然出现，有时会在午夜出现在深陷危机的人的脑海中”（Kuhn, 1970, pp. 89-90）。

在情报分析中，也会出现类似的过程。古巴导弹危机中美国的观点转变，就是一个典型的例子。1962 年，美国国防情报局局长约瑟夫·卡罗尔（Joseph Carroll）将军，根据不同来源提供的一些数据，对苏联在古巴的活动产生怀疑。他“早就有过无数类似的报告。综合了三四份证据后，他心里逐渐形成一个假设……渐渐过了一段时间后……9 月 18 日到 10 月 14 日之间，他脑海中形成了一个具体的假设，认为在某个特定区域可能有苏联的弹道导弹”（Wohlstetter, 1965, pp. 695-696）。

当分析人员的概念关乎战争威胁时，改变的过程通常是渐进且不完整的。面对不一致的证据时，为了维护其概念的核心，分析人员可能会修正概念的某些部分。首先，当既有概念不足以回答所提问题时，他会开始提出战争的可能性。于是在 1973 年 10 月 4 日半夜，受证据累积的影响，以色列的评估开始发生变化，而且“警报信息相继出现”。在那一晚，特别是得知苏联顾问家属撤离埃及和叙利亚的消息后，国防部部长达扬愈发感知到战争可能逼近。以色列军事情报局局长也略微提高了对战争的估计。后来有人提到，他在 10 月 5 日早上曾说：“我不认为以色列正面临战争，但今天的局势比昨天充满更多的问号。”（Brecher, 1980, pp. 76, 183, 192）

当人们认为战争爆发只是长期的可能性时，强烈矛盾的证据会迫使分析人员缩短该期限。例如，1928 年，英国帝国国防委员会（British

Committee of Imperial Defense）建议，为搭建评估框架，应假定10年内不会发生大规模战争，每年应对此假定进行检视。但在日本入侵中国东北后，此假定于1932年便被废除；很明显，当时英国与日本开战很可能不是10年内，而是10天内。但此假定已深刻影响到英国重整军备的能力，因为许多大型工业企业已转而生产民用消费品（Kirby, 1957, pp. 8, 11, 452）。最终，无论怎样，这一观点变化还是不足以使新加坡免遭突袭。

众所周知，面对扰人的证据，分析人员对小型军事行动的观点可能会改变，但仍不会预见全面战争的爆发。比如，1973年9月30日，美国情报备忘录认定，"阿拉伯国家的政治气候，是反对叙利亚此时对以色列大规模动武。叙利亚发动规模更有限的袭击的可能性……当然也不能排除"。10月4日，另一则备忘录指出，"我们依然认为，近期内，尽管爆发局部战争的风险略有增加，但阿拉伯与以色列不会爆发大规模敌对行动"（U.S. Congress, 1975, p. 641）。

举两个例子来说明概念改变的过程。1950年11月25日，中国入朝部队发动大规模战役。此前的关键几周中，美国形成了多份情报评估，查阅这些评估可以揭示，美国对中国意图的看法是逐渐变化的。这些变化是对极度令人不安的证据的回应，但只涉及部分看法，而且为时已晚，无法防止突袭的发生。9月初，麦克阿瑟的情报官查尔斯·威洛比（Charles Willoughby）将军低估了中国入朝的可能性；他认为，中国政府很理智，会在朝鲜半岛事务中置身事外。10月12日中国在东北大规模集结部队后，美国中情局对中国意图的评估多少不那么肯定了。中情局承认中国具备有效介入的能力，但坚持认为这种介入不一定能扭转乾坤。该局也未发现任何令人信服的迹象，表明中国有意全面介入朝鲜战争，所以作出中国1950年不会介入的结论。10月20日，中情局稍微修改了之前的评估，放弃了早先认为中国"威胁"介入只是虚张声势的假设，指出中国只不过想在鸭绿江附近建立一个缓冲区。

10月25日后，美军俘获数十名中国士兵，但却认为这些只是朝鲜部队的援兵。10月16日至31日的联合国报告中，提到俘获中国士兵一事时，仍表示没有直接证据显示大规模中国军队已经入朝。11 月 3 日，美国远东司令部评估，有 16500 名中国士兵与“联合国军”发生接触，中国入朝全部兵力可达 34000 人。同一天，美国参谋长联席会议电报麦克阿瑟，表达对“中国部队在朝鲜公然介入”的关切。麦克阿瑟次日回复说，尽管这“极有可能……但许多根本性的逻辑理由都与此不符，目前尚无重大证据，可令人立即接受这种可能性”。威洛比将军当时表示，在朝鲜所识别出的众多中国师级部队，可能只是各个师的一些分队，而非整个师级单位。然而，11 月 6 日中情局在评估中模糊指出，中国若介入朝鲜战争，要赌上的不仅是一些部队，还有在亚洲的声誉。中情局认为，美国必须考虑到，中国知道这样做有什么危险，换句话说，中国已准备好进入全面战争。11 月 7 日，麦克阿瑟本人发出一份报告，指出：“毫无疑问……中国军队成‘建制’已经且正在对抗‘联合国军’……这些部队随时会投入使用，并还会增加。”（Appleman, 1961, pp. 762, 764）两天之后，他表达了更为乐观的看法，认为中国不会将全部武力介入，即便全力介入，也会被美国空军消灭。

到 11 月中旬，美国的评估已经逐步进入另一个阶段。对于中国的目标只局限于在鸭绿江附近建立缓冲区，美国领导人已没那么确定了。11 月 9 日，美国国家安全委员会（National Security Council）会议认为，中国可能有意与美军在韩国展开消耗战；但中国不太可能采取更激进的做法，将“联合国军”完全逐出朝鲜半岛。11 月 24 日，在中国发动全面进攻前夕，中情局生成了一份最清醒的评估。评估表示，中国至少会在朝鲜半岛扩大行动，此外还会设法使“联合国军”受困且遭到消耗，并维持朝鲜的国家形态。这份晚到不算预警的评估，“还是没有认定中国有意将‘联合国军’逐出朝鲜半岛”（George and Smoke, 1974, pp. 211-212）。[1]

在“巴巴罗萨行动”前，英国对德国企图的评估经历了更为惊人的变化。事实上，英国态度的转变全面且及时，是极为少有的案例之一。直

[1] 原注：Truman, 1956, pp. 372-381; U.S. Congress, 1951, p. 1833; Collins, 1969, p. 175.

到1941年3月，丘吉尔还一直认可英国情报评估，相信德国和苏联间不太可能爆发战争。英国情报界知道德国在巴尔干半岛军事行动不断；但另外还有很多因素，例如德国持续空袭英国，以及苏联向德国运送战争补给等证据，这些因素合在一起使所有人相信，希特勒和斯大林会协商一致。3月26日，从德国“恩尼格玛”密码机截获的情报显示，在南斯拉夫王国的保罗亲王（Prince Paul）同意遵守《德意日三国同盟条约》（Tripartite Pact）后，本来向希腊与南斯拉夫行进的五个德军装甲师中，有三个被调往波兰，但在南斯拉夫违背该协议后，它们又很快被再度调回巴尔干半岛。“对我而言，它像闪电般，照亮整个东线形势。”丘吉尔说道，“巴尔干地区急需的大量装甲部队被突然调往克拉科夫[1]，只能意味着希特勒意图在5月入侵苏联……贝尔格莱德[2]的革命，使德国将这些部队调回罗马尼亚，这可能会使入侵苏联行动由5月延至6月。”丘吉尔立即安排向斯大林发出警告（Churchill, 1950, p. 357; Hinsley, 1979, pp. 451-452）。

事实上，这份有启发意义的报告并非毫不模糊。它证实波兰需要德国坦克——但目的何在？为什么不像斯大林那样，假定德国会先提要求再攻击？或者像英国外交大臣艾登所说，希特勒只是虚张声势？当然，我们要知道，和斯大林不同，丘吉尔没有陷在希特勒打败英国前不会攻击苏联的信念里。早在1940年6月，丘吉尔就致信南非总理扬·史末资（Jan Smuts），表示：“如果希特勒无法击败我们，他有可能退而向东进攻。”（Churchill, 1949, pp. 227-228）无论如何，丘吉尔也花了几个月的时间来改变观点。

英国情报机构比丘吉尔更不愿修正看法。3月30日，一些情报机构推断，“恩尼格玛”截获的证据，表明德国可能对苏发动大规模军事行动，“或者意在恐吓，或者实际攻击”。但后来，英国军事情报局（后简称军情局）表现出摇摆不定的迹象，并于4月16日称，无法辨别德国侵略苏联的谣言是否有可靠的依据。军情局立场一直悬而未决，直到5月23日基

[1] 编注：Cracow，波兰南部城市。

[2] 编注：Belgrade，当时是南斯拉夫王国的首都。

于“恩尼格玛”的证据，才不再优柔寡断。尽管该局认为，德军军事准备的企图可能只是恐吓苏联，但还是推断，这一准备显示出德国决定“占领苏联西部以满足其军事要求”。然而，军情局仍不确定的是，德军的目标是进攻苏联，还是通过吓唬苏联使其服从德国的要求。“根本上，这是因为英国军情局没有勇气，不敢认同德国的攻击合乎情理。”（Hinsley, 1979, pp. 451, 457, 466, 469）

到6月初，大多数英国情报机构都认为，德国在计划突袭苏联。在5月31日的一份特别评估中，对截至当时“恩尼格玛”所获情报进行了研究：

> 越来越不容置疑的是，德国大规模调遣陆军和空军的目标在于苏联……德国东进的动向坚定不移、无处不在。目的可能是勒索，抑或战争。毫无疑问，希特勒还是希望不战而胜，使苏联投降。但从战俘营秘密迁往塔尔努夫等例子来看，德国是更有所图，而非虚张声势。德国在漫长斗争中两线作战，无疑太过草率。但答案很可能是，德国预计与苏联这一仗不会打很久。

英国军情局最终于6月7日得出结论：几乎可以肯定的是，德国在计划一场“针对苏联的极其大规模的行动”（Hinsley, 1979, p. 474）。

这样少见的评估变动，可以用三个原因解释。第一个原因，高度可靠的指标与无数难以解释的发展相结合，是这一变化的基础，并使英国逐渐质疑先前的假设。第二个原因，是分析人员本身的偏见。我之前曾指出，斯大林之所以拒绝德国即将入侵的假设，是因为他坚信与德国签订的条约。而丘吉尔的判断则没有受到这一条约的影响。事实上，他希望德国袭击苏联，因而在找证据证明这一点。第三，1941年3月和4月之前，英国之所以未能了解到希特勒将要攻打苏联，是因为与此相对的另一种概念认为，希特勒计划入侵英国且不会冒险两线作战。这一假设在4月经历了实质性变化，并促成对“巴巴罗萨行动”假设的改变。

就这样，1940年10月后，英国情报界开始缓慢并谨慎地推测，希特勒可能已推迟入侵英国的计划。尽管证据存在矛盾，且没有指标表明入侵已被取消，英国情报局还是在 10 月前改变了报告中惯用的语句，从原来的“入侵随时可能发生”，变为“局势无变动：没有迹象显示德国已决定入侵”。10 月 10 日，英国联合情报委员会推断，只要德国拥有空中数量优势，入侵危险就会存在。尽管如此，还有很多新的因素综合起来，会让入侵英国成为一项“危险”举措。这些因素包括：敌人未能赢得空战，白昼变短，天气变差，以及英国防御能力加强等。“这些评估是基于作战考量，而非情报指标，且作战部门并不十分自信。”（Hinsley, 1979, pp. 189-190）

1941 年 1 月 10 日，希特勒再次也是最后一次推迟入侵英国；但是英国情报界仍相信，入侵是德国的主要目标。同一天，英国联合情报委员会的观点仍是，德国一有空中优势，就会发动袭击。“空中照相侦察和信号情报表明，德国仍在进行入侵演练，因此这些推论合情合理。其他不容轻易忽视的来源偶尔也会报告德国企图，更让人相信事实如此。”直到 4 月 27 日，联合情报委员会才承认，德国入侵的危险已降低（Hinsley, 1979, pp. 261-264）。

从这些案例中，人们就容易看出，推翻一个假设有多难；特别是像“六日战争”那样，从战争决策到真正开战只不过几天时间，往往就更难了。没有什么公式能告诉分析人员，何时及向何方修正假设；向错误方向改变观点，也会导致遭受突袭。正如我们所看到的，1973 年春夏，以色列国防部部长达扬就改变了评估，从之前认为战争是高概率事件——5 月 21 日他指示总参谋部：“各位，请做好战争准备……就在这个夏天的后半段”——到后来变为战争只是遥远的威胁——7 月 30 日他说，“未来十年将不会发生大规模战争”（Brecher, 1980, pp. 62-63）。

第三部分
环　境

第 6 章

分析人员与小团体

情报分析人员从来不是单枪匹马。他的概念不可避免地会与周围人员的概念互相交织。身处大一些的组织中，他的假设、思维方式以及结论必然会受到影响。分析人员工作的环境，尽管对于他的判断会有一些积极影响，还是不可避免地成为错误知觉的主要来源。

本章将检视分析人员工作所处的小团体。通常，决策者在一个由其他决策者、顾问和专家组成的团体中行事。情报分析人员从属于更大一些的分析人员团体——包括同事和上下级——其任务是生成集体的评估和预警。这些小团体的成员间有强烈的相互依赖性，和密切而稳定的关系；每一位成员都以各种方式，依赖其他人的假定与概念（Cohen, 1964, pp. 100-101）。这种相互作用对如何感知敌人的行为方式和战争爆发的概率，有着重大的影响。

在小团体内工作，可能对分析人员判断的准确性有积极作用。小团体能拓宽分析人员的视野，让他们考量新的以及之前不熟悉的观点，且重新考虑可疑的假设与评估。团体内的成员在分析过程中贡献关键的知识、专业技能与经验。团体使分析人员有机会从不同角度看待同一条证据，获得对评估至关重要的其他证据，并验证其假定的正确性。团体讨论也会暴露出单个成员论点中的缺陷；甚至可以纠正单个分析人员的错误判断。总的来说，小团体内的商议是分析与决策过程中的关键部分。

但是，身为小团体的一员，也有一些难以避免的严重缺陷。让我们来研究一下，团体互动是如何导致预测突袭失败的。

不同意见

在我们研究的多数突袭案例中，虽然最后集体评估是战争不可能发生，但事实上也有一些反对意见。例如，在中国反击印度北部之前，印度就有高级官员曾警告首都德利的本国政府：其持续实行的“前进政策”（forward policy），即在中印主权争议的领土上建立哨所和显示存在，是一种冒险行为，会使印度遭受对其不利的军事对抗（Vertzberger, 1978a, p. 123）。同样，在“六日战争”爆发前夕，有少数埃及官员称战争有可能发生，但“没人听取他们的意见”（*Al-Ahram*, Cairo, June 21, 1968）。这些意见究竟出了什么问题?

一些持反对意见的人可能曾捍卫立场，结果被压制或忽视。“珍珠港事件”发生的 1 个月前，美国驻东京大使格鲁向华盛顿发出强烈警告，预测如果美日谈判失败，日本可能会“竭尽全力、破釜沉舟、冒着亡国风险对美发动攻击，以克服国外经济禁运的影响，不屈服于国外施压”。他警告说，这种攻击可能会“既危险又剧烈地突然发生”（Janis, 1972, p. 98）。“赎罪日战争”发生的 6 天前，以色列南方司令部（Southern Command）情报处的一名中尉向情报官递交了一份评估文件，认为埃及的部署表明其在为战争做准备。2 天后，他又递交了另一份文件，指出埃及军事演习可能是在掩盖其战前准备。但他的上级并未发布这一评估，这一评估也没被纳入司令部情报报告（Herzog, 1975, p. 46）。

有时，尽管持反对意见的人可能一直保留质疑，直到攻击爆发，但他们不会努力挑战现有观点。“赎罪日战争”后，以色列一些内阁成员与外交部高官称，在阿拉伯发动攻击前夕，他们曾对情报评估感到不安，觉得战争可能会爆发（Nakdimon, 1982, pp. 53-54, 89-90）。在中国反击印度前，尽管许多印度陆军军官都对中国的意图有所怀疑，但是大多数高级军官都不愿捍卫观点。战地指挥官知道，在没有内部对抗的情况下，根本不可能改变文官决策者制定的战略；因为他们不准备进行内部对抗，所以没有向总参谋部说明心中的疑虑（Vertzberger, 1978b, p. 480）。

反对意见之所以受到压制，部分是因为提出它们的人职位太低。持反对意见的人往往都是基层军官或官员，他们不像上级那样坚信主流概念。也正因如此，他们的观点会被轻易忽略或否定。例如在1941年，美国陆军和海军下级和作战军官中，有些人就似乎感到危机一触即发，甚至看出夏威夷正面临迫在眉睫的危险。有证据显示，至少舰队的一些基层军官相信，珍珠港内的军舰远非高枕无忧，他们互相公开讨论这种危险，并主动采取积极措施，以防军舰遭受可能的空袭。还有些军官试图采取措施应对危险，却被上级劝阻。12月4日，美国海军情报局远东处处长亚瑟·麦卡勒姆中校，对当时的情况非常担忧，拟电告太平洋各舰队进入全面警戒。在有四位海军上将出席的会议上，他请求获准发布这一电报，结果却被阻止，原因是夏威夷已得到足够的预警（U.S. Congress, 1946b, p. 46; Janis, 1972, pp. 93-95）。

有时，意见之所以被拒绝或忽略，是因为持反对意见的人既不是专家又不是内部人士，或不负责发布预警，或因他们“反对一切”所以不被重视。组织内部的专家往往会拒绝非专家的警告和意见；因为他们认为，自己才最有资格评估信息和事态发展。古巴导弹危机时期的美国中情局局长约翰·麦科恩（John McCone）就是持反对意见的人。他早在1962年春就说过，苏联可能在古巴部署中程导弹。他在法国蔚蓝海岸（French Riviera）度蜜月的三周里，就曾向其副手发出多封电报，强调他的推测，但那位副手却没有告知中情局以外的部门。在麦科恩缺席的情况下，9月19日在华盛顿，国家评估委员会（Board of National Estimates）召开会议。会议讨论了麦科恩的假设，但得出的结论是苏联不可能在古巴建立导弹基地。显然，在中情局看来，麦科恩不是专家，他缺乏政治和情报经验，也没有苏联事务的专业知识。此外，他发出的警告之所以明显不受重视，“还因为他与局里分析人员讨论时，常常扮演魔鬼代言人[1]的角色”（Hilsman, 1964, p. 173; Schlesinger, 1965, p. 799; Abel, 1968, pp. 7-12）。

然而，把排斥异议归因为意见提出者的身份，实在是弱化了这一问题的严重性。在一些突袭案例中，持不同意见的人可以是高级军官和官员，或重要专家。“珍珠港事件”前，美国海军部战争计划处处长里奇蒙·特纳（Richmond Turner）将军，是华盛顿高官中唯一坚信夏威夷可能遭袭的（U.S. Congress, 1946a, p. 234）。在中国部队入朝前，美国国务院苏联事务顶级专家乔治·凯南，就美军跨越 38 度线后中国可能的反应，反复进行了现实的推测。他的观点对于国务院政策规划人员的思想，的确产生了一定的影响。但国务卿艾奇逊明知这些对立的观点，却明显没有请凯南向杜鲁门总统的顾问团作简报，也没有和他就这些观点进行深入探讨（Janis, 1972, p. 62）。1962 年 5 月，印度情报局局长曾警告，中国可能在秋天发动军事反击（Mullik, 1971, p. 330）。1973 年 9 月底，以色列摩萨德情报机构负责人和以军副总参谋长分别指出，战争爆发的可能性相对较高。后者自称曾试图说服以色列军事情报局局长泽拉将军，劝他修改对战争可能性的评估，但被拒绝；在泽拉将军看来，在了解敌人方面自己更为专业（Bartov, 1978, pp. 247, 298; Nakdimon, 1982, pp. 79-80）。

由此可见，要想了解反对意见如何被劝阻、拒绝和忽略，我们应该探讨分析人员面对的心理压力与团体流程。

团体迷思

针对团体流程对成员思维所造成的影响，最核心的研究是艾尔芬·詹尼斯 1972 年的著作《团体迷思的受害者》（*Victims of Groupthink*）。尽管研究主要针对决策流程与高级顾问团体，但其中许多观察，都与情报分析

[1] 编注：devil's advocate，指提出相反意见的人。

人员或决策者组成的小团体内的分析过程有关。

詹尼斯将**团体迷思**（groupthink）定义为，“在一个具有凝聚力的排他性内团体（in-group）中，深入其中的成员所采取的一种思维模式。此时成员们追求达成一致，这种追求凌驾于对其他备选方案进行的务实评价之上”。团体迷思的主要假设可归纳为：“决策团体成员越友善、团队精神越高，个体批判性思维被团体迷思取代的危险就越大。”詹尼斯进一步解释：“除了人们熟悉的所有错误来源外，在高度凝聚的团体内，产生错误判断的另一个重要来源——寻求一致的倾向，会使人们过于乐观、缺乏警觉，并模式化地认为外团体（out-group）是脆弱和邪恶的。”（Janis, 1972, pp. 9, 13）

根据詹尼斯的观点（Janis, 1972, pp.197-198; 1971, pp. 80-81），团体迷思有 8 个主要症状，其中 4 个与我们的研究相关：

1. 无懈可击的错觉……造成过度乐观，鼓励极端冒险行为；

2. 集体合理化，目的是否定一些预警，以免成员因这些预警而重新思考他们的假设……

3. 对敌对领导人的偏见……总认为他们软弱且愚蠢，认为自己群体制定的任何冒险方案都能战胜他们；

4. 直接打压强烈反对团体成见、错觉或理念的任何成员……

詹尼斯的团体迷思理论有一些明显缺陷。问题特别在于，他认为是由团体迷思造成的许多特质，看起来也能由其他因素来解释。本书第二部分所述的很多判断偏见，特别是与信息处理有关的偏见，就能很好解释分析和决策上的失误。由组织障碍与沟通问题所造成的信息处理困难，也可以解释这些失误（Fischhoff and Beyth-Marom, 1976）。

亚伯拉罕·本－兹维（Abraham Ben-Zvi, 1977）提出团体迷思理论的其他缺陷。例如，当国家领导人没有参与讨论时，国家领导层对内团体商议和结论的影响力，被詹尼斯大大低估了。就这点而言，团体迷思理论只关注团体自身的压力，而忽略了来自上级的压力与影响。同样，该理论还忽略了民族与意识形态的概念和意象，这些也会影响人们在国际关系中的感知。此外，该理论也未考虑影响决策实施方式的组织与官僚流程。

尽管团体迷思理论本身不能完全解释评估和决策失误，但是却说明，除了判断偏见、组织障碍等因素会造成失误外，还有一个可以作为补充的重要方面。即使团体的凝聚力不一定如詹尼斯所说是造成团体迷思的核心因素，但团体迷思现象以及大多数症状，在形成错误判断中也扮演重要的角色。

接着，我们将转向团体流程对误判的影响，主要研究对敌人预期行为的误判。在这方面最为人熟知的团体压力便是，直接或间接诱导个体成员从众。这种压力在很大程度上解释了，为什么我们很少听到反对声音。但与此同时，团体流程也会影响每个成员的整体思维方式，甚至扭曲他们对即将来临的威胁的感知。

从众的压力

对于威胁的感知有不同意见，这在分析人员中极为常见，他们的分歧会造成双重结果。当一个分析人员不同意绝大多数上级和同事所持的观点时，他可能会据理力争，希望别人接受他对于信息的解读。他对自己观点的捍卫会使他在随之而来的辩论中，无法设身处地审视对立的解读。但是，由于情报机构必须呈交集体评估，因此个体分析人员最终必须妥协，达成一致结论。团体内部的强大力量，使成员达成这种共识。

许多研究都曾提到，团体的影响力会对个体施压。多温·卡特赖特和阿尔文·赞德（Dorwin Cartwright and Alvin Zander, 1960）指出，一般有两种力量会导致服从：一个是当个体发现自己的观点与他人不一样时，内心矛盾产生的压力；另一个是团体中某些成员，想要直接影响个体的观点，因而进行劝诱所产生的压力。

还有很多研究可以解释，即使没有被直接施压，个体也愿意改变自己的观点，接受他人的观点。有人认为，当与团体内其他人观点不同时，个体希望减少这种认知失调带来的不和。也有人认为，这种压力来自个体需要被团体接纳，并被公认判断正确。事实上，个体会认为，要想维持自己的地位甚至成员身份，必须改变自己的观点，以符合团体的标准。从这点来说，个体希望通过亲近团体内的其他成员而获得社会性奖励，避免由于不合而受到社会性惩罚（Deutsch and Gerard, 1960; Verba, 1961, pp. 22-24; Klineberg, 1965, p. 92）。詹尼斯这样描述关于决策团体的这种倾向："执行层内团体成员被迫压低批判声调，而只提出别人容易接受的观点，对于其他人可能无法容忍的对立观点，还要保持沉默……这些限制因素多少是由于，每个成员都依赖团体的情感支持，来应对决策时的压力。"（Janis, 1971, pp. 75-76）

使个体服从团体的，还有他人的行为。团体内每个成员通常会有意识地彼此施加压力，以便维持团体的存在和实现团体目标，或提高其观点的有效性。团体可能会向成员施加很大的压力，使其服从团体领导或大多数人的看法，即使有人觉得大多数人的观点有误。这种团体施压可以是公开的、甚至正式的，也可以是微妙的、难以名状的（Cartwright and Zander, 1960, pp. 168-169; George, 1980, p. 93）。

组织通常会展现德·里维拉所说的一种舆论氛围（De Rivera, 1968, pp. 70-73）。感觉上是否"务实"划定出各种意见的边界，形成一个强大的限制屏障。于是，如果一个分析人员说，战争迫在眉睫，而其他多数分析人员——同事也好、上级也罢——认为这一评估不切实际，那么他的意见就不会被重视。如果分析人员想让自己的意见受重视，就必须接受其他人所处的现实，开始以他们的方式思考，在他们的信念指引下建立自己的论点，即使这些信念与自己的真实想法不同；否则就必须放弃自己的观点。对于进行评估与推测等不确定任务的分析人员来说，情况更是如此：他们觉得首先要展现良好的形象，然后他们的观点才会被听取并重视。因此，罗杰·希尔斯曼（Roger Hilsman, 1956, p. 99）发现，在美国情报界，情报官、作战人员和行政官员的态度如出一辙，也就不足为奇了。

1950年，在华盛顿和位于东京的远东司令部，普遍舆论氛围是强烈反对关于朝鲜入侵的预警。之所以反对，是因为他们坚信在远东，主要的共产主义威胁是阴谋颠覆，他们的敌人不敢采取直接军事行动。当时的军事与政治环境，都无法接受表明中国有干预能力的情报（DeWeerd, 1962, p. 452）。

团体内，成员接受他人观点的意愿，取决于几个条件。第一个是新信息的质量。新信息越模糊，个体就越倾向接受同事的观点。第二个是团体内部意见的分歧。团体内部越多人支持某一观点，持不同意见的人就越愿意改变自己的观点。当团体内更重要、更权威的成员，尤其是团体领导，支持主流观点时，个体成员也会更愿意接受该观点。第三个则是异议者的个性。异议者如果担忧人际关系或害怕反对与拒绝，就可能服从他人的观点。团体对个体的吸引力，以及个体与团体其他成员交流的程度，也是造成从众的条件。具有强烈亲密需求的个体，把保持友好关系放在首位，往往也会服从多数人的意见（Cartwright and Zander, 1960, pp. 173-175; Festinger, Schachter, and Back, 1960, p. 253; Vertzberger, 1978b, pp. 141-142）。

在此，团体的凝聚力发挥着重要作用。小团体通常比大团体凝聚力更强。凝聚力会提升团体的表现，因为在它创造的氛围中，观点冲突实现最小化，没有过多的人际摩擦和对立，就能达成共识。然而，凝聚力意味着从众；团体凝聚力越强，对其成员的影响越有效。特别是利害攸关时，团体内成员会把维护团结视为最重要的目标（Festinger, Schachter, and Back, 1960, p. 259; George, 1980, pp. 87, 89）。

詹尼斯（Janis, 1972, p. 5）描述了在团结的内团体中，成员是如何打压异议者的：

如果一个成员表达的观点与群体准则不一致，其他成员会首先与这个异议者加强沟通。只要大多数成员认为有望劝说异议者改变观点，他们就会不断试图影响异议者，使其修正或压低反对意见。但如果多次尝试后仍以失败告终，他们就会大幅减少与这位异议者的沟通。成员们开始排挤他，一开始往往很隐秘，之后就越来越明显。

从众也是情报生产中的一贯做法。本质上，情报的生产过程是以共识为导向的；不论是在组织内、组织间，还是较松散的分析人员之间，都是如此。这种共识是必要的，也是人们喜闻乐见的，主要原因有二。首先，要形成复杂的情报评估，需要协调各情报人员和机构，而他们有着不同的专业知识、做法和意见。协调这些分析人员与机构，实现与所有人信念和态度相符的一致评估，需要经过艰难的协商，协商的结果就是互相妥协。其次，情报用户和决策者在寻求问题的答案时，通常需要一个包罗万象的评估；这种需要是促成情报共识的另一动力。

正如丘奇委员会所说，这种协调过程会造成强化共识，由此，不同分析人员的各种观点会"淹没在传统集体智慧的海洋中"，质疑或分歧在相互强化的共识面前销声匿迹。其结果是情报问题的另一个来源，即第1章所讨论的情报和情报预警的语言问题。用该委员会的话来说：

成品情报常常缺乏明确性，特别是判断的明确性……内容通常是闪烁其词或模糊不清，毫无明确的观点。反对意见也没有清楚说明。对于复杂问题的判断，有时模棱两可，有时是妥协的结果，措辞语无伦次、含糊不明。但情报用户越来越希望，情报中能明确说明不同解读的差异，并附有每种判断的相对概率。（U.S. Congress, 1976, p. 272）

情报方面的问题，不仅是模糊且有时具有误导性的文字，以及因此而消失的对立意见。或许更严重的问题是，达成共识的需要给个体分析人员造成障碍，使其不再质疑团体一致通过的基本假定。负责调查伊朗王室政权倒台前美国情报表现的评估小组委员会，对这一障碍进行了描述：

《国家情报评估》（*National Intelligence Estimate*）的生成方法是在阻

挠良好的思维过程。在简单地讨论报告范围后，情报界各机构便分别起草《国家情报评估》的各个部分。整合各部分形成初步草案后，基本推理和假定便不再受到质疑……《国家情报评估》的生成过程，本应为分析人员提供一个质疑彼此模式的方法，却使关键人员陷入困境，徒费无益地追求表面共识。（U.S. Congress, 1979, p. 5）

领导和专家

从众的压力，不仅来自多数人的意见，还来自团体内两类重要成员的意见：包括情报首长、军事统帅与国家元首在内的领导；以及包括情报专家、资深外交官与著名军事指挥官在内的专家。如果他们错了，那么团体的补救措施很可能会失效，最后的评估也会出错。

如果领导层的行事方法，让持反对意见的成员很难提出其他观点和批判性问题，那么从众的团体压力就会增加。

在团体商议时，领导人不会刻意要团体告诉他一些他想听的话，而是会很真诚地征求大家的真实想法。而成员们……也不会害怕各抒己见。但是，领导人无意间强调的许多微妙约束，使成员无法完全行使其批判的力量，无法在团体大多数成员看似达成共识的情况下，公开表达质疑。（Janis, 1972, p. 3）

詹尼斯描述了在“珍珠港事件”中，这些压力产生的影响：

在事件之前的一周里，对金梅尔的顾问们来说，向其他人表达担忧变得加倍困难。风险不仅在于，如果质疑大家所珍惜的无懈可击的迷思，会因偏离看似一致的共识而遭到批评。风险更在于，异见者会因质疑团体既定决策的智慧，而遭遇同事的鄙视。如果海军团队的一名成员因最后的预警信号而变得警觉，公开怀疑只有局部警戒是不够的，等同于声称团体一

直以来所作的判断都是错误的。（Janis, 1972, p. 92）

当决策团体的领导杰出而强势时，该领导在评估中扮演的角色就尤为重要。这种极端的例子很容易出现在极权体制中。当英美对德国即将攻击苏联发出预警时，斯大林深表怀疑。他大概知道，英国的幸存就取决于德国陆军入侵其他国家，而苏联是欧洲唯一可以转移德国注意力的国家。斯大林倾向把所有这些预警看成资本主义国家的挑拨，后者有意营造一种舆论氛围，严重影响苏联情报界对所有关于德国企图信息的处理。1966 年，苏共马列学院（Institute of Marxism-Leninism）的德波林（G. A. Deborin）这样描述：

菲利普·戈利科夫（Filipp Golikov，时任苏军总参谋部情报总局局长）给政府提供的信息，还没他撒的谎多。很多次，他的报告完全不实。这些报告总是分为两个部分：第一部分，报告一些“来自可靠来源”的信息；例如，他将所有支持德国将入侵英国的预测列在这里。第二部分，他会报告“来自可疑来源”的信息；例如，间谍理查德·佐尔格（Richard Sorge）所提供的有关德国攻击苏联日期的消息。人们必须加强对个人崇拜的批评，并直言一些人撰写报告是为了取悦斯大林，而付出的代价却是事实真相。（Whaley, 1973, p. 195）

然而，在非极权体制中，强势的领导也能制造类似的舆论氛围。例如，挪威外交大臣科特就被视为独揽对外关系事务大权。

他很少与外交部的同事和助理共事，或授权他们准备和提出意见与建议。在内阁会议上讨论外交问题时，内容主要限于对紧要问题和特定问题的处理，根本没机会就中长期发展趋势或假设的意外事件提出不同观点。（Holst, 1966, pp. 36-37）

在1962年中国反击印度前，印度所有的决策，都在以尼赫鲁总理为首的小团体内作出的。这一团体的成员没有独立的权力基础，全靠尼赫鲁才能获得权力。该团体的凝聚力、内部共识以及尼赫鲁的个人权威，使成员很难表达不同的意见。例如，印度情报局局长收到了中国备战的信息；但他却选择提供一些支持尼赫鲁信念的评估，这么做可能是因为他不想变成悲观评估的源头，进而失去接近尼赫鲁的机会，或是因为真的崇拜尼赫鲁（Hoffman, 1972, p. 971; Vertzberger, 1978b, pp. 401, 497-498）。

情报分析人员组成的评估团体内，领导人的作用也很重要。在军事情报机构中，由于分析人员有不同的军衔和职务，领导人的作用尤为突出。一项研究调查了由不同军衔的军人组成的决策委员会，发现军衔较低的成员可能会隐瞒重要的事实、建议或负面反应，并赞同一些他们心里并不认同的决策（George, 1980, p. 88）。但是，即使团体内未指定或选出领导人，占优势的成员也会对整个团体的决策造成过多的影响。“他可能会积极参与，精力充沛地阐释他的观点。又或者他可能很有说服力。最后，他会通过坚持己见而力排众议，志得意满。”（Martino, 1972, p. 20）

当情况如此时，危险就不仅在于没有考虑到不同假设，或下级为保住工作而压制想法；当领导人行使这种权利时，同事们因为感到领导人对未来的发展了如指掌，所以会对战争爆发放松警惕。在1968年1月越南“春节攻势”前，美国国防情报局（Defense Intelligence Agency）两名分析人员撰写了一份报告，准确说明了敌人可能的行动方案。但这份报告未被递交，因为它隐含的问题是：“你们怎么可能比威廉·威斯特摩兰[1]将军知道得还多？”（McGarvey, 1973, pp. 323-324）

从众的倾向，有时是受到另一个因素的影响：专家。当自己看法与别人意见之间发生矛盾时，个体就会权衡支持不同意见的证据；但如果团体的其他成员，因为一些原因被认为是专家，个体很有可能会接受他们的信

[1] 编注：William Westmoreland，美国陆军四星上将，1964–1968年越南战争前期的美军驻越南总司令。

念（Cartwright and Zander, 1960, p. 173）。

团体中的专家可能从以下几个来源中，获得权力与影响力；最重要的来源，是专家拥有的信息质量和基于该信息所作出的判断。心理实验表明，专家的信息越正确，就越有影响力，能让别人接受他提出的解决办法。此外，人们对专家的信心，还取决于专家所作判断的类型。一些案例中，专家判断的基础可能是外行无法轻易获得的信息。另一些案例中，专家判断的基础，不是特殊的信息，而是对已有信息的解读能力。另外，当专家的判断受到信息接收者欢迎，或有过成功的历史时，人们对专家的信心也会相应提高（Di Vesta, Meyer, and Mills, 1964; Kelley and Thibaut, 1969, p. 22）。

情报分析人员在准备评估时，也非常依赖同事和助理。由于所获数据信息量大，主管人员必须高度依赖助理的分析，但却没时间检查他们的假定和信息处理方式。如果遇到的一些专业问题——例如技术或纯军事问题——虽然不在其专业范围内，但对评估有影响的话，他也必须依赖同事的评估。使用情报评估的决策者，更是经常遇到这种情况。

我们看到，专家的力量造成了组织内部的高度一致与共识，使持有不同意见的成员很难表达自己的观点。但是专家也有缺陷，他们并非知晓一切。我们也没理由相信，专家的思维过程与外行有多大的差异。"当被迫超出现有数据的范围，或将不完备的知识转化为风险评估者可用的判断时，专家们可能就像其他人一样，回到直觉思维过程。"（Fischhoff, Slovic, and Lichtenstein, 1980, pp. 26-27）因此，当决策者依赖专家时，下层人员犯的一个评估错误，可能会不知不觉传到上层，最终酿成重大失误。

1973 年，以色列总理果尔达·梅厄夫人，就描述了在"赎罪日战争"前，过度依赖专家造成的影响："当现任总参谋长、两位前总参谋长（国防部部长达扬和工商部部长哈伊姆·巴列夫 [Chaim Bar-Lev]）以及情报局局长都认为战争不会爆发，我还担心什么呢？毕竟，他们不是普通士兵。他们是久经沙场的将军，身经百战，还领导部队取得过辉煌的胜利。"（Golda Meir, 1975, p. 357）除了人与人之间，组织与组织之间也有这种依赖。威廉·匡特指出，美国情报界预判“赎罪日战争”失败的原因，就是对以色列评估的依赖：“或许与概念错误同等重要的错误，就是认为在判断战争是否会爆发上，以色列最有动机和能力。毕竟，阿拉伯军事威胁的目标是以色列，而不是美国；以色列情报机构有良好的名声和美国所没有的信息来源；因此，如果以色列没有过分担忧的话，美国担心什么呢？”（William Quandt, 1977, p. 169）

团体的风险承担

除了从众的压力外，团体往往比个人更愿意接受冒险的评估。尽管缺乏结论性证据，但大多数的研究都支持这一假定；事实上，一些研究发现，在某些类型的任务中，其他人的存在会使个体更加谨慎（Kelley and Thibaut, 1969, p. 3; George, 1980, p. 97）。但是，在评估敌人的威胁方面，我们似乎可以合理地假定，总的来说，团体往往不像个人那么谨慎。

迈克尔·沃勒克和内森·科根这样定义这一假定：“如果团体成员讨论在决策时能接受的风险程度，并达成共识的话，他们最后选定行动方案的风险，高于之前个体独立决策的平均风险。”（Michael Wallach and Nathan Kogan, 1965, p. 1）这一倾向有几种解释。第一，一般认为，团体讨论的过程，会使接受风险的意愿发生转移。知道了其他成员的意见，使个体倾向采取风险较高的立场。这些意见会使个体了解到，其他人愿意承担的风险，比他之前预判得更高。因此，个体也愿意接受更大的风险（Wallach and Kogan, 1965, p. 4; Kelley and Thibaut, 1969, pp. 79-80）。

第二，或许更重要的是，在团体讨论的过程中，接受高风险评估与决策的责任，尽管不是均摊，也是由所有成员共同承担的。当分析人员或决策者提交战略评估时，特别是其观点非常与众不同的话，他自己要担着很大的风险；如果评估有误，他可能会丧失信誉——更糟的还会丢掉工作。但在团体讨论时，成员们可能会感到，当高风险的评估产生任何负面后果时，责任是共同分担的，大家也不会把罪过都推到一个人身上。因此个体会更愿意冒险，因为团体中的其他成员至少大致同意他的评估。此外，“当团体为达成共识而讨论时，即使每个成员只对自己负责，也会产生冒险转移（risky shift）；在同样的讨论中，若团体中的每个人不仅要对自己负责，还要为其他人负责时，冒险转移的效果会更强”（Wallach and Kogan, 1965, p. 2）。

冒险转移的第三种解释，来自詹尼斯所说的无懈可击的错觉。在一个团结的团体内，当所有成员一致认为，自己所属的团体既强大又有保护力时，他们“倾向以非黑即白的方法检视每一项风险。假如某项风险看似并非压倒性危险，他们就倾向于直接忽略”（Janis, 1972, pp. 36-37）。

第四，哈罗德·凯利和约翰·希伯特（Harold Kelley and John Thibaut, 1969, pp. 81-82）认为，一开始提出高风险评估的成员，与持保守态度的成员相比，在团体内影响力更大，因为冒险者普遍都有较强的说服能力。与冒险立场相关的某些特质，可能尤其有影响力。持该立场的人所使用的语言和表达观点时的强度，会使他们在公开讨论中，拥有超越常人的力量（Wallach and Kogan, 1965, p. 3）。

对敌人的企图和可能行为进行团体评估过程中，大多数上述因素都能发挥作用；但有时效果也会被抵消。谨慎的分析人员和决策者可能主导团体讨论，并引导团体得出保守评估。某些顶级分析人员与决策者，倾向走中间道路，避免极端理论和政策。（正因如此，基层分析人员“荒诞不经”的理论，往往因不负责任而被否定；他们的矛盾观点，也会被打压。）特别是发生严重评估失误后，分析人员和决策者可能都会变得谨小慎微。

但总体而言，在团体环境中，分析人员和决策者往往比较大胆进取、自信坚强；他们会忽视一些预警信号，赞成高风险评估。我们再次引用梅厄夫人对 1973 年战争前夕舆论氛围的描述：“10 月 5 日星期五，我们收到一份报告，使我非常担忧。在叙利亚，苏联顾问的家属，已匆忙打包离境……这个小细节深深印在我的脑海中，完全无法忘掉。但因为身边貌似没人为此心烦意乱，我只好试图让自己也不要深陷其中。”（Meir, 1975, p. 356）

第 7 章
组织障碍

情报分析人员是在一个组织框架内工作，该组织通常是军事或非军事的情报机构。而军事情报机构又是大的军事组织的一部分。本书研究的基本假定是，个体分析人员的误判是评估失误的根本原因。但同时，几乎毫无疑问，情报机构，既有着所有组织普遍存在的效率低下与各种障碍，又有着情报机构特有的苦恼，所有这些问题都是造成评估失误的原因。

感知结构性障碍的原因有很多。一个组织或许能从现状中获得既得利益，因而会排斥信念的突变。一个大型组织内部的沟通模式，常常缺乏效率。官僚化、等级制度、专业化、集权化、常规化与保密行为等，都会扭曲或阻碍信息处理，并妨碍情报分析和合理判断。组织问题也可能是部门内和部门间的内斗而造成的。

从组织角度看军队

根据格雷厄姆·阿利森（Graham Allison）的定义，组织性活动的显著特征是“程序化：在任何任务中的行为，都被预先制定的惯例加以规范”。组织的子单元要想可靠执行组织交代的任务，需要建立标准运作程序，这也就构成处理各种日常情况的惯例。这些程序必须简单、明确且不易改变。"惯例使多数普通员工可以日复一日处理大量情况，而不用深思熟虑。但以这种标准化为代价，赢得的是实现较佳表现的规范化能力。"（Allison, 1971, pp. 81, 89-91）组织所确定的备选方案，在数量和特性方面都有严格限制。此外，组织主要运作模式简单明了；也就是说，不同时间的行为，差异极小。

既有惯例有时是导致预测突袭失误的重要因素。组织性惯例会抵触变化，并将新问题引入既有程序中。尽管突袭在战争史上并不罕见，但是军队——包括情报界——通常不认为自己会遭突袭。因此，军队可能会将与日俱增的威胁仅仅视为惯例，并以有限且不足的程序加以应对。所以，直到遭袭那一刻，被袭国军队的活动还总是一如往常。此外，军队为战争情况制定的备选方案，数量也极为有限（Allison, 1971, pp. 89-90）。

在和平时期，军人的例行工作，是上报任何不同寻常与可疑的事物。在战时或紧急状况下，军人特别是高级军官，更是要当仁不让：主动采取措施，了解当前情况，指导命令下属，警示上级同事，并传递紧急氛围。然而，标准运作程序却可能使人无法精确感知：哪些信号表明袭击即将来临。1941 年 12 月 7 日早晨，珍珠港内几乎每个人的表现都与平时无异。日本发动攻击一小时前，正在珍珠港巡逻的美国驱逐舰发现一艘潜艇的潜望塔，于是向其投放了深水炸弹（depth charge），然后又截获一艘小艇，该小艇随后投降。然而海军战区参谋长却完全看不出任何近在咫尺的危险。"我们收到模糊的预警，没有看到其中任何具体威胁……我们认为，即便攻击是真的，把此事报告给总司令，便是我们能做的全部了。"换句话说，战区的二号指挥官认为，只要将此事汇报给上级，他就已经尽职了（Wohlstetter, 1962, pp. 16-17）。

多数军队都有应对敌人攻击的长远预案，但很少有军队会准备应对突袭的应变预案。此外，长远预案通常会逐渐制度化，然后就慢慢被淡忘（Allison, 1971, p. 92）。1941 年 12 月之前好几年的时间里，夏威夷地区美军的战争预案与军事演习，都完全考虑到了日本空袭的可能性。"早在 1936 年，在夏威夷群岛举行的军事演习与训练，就是以珍珠港遭突袭为基础来计划的……当时就界定为日本发动空中突袭。”但是，该计划却未被纳入实际的组织惯例。“从来没有人试过，用远程侦察机 360 度全方位覆盖整个群岛。”此外，尽管 1941 年 6 月和 10 月出现 2 次警戒，“在 12 月 7 日以前，夏威夷陆军司令肖特，从未在演习或警戒时打开过弹药箱”（Wohlstetter, 1962, pp. 68, 13, 104; U.S. Congress, 1946b, p. 29）。在其他案例中，甚至这种应急预案都没有准备过。例如，埃及军事情报局前局长指出，1967 年西奈半岛防御计划的基础，是假定以色列的攻击都是“例行公事”（*Al-Khawadith*, Beirut, September 1, 1972）。1935 年，苏联国防第一副人民委员米哈伊尔 · 图哈切夫斯基（Mikhail Tukhachevsky）元帅曾敦促，红军应基于德军突袭这一想定进行军事演习，但他的建议被总参谋长驳回（Erickson, 1975, pp. 1-3）。

即使出现新的特定任务，恐怕也不会对组织的重点与程序带来大幅变动（Allison, 1971，p. 91）。传统上，夏威夷的陆军情报处主要负责侦察颠覆破坏活动。但在 1940 年 5 月，马歇尔将军要求情报处内新成立一个评估组，“对远东地区已被预测的活动进行持续评估”。根据这一要求，情报处的军官数量从 22 人增至 1941 年 12 月的将近 80 人。但是，在袭击发生时，军事情报仍然“针对性关注、特别关注、实际上只关注”反颠覆的预防措施与行动（Wohlstetter, 1962, pp. 279, 75, 290）。

对一个组织来说，互不相容但又必须履行的责任，会造成额外的问题，因为实现一个目标意味着无法兼顾另一个目标（Allison, 1971, p. 92）。夏威夷的美国海军航空部队有两个必须完成的任务：训练飞行员攻击日本管辖的岛屿，以及对敌人的活动进行远距离侦察。由于飞机数量有限，不可能同时满足两项任务的要求，因此航空部队就将重点放在第一个任务上。为了保护执行首要任务的资源，每周末飞机必须回到基地维修保养。12 月 7 日星期日，但凡能有少量飞机在执行第二个任务，基地便可以拥有一个小时的预警时间。但是为了重点准备攻击行动，第二个任务就被忽视了（Wohlstetter, 1962, pp. 12-13; Allison, 1971, pp. 92-93）。

竞争、协调与沟通

另外一些问题源自情报机构的规模与复杂性，而情报机构通常是更大的组织——军队的一部分。大型情报机构通常包含一些不同的情报机构。集权式的情报机构在二战之后才得以实现。第一个出现的是1947年成立的美国中央情报局；但即使是中情局也受到了后来成立的国防情报局的激烈竞争。在1947年和1964年，苏联与英国也分别做过类似实验，但时至今日也没能成立集权式的情报机构。不用说，二战期间的情报组织就更加混乱了。

首先，组织规模会造成一个问题，即为了提高生成信息的效率，大型组织需要且鼓励专业化。但是，专业化又会产生很多不相关或误导性的信息。各个机构的不同判断会让人模棱两可、举棋不定，而一致的判断则会隐藏不同的意见，往往掩盖问题真相。而且，专家通常不够掌握政策，而决策者可能又太依赖专家评估。其次，复杂的组织也需要一个等级分明的结构，以方便内部控制并激励成员努力工作。然而，等级制会阻碍由下至上的沟通，造成信息失实，使高层忽略基层人员的意见（Wilensky, 1967, p. 175; Stech, 1979, pp. 132, 356）。正如阿卢夫·哈雷文（Alouph Hareven）所说，"等级对话的本质，很大程度上取决于官员的个性……当相邻等级的官员缺乏判断时，他们之间的相互影响就容易造成困扰，而不是带来控制与平衡"。哈雷文还说道，1973年时，以色列军事情报局局长泽拉将军，强迫组织成员接受他的观点，且不允许异见者向上级申诉，破坏了情报等级制度（Hareven, 1978, pp. 5, 15）。最后，在情报组织内部、情报机构之间以及情报界与决策者之间，各级官僚政治也会影响分析过程。

专业化、等级制度与官僚政治通常会扭曲信息的处理。下级人员决定将向上级报送什么信息时，可能会隐瞒大量不同意见的信息。下级单位倾向夸大一些事件的重要性，而把其他事件说得极不重要。数据的内容在传递过程中也可能会发生变化。在信息处理方面，职责和标准运作流程的模糊性，可能会导致重要证据有意无意被忽略。对于新信息与后续预警的重要性，组织内不同单位可能持有相互矛盾的假定。人际困难会造成信息不能充分传递，或者被扭曲。时间与资源的缺乏，使信息得不到适当的处理，并导致用户收到的信息是有选择性且不完整的（Downs, 1967, p. 189; Jervis, 1976, p. 143; Stech, 1979, pp. 169, 173）。

于是，英国情报界之所以没能预判德国入侵挪威，是因为其“组织过于松散，无法确保所有可用的证据跨部门后仍能得到适当的权衡”。英国海军部（the Admiralty）内，处理德国事务的地区业务部门，负责解读特别情报机构与外交部门有关德国在斯堪的纳维亚（Scandinavia）企图的报告；但是作战情报中心，却无法获得特别情报机构与外交部门的全部信息。更严重的是，上述两个部门的关系不好。类似的情况，在英国军事情报机构也很普遍。军情二处（Military Intelligence 2, MI2）负责解读从斯堪的纳维亚报送的有关德国在该地企图的报告，却没有收到德国国内作战准备的报告。军情三处（Military Intelligence 3, MI3）负责研究德国国内的报告，却未见过来自斯堪的纳维亚的信息。同样，这两个部门的关系也不好（Hinsley, 1979, pp. 168, 119）。

考量信息处理的困难时，也应该注意到，复杂机构或组织的内外协调与沟通存在更大的问题。人们往往会忘记，对于他们的信息、任务以及关切，其他部门或组织的成员并不了解。人们常常会忽略，由于背景不同，同一个消息可能会有不同的解读，在一处显而易见的内容，到了另一个地方可能会截然不同。对预警的误解（请参阅第 1 章），会导致应对战争威胁的措施不能得到充分实施。例如，在 1941 年 11 月 27 日，接到“战争预警”之后，夏威夷陆军司令肖特将军决定实施一级警戒，这是三类警戒中等级最低的，即“防范破坏与暴乱，无外来威胁”。肖特将军在解释该决定的考量因素时说，他信赖海军能够，尤其是通过远程侦察，对敌对力量的逼近提供充分预警，这是海军的职责。金梅尔将军之后作证时表示，他并不知道陆军的警戒只是防范破坏活动；他认为陆军已进入全面警戒状态，事实上他并不知道陆军还有其他类型的警戒。他还以为，陆军雷达一直是全面工作状态（U.S. Congress, 1946a, pp. 120, 125, 151）。最后，“多数华盛顿高官只是粗略地知道，哪些信息已理所当然地通知战区；由于敌方企图已昭然若揭，因此大家都认为……所有重要或关键的信息，都已迅速发出”（Wohlstetter, 1962, p. 168）。

同样，1973年10月，阿拉伯国家发动攻击前的最后几天，以色列国防部部长和总参谋长也相信既有的信息评估，这在一定程度上是因为，他们认为军事情报机构已采取所有可用的特别早期预警措施。直到战争爆发他们才了解到，军事情报局局长自作主张地未启用这些措施。而局长本人则自我安慰说，他知道总参谋部认为现役部队有能力抵挡首轮攻击。以色列总理梅厄夫人则信赖这两个假定：“我深信，军队已准备好应对突发状况——甚至是全面战争。此外，充分的早期预警也令我非常放心。”（Meir, 1975, p. 354; Bartov, 1978, p. 304; Herzog, 1975, p. 51）

关于他人知识与行为的错误假定，又会导致另外两个错误。第一，当人们相信他人也有同样的信息和关切时，就不会再费心告知他人新进展。“珍珠港事件”后成立的罗伯茨委员会（Roberts Commission）指出：“自1941年11月27日以后，夏威夷陆军主将和太平洋舰队总司令，各自采取他们认为适合当时情况的行动。他们既没有将自己的行动告知对方，也没有询问对方是否已采取任何行动，更没有一起商议各自的行动是否得当。”（Sherwood, 1950, p. 425）事实上，之所以造成这一问题，多少是因为不同军种间存在竞争，以及各自担心冒犯对方、引起不快。金梅尔将军在解释自己对陆军的措施不甚了解时，表示：“当已有军官负责陆军、也有军官负责海军时，**无时无刻相互监督并非妥当之举**。”（U.S. Congress, 1946a, p. 153）

同时，当人们假定其他人也有同样的信息与关切时，就不会核实他人的假定或确保他人已执行命令。例如，11月27日的美国“战争预警”，命令肖特将军“采取其认为必要的侦察及其他措施”，并“报告已采取的措施”。肖特将军回报：“回复你472号电文。本部已实施预防破坏的警戒。已与海军联系。”肖特的消息并未明确答复该命令。但是直到九天后攻击爆发，战争部负责此事的官员都没有联系肖特将军，提醒夏威夷陆军依照指示采取措施。“似乎没有任何人在收到肖特将军的回复后，‘不嫌麻烦地’调出第 472 号电文，查看该命令的执行情况。”罗伯茨国会调查委员会总结道：“马歇尔将军有责任确保肖特将军已得到适当预警。肖特将军根据马歇尔将军的命令要求，报告其战备状态后，有权认定参谋长对其战备状态表示满意，除非接到了相反通知……马歇尔将军的沉默，导致肖特将军认为，参谋长也赞成他采取针对破坏活动的警戒。”（U.S. Congress, 1946a, pp. 256, 266-L, 266-M）

第二，则与组织间的竞争有关。当然，这样的问题更频繁发生在彼此竞争的机构，但也会存在于同一组织的各个部门。组织内部的利益冲突，可能会导致各部门只采取绝对必要的行动。12 月 7 日当天，由于夏威夷空军与陆军通信部队在控制问题上争论不休，珍珠港内的信息中心与雷达站并未按规定保持 24 小时运作。出于同一原因，双方甚至没有指派联络官。因此，要想正确且快速地辨识与拦截飞机，实属天方夜谭（Wohlstetter, 1962, p. 9）。

正是由于这种竞争，“在界限并不明朗、尚存变动的领域产生的问题，或新增领域的问题，全是争权夺势引起的”（Allison, 1971, p. 93）。因此，相互竞争的组织之间的责任范围，就会出现界定不清、甚至被忽略的情况。“珍珠港事件”前，警戒系统三度失灵，却没充分提醒人们制定出预警与通信的中央协调方案。海军情报机构认为自己拥有优越的信息来源，没有动力与较差的来源进行合并，而陆军情报机构则对整合情报工作没什么兴趣。基于不同的消息来源与信息类型，对 1941 年底的各种意外可能，珍珠港内的陆军与海军有各自不同的评估。国会调查委员会指出：“夏威夷陆军与海军的工作之所以未能整合与协调，应归因于两个司令都认为，如果向友邻单位询问战备情况，可能会侵犯对方权利，也会招致友邻单位类似的侵犯行为。”（U.S. Congress, 1946a, p. 245; Wohlstetter, 1962, pp. 166-167, 35-36）

缺乏明确的责任分配，常常会导致事不关己的态度。人们的问题常是："在正式的责任范围内我应做些什么？" 而不是："有什么事需要做？" 1941 年 12 月 6 日，日本政府向其驻华盛顿大使发送了关键的备忘录，美国海军通信部截获了该备忘录前 13 个部分。美国总统与 9 位高层官员和军官都曾看过这个备忘录。但由于当时实行战时内阁、理事会、委员会以及高官共同决策，"每个人的职责界定不清，使得每个人对自己的职责满不在乎"。例如，战争计划处处长特纳上将之后表示，递送这份备忘录的军官"告诉我，在我之前，西奥多 · 威尔金森（Theodore Wilkinson）上将、英格索尔上将及海军部部长诺克斯（Frank Knox）都已经看过这份备忘录了。我认为这份电文非常重要，但是只要这些官员已经看过，就不是我的职责来采取任何行动了。" 海军作战部副部长英格索尔上将之后表示："当我阅读这 13 个部分时，我认为海军部当晚不会据此采取行动。" 当天晚上的确没人行动；所有人都在等待第二天的到来。由于华盛顿存在的混乱，"**各尽其责**这一最高原则，明显踪影难寻"。结果，所有读过这份重要电文的人，都没有真正关心过该怎么做（U.S. Congress, 1946b, pp. 34, 46; 1946a, p. 218）。

同样，美国陆军军事情报处处长也收到一连串日本间谍活动消息，在其中一份重要报告中，日本将珍珠港划分为五个区域。当时他的第一反应是，这是海军方面的消息，与陆军军事情报处无关。他担心与海军在情报的使用上发生冲突，因而放弃了这份材料（Wohlstetter, 1962, pp. 301-302）。

在危险升级期间，人们可能预期中央机构会设法协调不同组织的活动，但是情况不一定如此。华盛顿并不知道珍珠港的情况，所以假定"相互合作的系统正在其范围内发挥作用，当地指挥官已切实履行职责"（U.S. Congress, 1946a, p. 245）。华盛顿没有任何官员或机构，能够随时掌握所有可用信息。每个部门和机构负责处理自己搜集到的信号，提供自己的解读，偶尔和其他机构分享。如果某部门认为某条信息很重要，则会试图将其向上传递到最高层。只有极少数情况下，某一来源的资料会与其他来源的资料进行对比，但对某段时间内各种来源的相对准确度，却从未被比较与评估（Kirkpatrick, 1969, pp. 150-151）。

高层组织间的竞争甚至更为激烈。“美国海军部的两个部门（战争计划处和海军情报局）之间，没有恰当的职责划分。战争计划处坚称，既然自己负责下达作战命令，当然有权评估情报；而海军情报局则认为，情报评估是它的职责范围。”在“珍珠港事件”发生前夕，海军情报局已意识到美日对抗的危险；然而，该局缺乏有效抗衡战争计划处的筹码与地位，因而在11月末，战争计划处在制定拟向太平洋战区发布的预警时，并未与海军情报局商量。华盛顿机构相争的另一个结果则是，在珍珠港遭袭前的两个月内，陆海军联合情报委员会（Joint Army-Navy Intelligence Committee）从未召开会议。“战争部与海军部就该委员会的职责、设置地点、职位、秘书长人选等问题，尚在讨论并且难见成果。”（U.S. Congress, 1946a, p. 254; 1946b, p. 45; Wohlstetter, 1962, pp. 312-319, 322-323）

然而，为促成各个机构与部门达成共识，情报界与军界内部确实也有一些内部机制。“一致同意的情报”（agreed intelligence）反映了各机构评估的最小公分母，而情报界的成员却最先承认这种程序的危害。丘奇委员会表示：“今天，情报与外交政策部门的一些成员认为，生成情报时达成共识的方式，已替代了分析中心竞争模式，但这并不合适；因为当只有部分数据存在时，竞争可以对各种关键问题提供更多的不同解读。”（U.S. Congress, 1976, p. 272）[1] 美国国防情报局前局长也持类似的观点：“我见过……无数次机构间情报评估会议上，如果真知灼见和重要数据与一些机构的立场不一致，或阻碍机构间在某一点上达成共识，就会遭受排挤，被退回重新研究，或降低其重要性。”（Graham, 1979, p. 25）

达成共识的需求，有时会变成绊脚石。1941年12月1日，美国海军情报局准备发布一份文件，指出日军可能在克拉半岛（马来亚的狭长部分）、菲律宾、关岛、威克岛（Wake Island）以及夏威夷采取军事行动。这份文件之所以没有发出，是因为负责起草评估的海军部战争计划处要求

[1] 原注：对于协调程序为何会导致预测错误的详细分析，请参阅：Berkowitz, 1985。

修改内容，但海军情报局不同意修改。因此，在珍珠港遭袭时，这份评估还在跨机构协调中（Brinkley and Hull, 1979, p. 36）。

情报组织的固有问题

除了很多组织都普遍存在的低效与困难外，情报界还有一些特有的问题与限制。

“狼来了”现象

在阻碍正确解读重要信号的最微妙障碍中，“狼来了”现象是其中之一。该现象的一个表现，就是在本书第 1 章讨论过的模糊预警：警告攻击可能来自任何方向。然而，最常见且最具破坏性的情况，则是发过假警报。在我们的研究案例中，即便不是全部，也有大部分突袭前曾出现过错报险情。例如，“珍珠港事件”发生前，美日关系三度极其紧张——分别是 1940 年 6 月、1941 年 7 月和 10 月——都导致夏威夷进入警戒。在“赎罪日战争”发生前，以色列情报界发现埃及在动员和备战，局势也三度升级——分别是 1971 年底、1972 年 12 月以及 1973 年 5 月（Herzog, 1975, pp. 43-44）。

情报机构之所以常常制造这种“狼来了”现象，主要有两个原因。第一，敌人有意发动战争的情报预警原本正确，但后来敌人改变了主意。从 1939 年 11 月 12 日到 1940 年 5 月 10 日期间，希特勒曾 29 次推迟对西线发动攻击，而且经常是最后一刻才临时改变（Mason, 1963, p. 557）。第二个原因是，有时情报上的成功暴露了敌人的企图，使敌人推迟计划；但该预警却被视为是假警报。事实上，通常不可能在当下判断出，究竟是预警发生了错误，还是敌人因企图被揭穿或其他原因被迫改变了计划。因此，判断评估的准确性并在必要时加以修正，实在是困难重重（Brody, 1983, p. 47）。

此外，心理学家发现，正确解读信号获得的奖励，以及察觉信号失败或发布报告出错所付出的代价，对于人们能否很好地破解信号有重大影响

（De Rivera, 1968, p. 56）。从情报的角度来看，发布战争预警是极具风险的，因为根据假警报行动会付出巨大代价。因此，是否决定发布预警，取决于情报机构愿意承担多大的风险。但是，由于情报机构认为自己的首要任务是提供事前预警，如果不能发出警报信号，就会付出高昂代价。通常他们认为，低估局势比高估要更危险。当碰到战争问题时，他们宁愿发布警报，就算是谎报军情，也胜过猝不及防。因为没有人想背负情报失误的责任，所以假警报屡见不鲜。

假警报动关大局。当错误分析造成错报信号时，会带来沉重的后果。尽管把事前预警放在首位，情报机构有时也极其谨慎，因为发假警报会降低他们的可信度。因此情报机构倾向上报模棱两可的评估，并压制一些预警。在解释为什么没向夏威夷发布更多预警时，有人表示，大家希望不要老喊“狼来了”，以免指挥官对警示消息变得无动于衷（U.S. Congress, 1946a, p. 256）。

之前发布的假警报，会危害整个信息分析过程。如果情报机构之前曾发布过假警报，那么再发出的预警往往会被决策者忽略。朝鲜发动攻击后，美国国防部部长约翰逊在参议院听证会上表示，1950 年 6 月以前假警报频发，以致当时的情报报告中，没什么内容“能让我们提高警惕，相信朝鲜半岛将有大事发生”（DeWeerd, 1962, p. 440）。之后一位官员在信中解释：“我们情报机构对调查‘珍珠港事件’的罗伯茨委员会心有余悸，而养成了事事且时时预警的习惯。由于大多数预警毫无意义，结果对决策者一无是处。在朝鲜发动攻击的那一周，没有任何事情能让决策者把注意力转向朝鲜半岛。”（Paige, 1968, p. 98n）

和情报机构一样，一个消息来源若是过去曾喊过“狼来了”，也会丧失可信度。如在德国入侵前，挪威驻柏林大使馆曾先后发过两次假警报，之后便失去了挪威外交大臣的信任；1940 年 4 月当他又收到类似信号时，第一反应是将其视为不实谣言。荷兰对其驻柏林大使馆的信任也好不到哪儿去。从 1939 年 11 月起，荷兰驻柏林武官多次发布直接预警，说明德国即将发动袭击。这些预警引发荷兰三次大规模警戒，至少在海牙的一些官员严肃考虑德国攻击的可能性，进而导致紧张局势升级。然而，每次希特勒都改变攻击计划，几次改变的效果积累下来，使得荷兰驻德国武官不再得到信任（Holst, 1966, p. 40; Pearson and Doerga, 1978, p. 27）。

一般而言，如果某来源过去曾错发预警，再上报信息时就会变得畏首畏尾。因此，由于挪威驻柏林大使馆曾因上报不可靠谣言而受到指责，再发布有关德国入侵企图的预警时，他们就故意措辞模棱两可。同样，1940 年 5 月 3 日，当荷兰驻德国武官接到可靠信息，表明德国计划下周侵略低地国家时，他并没有将该消息上报海牙，因为过去几个月他曾多次发出类似预警，已经没有人再相信他了（Holst, 1966, p. 40; Hinsley, 1979, p. 135）。

此外，频发错误预警会造成疲劳，降低人们的敏锐度。最初发布的预警会得到重视；但是随着时间的推移，预警被证明有误，敏锐度就会随之降低。1940 年 6 月珍珠港一级警戒时，大家都相信夏威夷很可能遭受敌人大胆而艰巨的突击；而一年后，大家却认为攻击夏威夷的代价太大，日本不可能铤而走险。1941 年末，对于珍珠港附近出现日本潜艇的传言，夏威夷太平洋舰队早已厌倦于进行核实；在珍珠港遭袭前一周，美国海军共核实了七次，结果都证明传言不实（Wohlstetter, 1965, p. 649）。

然而，在预测即将来临的袭击时，如果说过去的失误会造成对信号的错误知觉，那么过去的成功也会产生相同的效果。亲身经历过的事件影响力更大，如果分析人员的观点曾被证实的话，则情况尤其如此。实验表明，个人的假设与他人不一致时，坚持到底的概率取决于该假设在过去的成功情况（Betts, 1982, p. 123）。如果情报机构之前收到过攻击将至的信号，但正确地将其判断为假警报，那么未来再收到类似信号时，往往会将其视为批判性指标。在这类案例中，情报机构没有充分关注**为什么**过去的评估是正确的，也可能不会注意到局势的变化。结果，决策者倾向依赖有成功经验的情报机构，却不会认真探究其评估的有效性。

1941 年 11 月 16 日之后，夏威夷的海军情报机构失去与日本航空母舰的无线电联络，但并未感到不安。这是因为在 1941 年及更早的时候，无线电情报通信经常无法定位航空母舰与其他战舰。过去发生这种情况时，海军情报部门曾准确评估出，日本舰船正驶回所属国水域，它们与岸上电站使用低功率无线电联络。因为这些评估总被事实证实，所以情报界完全没想到，1941 年 12 月这次信号的丢失竟标志着战争逼近（Wohlstetter, 1962, p. 42）。

最坏情况的分析

当证据模糊不清时，在情报界内部还有一种更基本的倾向，与“狼来了”现象存在关联，那就是强调可能出现最坏的情况。“当情况不明且存在各种可能解读时，指出最坏情况确实是情报机构的职责和传统。”（Greene, 1965, p. 132）这种倾向的缘由与“狼来了”现象的原因类似。经过与情报分析人员及其主管进行讨论，雷克斯 · 布朗、安德鲁 · 卡尔与卡梅伦 · 彼得森指出，“与未能预测令人不快的结果相比，因假警报而受到的惩罚可能较轻。分析人员认为，高估概率和低估概率相比，前者错误所受的惩罚更轻，负面作用更小”（Rex Brown, Andrew Kahr, and Cameron Peterson, 1974, p. 432）。亨利 · 基辛格在中情局也描述过同样的现象 ：“中情局的分析人员非常清楚，没有人因未预测到机会而受到责罚，却有许多人因未预测到风险而自食苦果。因此，情报界总是设法预测所有已知行动方案的最坏结果，而这种态度会导致消极停滞而非积极冒险。”（Kissinger, 1979, p. 37）

乍看起来，最坏情况的分析可用来解决突袭问题。因为情报机构总是假定最坏的可能性，所以定会考虑到敌人发动攻击。而事实上，情况并非如此。情报机构往往不会指出最坏情况。既有信念、过度自信、缺乏警惕，往往使他们想不到最坏的情况。此外，采用最坏情况的做法，也无法确保安全。面对不断强调的最大危险可能，决策者通常是半信半疑。最坏情况的做法会减少决策者的选项，而他们的个人经验却告诉他们，危险性较低的情况其实更有可能发生。假定最坏情况意味着要付出较大的开销，且可能会引发敌人采取反制措施或先发制人。正如贝茨所说，“即使原则上发布最坏情况分析，实际中还是会有所妥协。这种常规惯例，使人们变得麻痹大意。每当预期中的威胁没有出现时，更让人们觉得自己高枕无忧……为了覆盖所有的意外情况，最坏情况分析重点不够突出；结果变成为每件事提供理论指导，但却没什么实际的助益”（Betts, 1978, p. 74）。

在最需要的时候，最坏情况的可能性没有得到应有重视；不断发生的突袭就是最好的证明。从应用情况来看，最坏情况分析不仅不能避免突袭，还会导致情报机构和来源的可信度受损，反而使得敌人能够突袭成功。

等等看的态度

通常在重大情报失误后进行回顾时，人们不明白为什么情报机构会忽略和误判如此多的预警信号。问题多少出在情报界对于威胁情况与预警指标的普遍态度。

情报界的工作环境通常疑团重重，到处充斥着问号和奇怪费解之事。情报分析人员所处理的，总是矛盾的证据以及可靠性存疑的信息。他们对关键信息的缺乏早已见怪不怪，对于令人不安的问题没有答案也早就习以为常。他们常常要面对潜在威胁的情况。因此，情报界不一定会把敌人的不寻常行为视为绝对警报。在一个持续危机的气氛中，情报分析人员并不会对每一个预警指标都感到紧张。他们常常对警示信号采取等等看的态度。

采取这种态度有两个原因。第一，分析人员——尤其是军事组织中的分析人员——获得嘉奖通常是因为恪尽职守和处变不惊，而非向决策者频发警报。他们被教导在决定改变评估之前，要作出系统、客观和谨慎的分析。经验告诉他们，多数潜在威胁都不会成真，而新信息会不断涌现。因此，分析人员和决策者宁愿等到更多的信息，再去发警报。因为情报信息多是相互矛盾的，所以出现警示性信息不足为奇，也不会让人立即重新考虑既有评估。

例如，珍珠港的金梅尔上将就采取了等等看的态度：

> 7 点 30 分至 7 点 40 分之间，我接到的信息有：值班员发来的华德号（Ward）驱逐舰（在珍珠港外发现潜艇）的报告，港内待命的驱逐舰已被派去支援，华德号所报情况当时正在进行核实。**在日本发动攻击时，我还在等待核实结果**。依我的判断，由于过去没有出现过此类接触事件，因此就珍珠港外海的潜艇攻击报告，初步措施应是进行核实，然后再决定是否采取激烈行动。（U.S. Congress, 1946a, pp. 138-139, 强调部分为作者自行标记）

金梅尔上将的说法，触及该问题的第二个原因——等待查证证据的自然倾向与时间紧迫之间的矛盾。美国国务院情报与研究局前任局长雷伊·克莱恩（Ray Cline）解释说："你几乎永远无法得知事情什么时候会发生。你会等证据，可等到证据来了，事件已经迫在眉睫了。"（U.S. Congress, 1975, p. 656）延误必然会出现，尤其是在大型组织中。当报告穿梭于来源与评估中心之间、准确性核实与最后评估之间、评估中心和获得最终报告的决策者之间时，都会发生延误。信息交流的程序与技术设备的使用，也会耗费大量时间，短则几分钟到几小时，长则数日甚至数周。在此期间，敌人可能会采取行动。

1973 年，苏联顾问的家属乘机离开埃及与叙利亚之后，以色列情报机构开始改变评估，不再认为战争爆发的可能性很低。10 月 5 日早上，以色列军事情报局局长泽拉向总理报告，预计傍晚前能根据可靠来源确认埃及的企图。到了傍晚，军事情报局收到高度可靠信息，可表明战争迫在眉睫。尽管泽拉将军对该信息感到不安，他还是决定等到当晚晚些时候，预计那时可以收到另一个来源确认。一直到半夜 2 点，终于等来了毋庸置疑的信息，但却为时已晚。以色列另一位军事情报局局长什洛莫·加齐特将军之后指出，如果当时有更好的信息交流程序，那么上述信息可能会提前 24 小时、甚至 48 小时到达（Bartov, 1978, pp. 317, 323; Gazit, 1981, p. 11）。如果是这样的话，整个局面可能会截然不同。

来源的安全与信息的限制

在评估和报告情报信息方面，还有另一个问题，那就是尽管情报机构想向决策者报告所有的相关信息，但出于保护来源安全的需要，只能有限地使用该信息。因此，情报界必须开发一些分类制度，使每个分析人员和决策者仅能获得他需要掌握的信息。在某些情况下，为了不暴露来源，还会推迟或严禁发布一些关键信息——如一战时著名的齐默曼电报[1]。

要想找出一个黄金分割点，既能兼顾情报研究与作战需求，又能考虑到来源安全，有时是件难事。“珍珠港事件”发生前，美国除了总统之外，只有九位政府高官有权经常查阅“魔术”的信息。这些截获的消息，以及从中提取的重要信息，从未向夏威夷传送。过去，某些特别重要消息的主要内容曾传达给夏威夷，而这种做法也于 1941 年 7 月被禁止，但金梅尔和肖特将军竟从未注意到这个变化。按照惯例，在阅读者过目这些消息时，两位高级信使——一名海军中校与一名陆军上校——在办公室外屋等待，并负责收回这些消息公文准备送往其他地方。所有有权知晓这些消息的高官都阅读完毕后，只有陆军和海军情报局远东处处长有权留存消息副本（U.S. Congress, 1946a, p. 37）。

处理敏感信息时的这些严格限制，会造成很多问题。首先，决策者无法获取重要信息。例如金梅尔上将并不知道，在“珍珠港事件”前，日本曾具体要求其驻夏威夷总领事，注意在特定时间、特定区域有哪些舰艇停泊。也没有人通知金梅尔，日本人之所以在 11 月 26 日之后继续谈判，只是在掩饰他们的战争计划，而海军部是知道这一政局变化的。其次，看过这些消息的人只是短暂过目，既没有时间也没有机会审慎系统地检视这些资料。再次，敏感信息未送达给适合的人，也引发了很多问题。有权阅读敏感信息的人，普遍不知道还有哪些官员也能看到。例

[1] 原注：Zimmermann telegram，由德国外交部部长于 1917 年 1 月 16 日发给德国驻墨西哥大使。其内容概要说明了德国准备重新开展无限制潜艇战，并表示此举可能导致美国参战。将近三周后，英国海军情报局局长才将这份解密的电报发给英国政府与美国政府，因为他不愿暴露出英国已经破解德国密码。

如，海军作战部部长就认为，金梅尔有权阅读所有“魔术”截获信息，而这一假定极其关键，它影响着华盛顿向战区发布预警和与其他决策者通信时的用词。最后，那些没有看过“魔术”资料却多少知道它存在的人，都确信资料里包含军事和外交信息，并过度相信其内容的完整性与精确性。这种错误假定增强了各战区司令官对华盛顿的信心，认为华盛顿能敏锐地掌握战争是否即将爆发（Kimmel, 1955, p. 56; Wohlstetter, 1962, pp. 186, 394）。

在军种与战区间，信息的分发是有选择性的。一旦情报界接受这一原则——事实上也别无选择——那么问题就变成，如何确定最佳分发方式，以减少有害结果。在珍珠港遭袭前，华盛顿各机构收到的有关日本行动与企图的信号，远比各战区更多。然而，没有一个机构或个人有权接触全部的庞大信息。虽然让华盛顿把所有信息发给各战区是不切实际的，也非明智之举，但华盛顿各机构不一定能很好地判断出，哪些资料对各战区用途最大。因此，由于消息的用词模糊与华盛顿对信息的选择性传递，夏威夷并未获得充足的危险信号。总体而言，有选择性地分发信息使情报界普遍感到，其他人对当前局势了如指掌，什么情况都能迎刃而解。这种对其他分析人员的无端依赖，会造成偏颇假定持续存在、矛盾信息则遭到忽略。

“珍珠港事件”后，在整个一代人的时间里，信息分发都没有得到改善。在“赎罪日战争”爆发前，同样的问题再次出现在美国情报界。在阿拉伯国家发动袭击的当天早晨，美国负责危机警报的监督委员会召开会议，评估大规模战争的可能性，并得出结论：在不久的将来不会发生大规模战争。后来人们认为，这一评估失误的原因之一是，一些参会者并未获准阅读所有情报信息，因此无法充分讨论该项议题。中央情报局在事后调查报告中推断：“在战争爆发前，如果获得美国国家安全局（National Security Agency）拥有的所有信息，我们本可以明确预测出（某国）事先知道，中东地区即将烽烟再起。”（*Pike Papers*, 1976, p. 20）

保护来源安全的需要还会造成另一个问题：因为情报信息大多属于机密，因此情报界主要是一个封闭的系统。情报分析人员不能与情报界之外的分析者和观察员分享机密信息。因此，在机密资料基础上形成的看法与数据，没有经过外团体（如学术界或新闻界）严格、广泛和独立的评判（Wilensky, 1972, p. 243）。

最后，由于所属组织的时间限制，分析人员与决策者只能选择性阅读情报信息。之所以有这些限制，是因为他们必须阅读大量信息，并整合团体内的不同利益与观点。大战在即时，这种压力尤其严重。因此，分析人员与决策者没有时间仔细阅读资料，或者审慎权衡不同的观点。分析人员要迅速得出结论的压力不断增加，评估所依据的信息数量便随之减少。因为情报分析人员不得保留判断意见，所以就算他们知道结论可能出错，也必须很快得出结论（Jervis, 1976, p. 194）。即使拥有相关信息，这种情况也会造成错误知觉。

关注当前事件的做法

在情报机构中，紧迫即时的分析优先于根本性分析。有限的时间、资源与人力，决定了人们对当前事件的关注。此外，有关根本问题与社会趋势的信息通常不会快速变化，因此被战地人员认为过于学术。另外，这些无形问题的信息，搜集起来很有难度、又毫无回报，而且在很多情况下，战地人员缺乏有效搜寻这些信息的背景与条件（U.S. Congress, 1979, p. 3）。

更重要的是，关注当前事件的做法反映出，决策者对符合当前关切的信息需求越来越大。情报用户通常需要的，是紧迫问题的答案。尤其是在政治发展方面，他们很少会寻求根本性的深入分析。因为决策者对于根本性分析兴味索然，也因为根本性分析与政策问题的关联并不明显，所以情报界对于这类分析自然不会投入太多（U.S. Congress, 1979, p. 3; 1976, p. 272）。此外，情报分析人员自身也更关注当前事件，而不太喜欢进行根本性研究。对他们而言，“行动”指的就是当前事件，而且分析当前事件可以给他们带来好处。

结果显而易见。当前情报“是重要的预警手段”，“在报告突出明显事件时最为有效”，但是“无助于评估事件的长期重要性”（U.S. Congress, 1979, p. 4）。例如，关注当前事件会降低分析人员了解敌人企图的能力，使他们尤其难以理解敌人的概念框架，以及影响敌人开战决策的内部因素。要想了解这些因素，就不能仅仅依靠对当前事件的分析。丘奇委员会认为：

根据某些观察员的说法，这种特点对于危机预警的质量与长期趋势的识别，都有不利影响。关注当前事件的做法会造成“增量分析”（incremental analysis）问题，即缺乏远见地只关注最新信息，而没有系统性地考量各类证据的不断积累。分析人员匆忙间汇集好当天的信息，往往却忽视了根本的因素与关系（U.S. Congress, 1976, p. 273）。

军人与突袭

军队不可避免地被卷入突袭的预测失败中。在多数情况下，负责战略预警的是军人。很多情报机构都是军事组织。对敌人攻击采取反制措施的，也常常是军队。那么，突袭的预测失败与相关人员多是军人，有什么关系吗？

首先，军人所具备的一些特质，确实使他们易遭突袭。他们常被人描述为比平民更专断、好斗、果决、守旧、严苛。“军人和平民都认为，军人的思维是纪律、严格、逻辑和科学；但不够灵活和宽容，缺乏直觉与情感。长期在军队机构工作，很可能会产生这些特质。”（Huntington, 1957, pp. 59-60）莫里斯·杰诺维兹（Morris Janowitz, 1960, pp. 24, 242-243）称军人倾向于关注现状；对他们来说，过去事件只是对未来有用的先例。[1]

其次，军人接受的教育是冒险、承担个人责任，以及在不打扰上级或依赖他人的情况下自己解决问题。即使他们心中有疑虑，也不愿意请求明

[1] 原注：阿兰·恩索文和韦恩·史密斯（Alain Enthoven and Wayne Smith, 1971, p. 114）也有过类似指责。

确指示，以免被视为软弱。1973 年时任以色列军事情报局局长的泽拉将军，在后来作证时表示，"我不习惯把自己职责范围内的事项摆在上级面前"（Hareven, 1978, p. 15）。同样，1941 年 11 月 27 日，金梅尔上将收到了"战争预警"消息。后来针对这一议题作证的所有海军军官，包括金梅尔本人，都表示从未看过官方电文上有"战争预警"字眼。尽管如此，金梅尔还是选择自行执行这项预警，而不寻求华盛顿加以说明。肖特将军收到了进行侦察的指示，但他想当然以为华盛顿的指示出了错，而根本没理会这道命令。美国国会调查委员会指出：

> 下级人员为显示自己能独当一面，除非绝对必要，否则绝不向上级求助，尽管这一倾向可以理解，但陆、海军军官无一例外地一直不……寻求上级详述和明确指示，这强烈表明一件事：陆、海军未能给其人员灌输一种自由请教上级的健康态度。（U.S. Congress, 1946a, p. 258）

再次，军人工作的组织层级非常严格。层级和纪律，与独立思考和保持客观，存在矛盾。军人的压力还在于，不能危害上级的地位和政策。与上级信念不一致的军官，会招致上级在评语中的报复。莫里斯·布拉赫曼指出："提拔制度对于职业军官产生巨大的从众压力。提拔一个军官，主要取决于指挥官对他的评估报告；这份报告中，只要有一点不利内容，该军官的提拔就可能会推迟很多年，甚至前程毁于一旦。"（Morris Blachman, 1973, p. 332）

最后，在评估外部威胁时，军人往往强调敌人的能力而非企图。他们认为自己有评估敌人战斗力的专业能力，而评估敌人的企图似乎更不确定，而且容易出错。因此，他们对威胁的感知往往基于敌人的能力，同时认定敌人有最坏的企图："如果一国有能力危害我们的安全，就应假定该国定会如此。"（Huntington, 1957, pp. 66-67）在预判突袭方面，军人通常采取最坏情况分析。由于军人侧重于敌人的能力分析，因而文官决策者很容易否定他们的预警。在文官决策者看来，对于敌人的企图，军队评估人员会忽视或扭曲，而自己却非常了解。[1] 此外，军人对于威胁的看法可能存在偏见、有失平衡。凯南这样描述朝鲜出兵的背景："这次袭击的意外性……只是刺激了军方计划者继续他们的偏好，他们倾向于仅评估敌人的能力就下结论，丝毫不考虑敌人的企图；而根据企图判断对方是否有敌意，才比较稳妥。这一切往往会使我们对冷战的思考普遍更加军事化，并迫使我们认为，任何辨别苏联企图的评估，都不受欢迎且不被接受。"（Kennan, 1967, p. 497）

军人的这些特性和倾向，有时的确可能导致预测突袭失败。但归根到底，军人参与情报与预警过程本身，似乎并不是预测失败的重要原因。尽管军人的一些特性使他们容易遭到突袭，但是他们身上的其他特性会抵消这一缺陷。"与非军队分析人员相比，军队情报分析人员有一个主要优势。他们用实际军事行动的专业认识，来解读军事数据。因此可以根据敌人装备在可能战斗中的表现进行判断，而这种权威性是非军事人员无法比拟的。"（Freedman, 1977, p. 21）此外，军人总是强调军事安全的威胁，建议提高警惕，且偏重准备工作（Huntington, 1957, pp. 66, 69）。

其实并没有证据显示，非军事情报机构比军事情报机构更不容易遭受突袭。美国的主导情报机构——中情局——就误判过朝鲜入侵韩国、中国介入朝鲜战争以及1973年的阿以战争。1941年，在"巴巴罗萨行动"最后准备阶段之前，英国的军事及非军事情报机构都很难抛弃自己的信念，坚持认为德国会先对苏联提出要求和最后通牒。例如，英国外交部"从未完全相信'德国有意攻击苏联，而不是仅以外交和军事压力恐吓苏联政府'"（Hinsley, 1979, p. 480）。1962年印度的主导情报机构是非军事的情报局；过度依赖该局的评估，正是印度未能预判中国反击的主要原因之一。

[1] 原注：本人非常感谢理查德·贝茨的评论。

第8章

情报与决策者

到目前为止，本书还未具体探讨作为情报用户的军事或政治决策者。本人曾说过，本书中的“分析人员”指的是分析新信息的决策者，或者情报分析人员本身。本书侧重于后者似乎合情合理；毕竟，大部分的分析工作是情报分析人员完成的。此外，近年来，对于大战在即的预测失败，至少官方把责任多半归咎于情报界。事实上，自1939年以来发生的所有突袭案例中——除了德国入侵法国以及朝鲜攻击韩国可能是两个特例之外——情报界在遭袭前都表达过战争不会一触即发。因此，决策者倾向于怪罪情报界未能预测出攻击将至。例如，丘吉尔在德国入侵比利时与苏联之前，纳赛尔在1967年阿以战争之后，都曾责怪情报部门没看出原本显而易见的事实。

但是，这一问题并不只是情报机构的错误。事实上，许多客观的观察家往往认为，情报界、政治领导层，甚至整个社会，都应对此负责，1973年阿以战争后的以色列就是如此。在一些案例中，例如“珍珠港事件”以及中国出兵朝鲜半岛后，受到责怪的主要是军事决策者。而历史应将“巴巴罗萨行动”的预测失败归咎于谁呢？是斯大林还是他的情报部门？

为了清楚认识这一问题，我们必须检视情报部门与决策者关系的诸多方面。具体包括：决策者如何看待情报生产与情报评估；决策者对其政策与做法的坚持，与接受矛盾评估的意愿之间的关系；以及决策者对情报评估的影响。

决策者与情报生产

决策者很大程度上也是分析人员。和情报分析人员一样，决策者会对敌人可能的行为形成假定与判断；他们也会阅读新信息（包括情报评估）并在多个阶段开展分析；接着，会对迫在眉睫的攻击威胁形成自己的评估。那些扭曲情报分析人员评估的限制与偏见，也会影响决策者的分析。

但是，决策者又不仅仅是分析人员。在我们的研究中，他们还是国家政策制定者、军事指挥官，或以某种方式负责执行国家安全政策的官员。对他们而言，评估情况只是决策与执行的一个阶段。但是，决策者采用的分析过程，与情报分析人员的分析过程有所不同。决策者缺乏分析人员具备的知识基础：他们只会读到一小部分的情报信息，也没有时间详细分析、深思熟虑。因此，决策者的分析过程比专业分析人员的更短暂、更简单，且意象与概念起到的作用更大。托马斯·休斯观察到："情报分析并非总是有别于特定决策者的先见。但通常都会有所不同。每次的不同之处几乎都在于，深信不疑的决策者会认为情况清楚明了，而情报部门却认为情况模糊不清。"（Thomas Hughes, 1976, p. 19）此外，决策者对其政策与观点的坚持，很大程度上会影响到他们如何感知威胁，又是如何着手反制的。

这种不同的视角，会给决策者与情报部门的关系造成诸多困难。人们观察到，尤其是危机时，决策者常常会自己充当情报分析人员。可当这样做时，他们通常偏好最新的"铁的事实"，而非广泛精炼的分析。[1] 决策者常常认为自己比专业分析人员视角更广泛，实际经验也更丰富，同时有能力从更大的背景下考量数据。决策者也常常指责情报界提交的判断不够

[1] 原注：Strong, 1970, pp. 155-156; Cline, 1974, p. 133; Betts, 1978, p. 68; Stech, 1979, p. 379; Garthoff, 1978, p. 29.

充分且无关紧要。斯莫克指出，决策者“并不完全依赖官员与参谋自下而上的报告和分析。凭借自身和他人的经验，他们常常认为‘分析’结论并未捕捉到某一情况中的所有重要事项，因此会用直觉判断来修改这些结论”（Smoke, 1977, p. 271）。丘奇委员会推断：“尽管情报分析人员在技术评估领域表现优异……但在定性判断、趋势预测与政治评估方面的表现却差强人意……一些决策者感到，在判断国外团体及领导人的政治、经济、军事企图等较微妙问题上，情报分析人员对决策者并无多大益处。”（U.S. Congress, 1976, p. 267）

由于决策者偏好自己充当分析人员，因此他们会从原始数据中得出错误结论。他们既缺乏专业知识，也没有时间客观地考量和权衡所有证据。“准确来说，因为他们是通才，所以对于特定问题的独特性、复杂性与模糊性，比较缺乏敏锐度。脱离背景的原始数据根本毫无意义，领导人虽然可能了解大的背景，却不太可能掌握特定领域的小背景。”（Betts, 1980a, p. 119）丘奇委员会得出结论：

> 绕开现有分析过程，情报用户不仅没有情报专业人员的技能，还可能会浪费时间，并牺牲有益的客观性。如果基于大量且矛盾的报告与未经处理的原始情报，高层官员自己作出情报判断，弃而不用周密完整的情报分析，那么他们可能得出更有利于其政策偏好的结论，而不是真正与情况相符的结论。（U.S. Congress, 1976, p. 267）

某些情况下，决策者感到他们不信任情报评估的准确性，或无法有效使用这些评估。他们有时认为，情报评估质量不高、学术价值太低、缺乏严谨的分析方法（Szanton and Allison, 1976, p. 199），或者语言模棱两可、含糊其词。在极权制度下，对情报机构的不信任更为普遍，这些国家的情报机构既要侦查危害国家安全的外部威胁，又要揭露影响政权稳定与生存的内部威胁。斯大林不相信他的情报机构，后者在“巴巴罗萨行动”开始时，尚未从1937年至1938年的苏联肃反运动（Great Purge）中恢复过来。这种不信任会造成危害性后果。其中一个就是，情报评估可能不受重视。在“珍珠港事件”中，沃尔斯泰特观察到，对知识分子与专家的总体偏见——不只局限在军方，而是广泛存在于美国——及该偏见造成的学术作品地位低下，使人们很难听到情报专家的声音。“珍珠港事件”前有几周的时间里，美军情报与研究单位的基层军官被视为只是数据搜集者而遭到忽略；终于在12月5日，这些军官尝试把他们认为较迫切的信息解读，直接报告给陆军和海军战争计划处的负责人。“但是由于情报部门声誉不佳，分析人员官阶太低，以及他们的专业人员或知识分子身份，这些基层军官的努力宣告失败。”（Wohlstetter, 1962, p. 312; pp. 70, 102, 395）

事实上，一些情报评估可能根本没有人看。希尔斯曼（Hilsman, 1956, p. 40）发现，情报机构生产的大多数资料，决策者从未看过，或者甚至都没注意到。尽管主要原因在于决策者工作时间有限，以及一些情报资料并不相关，但是在危机来临时，这种现象却是百弊丛生。例如，英国1941年评估，日本飞机设计过时，质量较差。1941年5月，一架日本零式战斗机在中国被击落，在马来亚的英国情报机构得知这架飞机的性能极好，于是将这项数据发送给所有单位。但是由于该机构因被认为效率低下而不受重视，因此和这一消息最直接相关的人——英国空军飞行员——对此却毫不知情（Leasor, 1968, pp. 160-162）。

在不信任的极端案例中，如斯大林的例子里，决策者可能会将整个评估过程置于自己的股掌之上。这一做法并不仅限于极权政府。在挪威遭到入侵前，其政府官员与机构在共同评估与讨论国际局势方面，也是限制颇多。外交大臣科特喜欢独揽大权，且在这方面拥有很大的自由。最明显的，就是国防与外交两位大臣无法进行决策的整合与协调。因此，在危机酝酿时，科特完全不了解军事机构对其决策选项的限制。这两个部门间虽有情报消息交换，但是从未共同讨论过情报的内容及影响（Holst, 1966, p. 36）。

但相反的情况——过度依赖情报来源——同样没什么好结果。本人曾指出，决策者常常能力有限，无法独立评估情报信息及批判性地看待情报机构的评估。通常，决策者收到的信息，往往是情报界依据既有概念选择性解读后的结果。即使决策者能得到原始信息，也不见得能充分评估信息的重要性或来源的可靠性。罗斯福总统可以阅读“魔术”截获的情报，但他能否独立评估通信或基调变化的重要性，实在令人怀疑。

此外，对本国和敌方的军事能力，文官决策者的认知与了解通常比较有限。在朝鲜发动攻击之前，美国国防部曾告知国务院这种攻击不可能发生：韩国军队装备精良，训练有素，与朝鲜军队比有明显优势。国务院被告知，美国的主要任务是克制韩国，防止其袭击朝鲜。对此事，凯南的结论是：“因为没有质疑这一判断的根据，所以我只好接受……然后着手其他工作。”（Kennan, 1967, p. 485）凯南的例子说明一点：一旦情报界对敌人评估有误，决策者往往也会接受。特别是当情报界名声在外时，情况更是如此，在这种情况下，决策者往往不加仔细检视，完全依赖情报部门的评估。1973 年 10 月前的以色列就是这样。

决策者对敌人进行独立评估的能力有限，还会造成另一个后果。决策者常常不会充分意识到：形成情报评估的固有问题、指标的模糊性及掌握敌人企图的困难。因此，他们常常要求情报机构明确告知，某些事是否会发生。然而，有研究发现，分析人员“厌恶被迫给出是或非的答案”。他们认为，“自己已描述了最有可能的情况，并多次提到他们得花大力气，才能让决策者了解有多种因素会影响结果”。分析人员认为，在很多情况下说是或非，相当于作决定的是他们，而不是决策者（Kelly and Peterson, 1971, pp. 4-3, 4-4）。如果决策者对情报评估的缺陷更加了解，他们就不太会一成不变地依赖这些评估；同时也不太会对情报评估的质量感到失望，所以也就不太可能用自己的评估替代情报产品。

要想在困境中找到黄金平衡是件难事。对决策者影响最大、用处最多的情报评估，语言要明确清晰（Betts, 1981b, p. 260）。但考虑到情报的缺陷，这类评估又容易出错；这种评估造成的情报失误和信用受损，可能导致决策者忽略情报评估，转而依赖于自己的分析。

坚持政策

决策者，特别是国家政策制定者，通常会坚持政策。改变政策困难多、代价高，有时风险也大。具体的情报评估和预警，常常与特定政策的意见相矛盾。这可能表明，既有政策存在错误，而且会引发战争——如"珍珠港事件"。但所需的反制措施通常代价昂贵，且有可能引发不愿见到的局势升级；这正是 1941 年斯大林方面的一个重要考量。如果之后证明预警有误，决策者会因为本没必要采取反制措施而遭到批评；这一考量也存在于 1973 年以色列决策者的脑海中。

和情报分析人员不同的是，决策者不能忽略接受预警所付出的代价。如果决策者认为，证据还不够有力，无法抵消打破现有政策要付出的代价，他们就不会采取充分的反制措施。正如我在第 4 章所说，决策者越坚持政策，就越不愿意接受与其信念相矛盾的预警；他们的信念越强大，让他们接受预警所需的证据就越要有力（Poteat, 1976, pp. 15-17）。遗憾的是，当威胁不断增大时，决策者对其政策的坚持也会加强；接受预警的意愿则会相应降低。乔治和斯莫克也描述过这种动态关系："要想认真看待预警，可能需要决策者作出困难且痛苦的新决策。从决策者对自己可能反应的预判，到影响其接受能力的预警之间，存在着微妙的反馈……对于之前确定的政策问题，决策者之所以常常不愿再次讨论，只是因为困难太大。"（George and Smoke, 1974, p. 574）因此，显示德国入侵紧迫性的证据之所以被斯大林拒绝，部分是因为他坚信与希特勒签署的条约。从 1939 年 8 月起，斯大林就依据该条约制定了外交与安全政策。即便德军明摆着在波兰集结，斯大林仍尽一切可能维护这个条约，甚至包括安抚德国，以及避免他认为会引发德国攻击的任何行动。斯大林也可能不愿承认，他已经无力控制希特勒了。为坚持自己的政策，他命令防空司令部（Anti-Aircraft Command）禁止向苏联领土以外开火，他还拒绝英美两国提出的预警，认为这是资本主义的挑拨离间。

同样，尼赫鲁本人强烈坚持其中国政策，并坚信中印休戚与共，这使得他低估了中国的威慑。所有认为中国可能付诸武力的情报，都遭到他的反驳和诋毁。中国不断发出警告，少数印度高层军官也提醒他注意，如若继续推行“前进政策”，将导致威胁加剧，但他依然拒绝改变自己的假定（Vertzberger, 1978a, p. 128）。

相同的逻辑也使决策者寻找支持性的信息与评估。一旦坚持某政策，他们往往偏好乐观的报告与评估，以帮助他们推进这一政策。希尔斯曼（Hilsman, 1956, pp. 43, 122）指出，决策者认为最有用最欢迎的情报，就是支持已有行动方案的情报。美国中情局前局长艾伦·杜勒斯也发现，决策者往往执着于他们负责的政策。“如果情报报告可能挑战既有政策决定，或需要改变各方珍爱的对苏联实力的评估，他们（决策者）可能会以有偏见的眼光看待这些报告。”（Allen Dulles, 1963, pp. 52-53）

在某些情况下，决策者会明示或暗示情报评估要符合他们的观点，或支持他们的政策。美国国防情报局一位前局长回忆说，“情报用户往往对情报官提交的客观判断并不满意——他希望得到的是‘支持该项目’的答案”（Graham, 1973, p. 16）。对于越战，派克报告这样说道：

> 决策官员要求提交积极情报指标，这一压力加剧了对联军进展与敌人能力的错误评估……情报界在重压之下不得不捏造数字，其目的更多是政治性的，而非战术需要。
>
> 行政部门需要的，是证实曙光就在眼前……从这个意义上来说，情报界除了大肆破坏客观分析外，别无他法。（*Pike Papers*, 1976, pp. 18-19）

决策者如何影响情报流程

情报流程旨在服务决策者，所以必然受到这一目的的影响。一方面，情报应该且经常是与政策分离的。政策部门应不受情报限制地作决定；而情报部门应不受政策考量的影响，公正无私地搜集与评估信息。分析人员如果参与政策辩论和接近决策者，则可能会曲解情报分析，并破坏其专业性与客观性。另一方面，情报部门受政策部门领导，必须把自己和决策需求联系在一起；如果缺乏政策的指导，情报工作会变得漫无目的，对决策者也毫无助益。情报分析人员也会努力维持与决策者的直接联系。以色列军事情报局前局长认为，决策者了解并有效使用情报的能力，取决于其与情报部门的不断接触（Gazit, 1981, p. 12）。美国中情局前局长也指出，"分析人员必须知道他的资料会创造出什么成品。他必须与决策人员直接联系……以轻松自如地沟通彼此的利益"（Colby, 1980, p. 168）。但同样，因为情报部门从属于政策部门，所以前者很容易被用来证明和支持后者的政策，且分析人员很可能因与决策者接触而受其影响。

要想实现和维持分离与沟通间的微妙平衡，是很困难的工作。在许多情况下，这仅是纸上谈兵；于是情报部门不再关注核心问题，决策者也不再依据最佳的可用信息；此外，情报流程还会受到政策需求的负面影响。诸如"珍珠港事件"等以往案例表明，高级战地指挥官与情报分析人员常不熟悉本国政府的政策与计划，因为决策者不愿意暴露他们的概念框架——最高决策层尤为如此。

其负面影响有三。第一，分析人员不知道决策者的需求，无法适当地将情报生产投入对政策攸关的问题上。情报部门"无法得知决策者设想的具体情况……枉然搜集'所有'事实，提供所有可能的意外情况。这么做会产生大量信息，但其中大多信息与实际政策问题无关；而真正对问题有用的信息，则迷失在大量无关紧要的信息中"（Wasserman, 1960, p. 163）。

第二，情报分析人员很难评估和预测敌人的企图与承担风险的意愿，因为这些很大程度上依赖于敌国政府的未来举措。正如本人在第 3 章所述，这一因素在"珍珠港事件"中至关重要。在某些情况下，高层官员通过政治渠道取得了有关他国企图的关键信息，但分析人员却可能没注意到。例如，亨利·基辛格向分析人员隐瞒了关键证据，导致分析人员不了解 1973 年 10 月阿拉伯国家发动战争的企图，基辛格也因妨碍情报分析而受到指责。根据派克报告，"战前基辛格与苏联及阿拉伯国家交往密切，对于阿拉伯国家不满外交谈判之类的指标，以及苏联越来越相信大战在即这一迹象，他应该最能轻易获得……而他完全没有将这些预警提供给情报界”（*Pike Papers*, 1976, p. 20）。

第三，特别是涉及战争预测等关键问题时，情报分析人员有时并不知道其评估所带来的代价与利益。英国对德国入侵苏联所作的评估就是个典型案例。1941 年 5 月末以前，英国联合情报委员会一直不相信关于德国入侵计划的传言。直到 6 月 5 日，该委员会才断定战争爆发确有可能。丘吉尔（Churchill, 1950, pp. 354-361）之后表示，他一向不满足于联合情报委员会所采取的集体智慧形式，早在 1940 年，在原始情报报告被各情报机构筛选与消化之前，他每天都从中挑出一些来看。这样他就可以形成自己的观点。1940 年 3 月，他看到一份经破解德国秘密通信而获得的“超级机密”情报资料，之后便改变想法，认定德国攻击箭在弦上。这种观点的差异，部分是因为职位的不同（Hilsman, 1956, pp. 173-174）。预测时，决策者是把代价与利益作为行动基础的，而联合情报委员会只是单纯评估可能的事态发展。因此，该委员会在获得德国入侵的绝对决定性证据之前，不愿建议向斯大林发出警告。该委员会还缺乏英国政策的必要信息，作为是否应发出警告的判断标准，也没有分析英国政策的权限。丘吉尔既有必要信息又有权力来进行政策分析，所以可以评估，如果把基于有限证据的预测作为行动依据，将会产生什么后果。因此，他决定采取行动，因为在他看来，假定预测是正确的，要比假定预测错误甚至等待进一步证据，更能满足需要，危险也更小。

如果情报与政策太过疏远会造成危险的话，那么情报与政策不够分离且受到过度影响，也会引发有害后果。决策者会把自己的想法与假定灌输给情报界，进而在其内部制造出一种舆论。决策者的观点往往会渗透进情报界，并影响信息的搜集、选择以及解读过程。决策者与情报界一般通过层级渠道进行观点交流，主要的纽带是情报机构领导：他们向决策者表达情报机构的看法，再将决策者的观点在组织内传播。决策者的观点与信念也会通过许多非正式渠道传达，间接影响情报流程。

这样做的结果，会对整个情报流程产生不良影响。情报来源可能会歪曲或审查他们的报告和预警，以免挑战既有政策。于是，因为斯大林拒绝接受预警，所以苏联边境军官不愿意报告或强调，有迹象表明德军在边境进行进攻部署（Whaley, 1973, p. 203）。

事实上，隐瞒令人担忧的指标其实是组织内部的标准程序。1959 年秋天前，尼赫鲁一直设法向公众隐瞒与中国的冲突。因此，印度外交部对于中印边界冲突的信息，一律不予理会。“这种信息会立即归档，因为只要提到冲突可能加剧，尼赫鲁就会震怒。”（Vertzberger, 1978a, pp. 125-126）类似地，1979 年初，美国情报部门未提前预报伊朗王室政权的垮台，多少也是因为情报界感到，高层决策者不想听到这种性质的报告。众议院评估小组委员会后来调查发现，没有证据显示决策者曾试图故意压制预警；但驻德黑兰的美国大使馆和军事小组、美国国务院与整个情报界“很快了解到，白宫没人想听到有关伊朗国王、政权稳定或军事扩张等方面的负面信息”（Mansur, 1979, pp. 29, 33）。该小组委员会推断：

> 美国对伊朗国王的政策也会影响情报分析与生产——不是直接地故意压制不利消息，而是间接地施加影响。从分析人员的视角来看，“最近以前，你都不能泄露出有关伊朗的情报”……决策者从没问过，究竟伊朗国王的专制统治能否永久存在；这一假定应该是政策的前提。美国没想出备选政策，这不仅限制了对伊朗内部局势的准确了解，也降低了情报用户对这类分析的接受程度。（U.S. Congress, 1979, p. 2）

决策者可能也会影响分析过程。分析人员会过分强调支持既有政策的信息，而忽略与之矛盾的信息。美国国防情报局前局长承认，“许多分析人员认为，得出有悖于现行国家政策的结论，并不符合他们的利益”（Graham, 1979, p. 32）。以色列在 1973 年 10 月之前的情况，恐怕就是如此。当时，政治领导人宣布近期内不会发生战争，这可能也左右了分析人员的看法。在决策者的影响下，分析人员甚至偶尔会改变他们的评估。比如，1968 年 1 月，美国参谋长联席会议坚称，越南军队在“春节攻势”

中遭遇彻底失败。“国防情报局并不同意这种解读，但是它弱化了每份有关这一议题的报告，使人无从确定其立场。”（McGarvey, 1973, p. 325）

此外，作为决策者情报顾问的高级情报官，可能不愿意向决策者传递会遭到否定的信息。正如我之前所说，在“巴巴罗萨行动”前，只有精挑细选过的信息才会到达苏联领导层。同理，尼赫鲁的顾问也只挑支持政策的信息，这使尼赫鲁更加坚信不用进行无谓的重新评估（Vertzberger, 1978a, pp. 133-134）。

其结果便是相互影响：决策者营造的舆论氛围会左右情报流程，而情报部门提供的信息又支持决策者的评估。例如，这种模式在“珍珠港事件”中就可见一斑。已有信息之所以没有得到充分评估，是因为美国整个政策部门以及受其影响的情报系统，都心照不宣地认定日本将会攻击东南亚或苏联。美国国会调查委员会发现：“情报部门只关注决策者看重的信息，因而未充分评估真正重要的信息。”（Wasserman, 1960, p. 166）

决策者与突袭

在导致突袭的错误链上，决策者扮演着重要一环。决策者作用于情报评估的内容。他们要接受或否定情报评估；有时还必须在针锋相对的评估中作出选择。正确的评估如果遭到决策者否定，也不能防止突袭的发生。而负责采取及时得当的反制措施应对敌袭的，也是决策者而非情报人员；如果决策者无能为力，不管出于何种考量、限制和缺陷，情报预警都无法防范突袭。

决策者对于敌人及其可能的行为，也有自己的评估。他们或许能纠正错误的情报评估，因为他们比情报分析人员多至少两个优势：第一，因为他们不会持续参与情报评估的过程中，所以可以察觉初步假定与评估方法上的不足；第二，他们掌握双方——本国和敌方的——企图与能力的整体情况。但决策者与情报机构所形成的评估多半相差无几。

甚至决策者本身也是预判攻击失败的原因之一。突袭最令人费解的一个方面是，决策者不愿意仔细考虑合理性和可能性较低，但破坏性较高的情况。即使在决策者看来战争并非一触即发，面对可能性不太大的兵戎相见，他们为什么就不能采取些措施呢？

这里我提出四种可能的解释。第一，由于决策者本身也是信息分析者，和其他情报分析人员一样，他们会固执己见。在形成关于敌人可能行为的假定后，他们也倾向于侧重其中一种，而排除其他备选假定。决策者还会忽略或歪曲对立矛盾的信息，并被团体的互动和从众的压力所左右。

第二，决策者很大程度上依赖情报机构。他们只熟悉其中相对少量的信息，多数信息仍由情报部门进行筛选。尽管决策者对于敌人的企图能够形成自己的评估，但是对于敌人的能力通常还要依赖情报机构的评估。毕竟，情报界的专家是这方面的权威。

第三，决策者不仅非常依赖情报评估，他们往往还简化这些评估。希尔斯曼发现，部分由于决策者的行为取向与工作压力，他们不相信任何看起来复杂的解决方案，也没耐心阅读各种备选方案的冗长分析。他们"不仅反对复杂的解决方案，还会抵触细致的推理、丰富的描述，甚至普遍的实验态度和追根究底的治学方法……他们不喜欢连篇累牍，不仅是因为时间有限，还因为在他们看来，多数问题都没那么微妙复杂，所以处理时不至于这么费尽周折。一页简报就够了"（Hilsman, 1956, pp. 58-59）。因此，情报分析人员有时会在各种选择间举棋不定，他们认为尽管战争并非一触即发，却也不能完全置之不理。但由于分析人员必须上交一份结论鲜明的简报——说明战争是否即将爆发——因此他们对可能性较低情况的犹豫，决策者可能无从知晓。

第四，无论是在国内还是外交事务上，决策者如果贸然采取反制措施，将会付出代价。如果他们认为，情报部门提供的证据不够有说服力，不足以成为付出该代价的理由，就会尽可能推迟采取反制措施。由于在敌人攻击前一刻，证据通常都不是确凿无疑，因此被袭国的准备无法做到万无一失。

结语
突袭真的不可避免吗?

我已试图从三点来解释突袭：突袭的过程、个体分析人员以及分析人员思考与工作的环境。在最后这一章，我将探讨这三点常见的一些因素。在此我并不是总结前文的内容，而是试图从新的观点探讨这一问题，以解释为何突袭真的几乎不可避免。换句话说，我将直面失败，找出问题，以避免突袭的发生。

问题的复杂性

本书的一个主要结论就是，防范突袭的失败并非一朝一夕之事。突袭的发生并非某一单一因素造成，也不是因为某一层面的错误所致。通过研究 1939 年以来的战略突袭案例，我们可知，有一长串的错误与困难导致未能预测出战争在即。每一个案例都涉及大量的复杂问题。

截至目前，我已阐述了各种不同的问题、错误与偏见。当然，它们的重要性有所不同。有些是造成预测突袭失败的核心关键因素，其他则次之。例如，判断启发法、小团体的互动或组织过程等因素的重要性，可能因事而别；在某些案例中，它们可能会提高被袭国对敌人的判断能力，但通常都会加重预判袭击的困难。而无论怎样，它们都不是关键因素。

总的来说，有三个因素似乎尤为重要。前两个因素，是用于判断和预测敌人行为的信息和数据质量如何。经常性缺乏关于敌人企图的直接证据，以及现有预警指标的模糊性，都是造成人们很难正确评估敌人企图与能力的关键因素。

第三个关键因素是，即便面对相反证据，人们仍会坚持概念。同样又是由于情报资料的模糊本质，分析人员可以很容易地把新信息融入自己的信念中，即便有必要改变信念时也坚决不改。概念被确立下来后，当分析人员对于其概念过度自信时，就只有现实的考验——敌人来袭——才能推翻它们了。

此外，本书研究了突袭的很多方面，这些方面相互依存，进一步增加了突袭问题的复杂性。作为概念与评估基础的各种假定紧密相连，所以一个错误的假设就会产生连锁反应。同样，对敌人能力与企图的评估密不可分，信息的评估与搜集也不可分割。主流概念会界定甚至在很大程度上指定信息搜集的方向和范围，而如果信息搜集存在偏颇或有选择性，反过来也会影响整个分析过程。

这种相互联系还阻碍人们去寻找备选假定。对于近期不会开战的概念，人们不想质疑其正确性；不愿从另外的角度重新评估证据，反过来又强化了这种错误概念。这种恶性循环的结果，就是很难看出假定的结构缺陷。

分析过程也不能与其发生的环境相分割。情报生产影响决策制定；但同时各种因素的组合——包括情报组织的舆论氛围、官僚体系的限制，以及决策者的偏好和信念——又大大影响着概念形成与信息解读的方式。情报评估影响作战概念，反之亦然。这样，一种强大的相互关系，就诞生在提出假定与评估的人之间：分析人员、其上下级、决策者、专家、政治家以及军人。

从这个观点来看，人们很难真正确定，谁应为评估失误负责。一方面，分析人员与决策者相互依存，应该共担失败的责任；另一方面，因为突袭时常发生，几乎不可避免，所以是否需要有人对未能防范突袭负责，还是个问题。

由于这种强烈的依存关系，人们很难甚至不可能找出链条上的薄弱环节，并预防未来的突袭。薄弱环节比比皆是，牵一发而动全身。例如，就算分析过程多少得到改进，人为错误或决策考量仍可能造成突袭猝不及防。正如我们所见，由于我们不太可能大幅改进分析过程，突袭就更是防不胜防。

为何保护措施总是失效？

由于情报失误屡屡发生，调查委员会、情报研究者与情报部门自身，都试图提出各种保护和改进措施，以防突袭再次发生。大体而言，二战以来情报生产已有改善：一些类型的信息质量有所提升；信息的发布趋向合理；情报机构有能力提供更好的数据及更复杂的分析；早期预警系统更加灵敏；情报机构与政府部门间协调性更强；人们或许能够更好地了解情报系统的局限。

然而，我们依然无法杜绝情报失误与突袭的发生。尽管情报生产的质量有所改善，但如今的情报机构，却没比过去的更成功。情报失误屡见不鲜；在"珍珠港事件"发生30年后，最优秀的情报系统仍然未能预判"赎罪日战争"的爆发以及伊朗国王的垮台。

一般而言，专家学者对于防范突袭的可能性比较悲观。他们的预期很低：最多希望能减少突袭的现象，而非消除突袭。杰维斯指出，"根本没有方法消除错误知觉。世界太过复杂，而现有信息又太模糊"（Jervis, 1977, p. 184）。乔治与斯莫克也说过类似观点："为了提高对预警的识别和运用，可以在程序和其他方面付出努力，这些努力有望获得成效，但是要是认为根本性困难……可以完全、确实地被消除，则是一种危险的想法。"（George and Smoke, 1974, p. 576）贝茨则更详细地解释了，为什么对这些保护措施的期望值不要太高：

通过组织改革治疗一些病症，通常会引发新的病症或旧病复发；完善情报的生产，不一定能改善情报的使用；提高预警系统的敏锐性，可以降低突袭的风险，但却增加假预警的数量，这反而会降低敏锐性；最佳分析程序原则，在许多方面与决策过程的紧迫性不兼容；要想避免情报失误，需要消除战略上的先入之见，但如果领导人没有一些先入之见，行事就会漫无目的。（Betts, 1978, p. 63）

各方推荐的多数保护措施，要么是针对改善分析与预警过程，要么旨在消除组织障碍和团体影响。通过研究这些建议，我们会发现：它们大都不切实际，不能解决实际问题，或忽略了它们带来的代价与新难题。总体上，这些措施只能略微改善情报流程，对降低情报失误却没有太大助益。

改善分析过程

模糊信息、信息加工有偏以及错误知觉会造成很多困难与错误，用于改善分析过程的建议主要就是为了降低这些困难和错误。人们经常提出的保护措施主要有三类：对情报流程的相关限制与问题增强了解、改进假设的形成、使用更精细的方法加工信息。

增强对限制的了解。很多学者认为，分析人员与决策者如果希望减少突袭的发生，必须更了解判断偏见的本质与情报流程的限制。这种观点认为，如果分析人员与决策者能对认知错误多一些了解，或许就能避免这些错误，进而降低对主流信念的过度自信。如果他们意识到自己会受预期影响，并且有将新信息融入既有信念的倾向，那么就会更注意备选解释，因而也会更仔细地检视矛盾信息。假如他们明白，自己对事件的解读通常是从理论中进行推断的结果，那么就可能会重新思考原有理论的逻辑，并相应地调整自己的信心。此外，“了解到多数历史经验都是表面现象，会使决策者深入思考过去事件的原因，进而能更好地决定过去哪些经验适用于当前情况”（Jervis, 1976, pp. 423-424, 409-410; Nisbett and Ross, 1980, p. 293; Jervis, 1986）。

同样还有学者主张，分析人员与决策者应该对彼此的限制与缺陷多些了解。斯坦（Stein, 1982a, pp. 53-54）认为，政治与军事决策者都应该认识到，情报分析人员所处理的模糊信息还会有备选解读。因此，决策者应该多质疑情报评估的可靠性；他们应该要求提供证据的备选解释。此外，决策者也应该知道情报预警的固有限制，并考虑到不能指望充分及时的攻击预警。"军官不应只对'某些'预警做做计划，而必须将各种突袭可能纳入防御规划中。"基于类似理由，贝茨指出"最务实的改善策略，是让情报专业人士预判决策者使用他们提供的情报产品时，会遇到什么认知障碍"（Betts, 1978, p. 84）。

的确，在一定程度上，这可以使人们更加了解评估与预警的困难本质。了解这一点，能鼓励分析人员精心说明备选假定，并更加谨慎地进行评估。然而，这种做法虽没有坏处，却不能消除错误知觉，也不能防范突袭发生。大多数情报分析人员非常清楚所使用的信息质量参差不齐，也普遍认识到他们的分析过程可能存在偏见。但在时间限制与决策者要求的双重压力下，他们觉得也找不出更好的方法来完成评估。尤其是发生过几次情报失误之后，决策者早就知道他们能在多大程度上依赖情报界；但由于决策前必须评估情况，除此之外的备选方案只有依赖自己的评估。心理研究表明，即使人们完全了解感知容易出错，却仍会明知故犯；这种了解本身并不产生对现实的正确感知（Kahneman and Tversky, 1979, p. 314）。这意味着，即使分析人员知道普遍的感知错误，人类感知的限制通常还是占上风。

改进假设的形成。曾有人提出多项策略，来改进假定的形成与证据的解读。大多数策略旨在鼓励分析人员与决策者采用多种思考方式。第一个策略是，许多学者建议，分析人员与决策者应该尽可能明确地提供有关敌人的所有假定、信念与价值观。杰维斯解释了这种策略背后的逻辑："人们通常不太了解他人的观点如何起作用，也不知道自身信念体系的结构——什么价值最为重要、一些信念怎样从其他信念中衍生出来、哪些证据会与自己的观点相抵触。"（Jervis, 1976, p. 410）

第二个策略源自第一个策略。“决策者为明确重要的信念与假定，不仅要设法找出造成其政策偏好的关键因素，也应该考量哪些证据符合其观点，或更重要的是哪些推翻其观点。”（Jervis, 1976, p. 413）斯莫克这样阐述：

分析人员从关于未来可能情况的单一假设性意象出发，进行逆推，列出当前哪些假设性条件会导致未来情况的发生。接着，分析人员搜索现有信息，看是否已经或即将满足这些条件。有时，他们会从某个乍一看可能性极低的未来情况出发，但审视其先决条件后会发现，这些条件比最初预想更可能得到满足。（Smoke, 1977, p. 264）

1978 年秋季，鉴于伊朗局势恶化，美国中央情报局制定了如下保护措施。负责各地区的国家情报官（National Intelligence Officer）应遵循指示每月召集分析人员开会，旨在仔细商议各种可能性较低的假设与预测。希望通过这一程序，分析人员在最初阶段，能正视并试着推翻看似不太可能的假设（U.S. Congress, 1979, p. 8）。

霍耶尔也提过类似策略。依据该策略，分析人员要特意寻找能推翻自己理论的信息，同时克制自己尽量不使用满意策略，即不能立即采纳第一个表面上符合信息的假设。他们必须扪心自问，如果有事物能改变他们的想法，结果又会怎样。为了实现这个目的，霍伊尔提出第三个策略：

为引导信息的搜寻与分析，分析人员应首先对用于解读既有信息的备选模式或概念框架，设法进行识别和审视。因为人们同时考量多种假设的能力有限，所以必须记录下各种备选假设，并系统地将其与证据相比较。

这使分析人员重点关注，这些证据在多大程度上帮助其从对立模型间选出最佳，而不仅仅是这些证据在多大程度上支持或否定其原有信念。由于符合自己信念的证据，也存在符合其他假设的可能性，因此，这种策略可以帮助分析人员克服忽略这一可能性的倾向。（Heuer, 1979, p. 8）

在一定程度上，这些策略使人更能感知到备选解读与想定，也使分析人员与决策者对矛盾信息更加敏感。然而对分析人员与决策者来说，这些策略无法降低遭受突袭的可能，其原因多种多样。首先，既定的分析方法很难改得面目一新。对于决策者而言尤其如此。如贝茨所说，“有些忙碌的行动家曾因思考过自己的行动方式而获得成功，他们中很少有人会因为一些理论家的说法而改变思考方式”（Betts, 1978, p. 83）。

其次，这些策略的使用可能只会成为脑力训练，而无法真正影响持久的信念。“危险在于，如果做了这些事，它们就会变成例行工作，而人们不会敏锐地意识到，所有先入为主的概念可能都有过时的时候。”（Knorr, 1979, p. 85）最后，如果当务之急是敌人是否有意开战，那么问题通常不是决定备选想定是什么，或指出哪些证据支持哪种想定，甚至提前想象何种意外事件将会发生。真正的问题在于决定哪个才是正确的想定与解读，而要解答这个问题，这些策略爱莫能助。

改善信息加工。近年来，为了便于信息加工，人们开发了一些量化与实证方法。这些方法都有特定的程序法则、数据表示与数据解读，其中许多还可采用统计操作。美国情报界引入了一些最重要的方法，包括“贝叶斯分析”（Bayesian Analysis）、“德尔菲法”（Delphi Technique）及“交叉影响分析”（Cross-Impact Analysis）等。[1]

这些方法有一些重要优势。它们较系统性且相对客观；通过复制可检验准确性；在处理法则方面高度结构化；包罗万象，通常可以同时检查所有变量；在统计概率法则基础上，评估者可对各种预测赋予信心等级（Brinkley And Hull, 1979, pp. 238-241）。

到目前为止，情报界尚未大规模引入这些方法。除了每个方法都有特定问题外，还有一些共同的限制，可以解释它们为何收效甚微。首先，由于大多数分析人员对这些方法存疑，因此在应用上便会出现问题。指挥各

[1] 原注：关于这些方法的详细说明，请参阅：Martino, 1972, pp. 20-21; CIA, 1975; Tanter and Stein, 1976, pp. 19-26; Tanter, 1977; Schweitzer, 1977; Shreckengost, 1977; Heuer, 1978b。

组分析人员学习使用此类技术是一回事，真正日常广泛应用又是另一回事。显然，使用这些方法会耗费大量的时间，这大大限制了它们的应用。此外，训练各组分析人员使用复杂的量化方法或许可以实现，但是让决策者也这样照做，恐怕就不太可行了。

其次，另一个限制，涉及用于输入概念框架的数据的质量。很多情况下，进入这些模式的信息，比较容易犯严重错误。一些必要的数据可能根本不存在。此外，这些方法中，很多都需要分析人员使用特殊的电脑硬件与软件。

再次，一些分析人员称，这些方法不够客观，因为原始假定还是会影响结果。另一些分析人员认为，这些模式展现出的，是关于行为者如何相互关联的扭曲意象，且结论并不适用于决策者的关切（Brinkley and Hull, 1979, pp. 256-257）。

最后，这些方法能迫使分析人员组织自己的思维模式，明确自己的假定。但是，分析人员要想克服模糊情报信息的固有问题，或在相互矛盾的假设中作出选择，或预测出诸如敌人攻击的独特事件，这些方法则帮不上忙。克劳斯·诺尔与奥斯卡·摩根斯特恩观察到，“对于决定独特事件的变量条件，我们对其进行识别和重视的能力有限，这种关键的限制使电脑程序不适用于我们感兴趣的预测”（Knorr and Morgenstern, 1968, p. 15）。考虑到预测突袭的复杂性，在可以预见的未来，这些技术设备与量化方法是否对避免突袭大有助益，还是个未知数。

对于这些方法的使用，我的结论着实令人沮丧。然而，或许在断然否定其用途前，人们应该多点耐心——至少能找到一些理论上的优点。此外，这些方法尚未经过长期严格的实证检验和实际使用，因此，人们并不能证明其一无是处。

改善组织程序

在许多案例中，情报失误会使人们试图改善组织程序。这或许是因为与改变分析过程相比，组织改革更加切实具体。缺乏可靠信息、协调不足或沟通失败等原因，看起来比分析过程存在偏见更有说服力；因此，这些问题更有可能被纠正。在一些情况下，组织程序的变化会改善情报流程。然而，执行这些变化通常代价高昂。而尽管改变思维方式极其困难，但这么做至少不会有任何危害。相比之下，改善组织程序容易实现，但正如贝茨所说，“多数消除情报功能障碍的方法都有两个极端：弥补某个弱点的同时，也会增加另一个弱点”（Betts, 1978, p. 73）。

针对改善组织程序，我们将探讨五种保护措施：改善信息搜集；减轻团体影响并设立魔鬼代言人；建立情报机构的多元化；改进预警系统；改善情报界与决策者的关系。

改善信息搜集。信息与预警指标的缺乏往往不是评估失败的原因；但是在情报失误后，努力改善信息搜集却是最普遍建议的保护措施之一。组织要改善搜集工作还有另一个动机：分析人员总想要更多的信息，而获得更好的信息是情报搜集机构存在的意义。

但问题不该是如何搜集更多信息，甚至也不是搜集更可靠的信息，而是如何获得有关敌人企图的直接证据。但这却是困难重重。加齐特（Gazit, 1981, p. 15）提出建立两套搜集系统，第一套用于渗透到最接近敌人决策者的圈子，第二套则广撒网，找出敌人异常军事准备的早期预警指标。还有些人建议消除一些组织和官僚体系限制，让分析人员与搜集人员能够协调配合，保持密切接触（Stech, 1979, p. 378; Gazit, 1980, p. 56）。

打造一套专攻预警指标搜集的系统，相对比较容易。事实上，上一代搜集机构的主要成就都在这一领域。但是，要建立一套渗透到敌人决策高层的系统，则极为困难。加齐特也没有具体阐明，该如何开展这项艰巨的工作。

此外，我们还应牢记，改善情报搜集有至少三个弊端。第一，搜集的信息越多，收到的迷惑性、矛盾性噪声就越多。第二，获得越多信息，处理数据的难度就越大。第三，所获信息越敏感，保护来源和限制发布的要求就越严格。对于这三个弊端所造成的伤害，本人之前已进行过讨论。

减轻团体影响。大多数的突袭案例中，都会有一些官员不赞同主流概念，他们相信或宣称战争迫在眉睫。问题便是，如何想出一些方法，可以保护这些异见者不受其所在团体或组织的负面影响，鼓励他们据理力争，并让团体接受他们的观点。在这方面，曾有学者提出了多种保护措施。

其中一种普遍的建议是建立组织捷径，如果情报官认为不断累积的信号表明大战在即，可以向组织高层表达自己的观点（Dror, 1980; Betts, 1981a, p. 148; Stein, 1982a, p. 46）。一些情报机构向其成员赋予这种“上诉权”（right of appeal），但收效甚微，因为很少基层人员愿意因经常向高层表达意见，而被直接上级疏远。另外，虽然基层人员愿意向同事表露自己的观点，但他们似乎不太想向高层表达，特别是因为他们的评估最后也极有可能出错。

因为不管对错，上级和领导人对基层人员与下属有着举足轻重的影响，所以其他保护措施的目的，都是抵消领导做法对团体讨论的误导。詹尼斯（Janis, 1972, pp. 209-211）建议，组织最高层领导人应该避免设定一些团体规范，以免下属必须服从领导的观点。领导人“应该不偏不倚，不能一开始讨论就表明自己的偏好和预期”。他们可以允许团体成员建立公开质疑的氛围，广泛探索各种备选假定。领导人应鼓励团体成员优先考虑各自的反对意见与疑问，领导人自身也要接受别人对其判断的批评，并表明自己愿意为异议而改变。

但是，领导与上级常常不愿这样对症用药，因为这与他们显示权威的自然倾向不符。詹尼斯自己也承认，他的建议存在一些潜在的不足，如果领导人认为团体成员间兴起的共识会威胁他们的权威时，情况更是如此：

> 在国际危机迅速发展时，需要立即形成政策方案，以免大难临头。这时，团体内冗长的讨论，有时会得不偿失。如果团体成员执意扮演批判性评估者的角色，并给彼此的提议设置障碍时，这种公开的批判也很伤感情。当有人实际扮演这种角色时，常常会让人感到抵触、沮丧和气愤，这会慢慢侵蚀团体的斗志和工作关系。（Janis, 1972, p. 210）

还有一种保护措施，是利用独立的团队和部门来检验问题，以鼓励提出反对意见。这方面的建议也有不少。比如，每个情报组织中，应有三四个专业程度不同的层级，处理敌人行为类似方面的问题。如果每一层级同时收到同样的信息，并都认为自己要对发布预警负责，情报机构就不会只依赖其中某一层级（Gazit, 1981, p. 16）。还有人建议组织要确保，其雇用的分析人员对敌人的根本观点应有所不同。但这种做法会导致，在未经证实的情况下，组织内很难建立共识（Betts, 1980a, p. 126）。为了质疑主流观点，外部专家和组织内处理其他国家或问题的资深分析人员，可应邀参与讨论或重新审视信息（Janis, 1972, p. 214; Graham, 1979, p. 32）。

这些重复和冗余的做法确实利大于弊。它们能暴露不同意见，展示更多观点，减少判断偏见及团体互动的影响。但是，这种程序至少有两大缺点。在一段时间后，各种层级、外部专家、不同背景和意见的分析人员，往往也会受到组织内舆论的影响。服从一致的压力可能会部分抵消外部专家的独立性（Graham, 1979, p. 32）。此外，因为决策者通常偏好简洁且与之前一致的评估，所以在最终的分析中，不同观点之间的分歧往往会变得模糊不清。

最负盛名的建议，很可能就是将魔鬼代言人的功能制度化。这种做法是任命专人，定期或在危机期间，寻找信息并提供与主流假定相悖的解读。这是期望，通过魔鬼代言人提出不受欢迎的观点，包括其本人也不喜欢的观点，来鼓励大家将不同的证据解读都纳入考量。

这种将魔鬼代言人制度化的做法，确实能让人们从不同的观点检视证据；但也存在一些明显的不足与缺陷，而且这种做法是否真能质疑主流概念，也不免令人质疑。如果魔鬼代言人不相信自己提出的另类解读，就很难有说服力地成功阐述这些观点。其他分析人员与决策者也就不会认真对待这些唱反调的人（Betts, 1978, p. 80），因为这些人的观点通常被视为只是思维训练，而且这些观点几乎必然是错的。

事实上，如果魔鬼代言人认为备选解读是正确的，甚至会造成危害。因为魔鬼的主要工作是批判并削弱主流观点，所以其他分析人员与决策者会形成防御机制来对付他，结果主流观点变得更加坚不可摧。无论如何，这种唱反调制度对于确定哪个是正确的解读，都无能为力。

此外，魔鬼代言人可能加重信念持久性所造成的危害。正如乔治所说，“听到相反意见先被表达、后被否定时，高层官员心理上会感到宽慰，认为自己已考虑到问题的各个方面，且所选定的政策也经受了决策圈内部的挑战”（George, 1974, p. 196）。虽然真正的异议者也会造成这种情况，但魔鬼代言人造成的伤害更大，因为与其他参与者相比，他本身就处于弱势地位。

确保多元情报系统。情报界大多不止一个情报机构。这种多元系统的产生是源于组织需要与历史发展。二战后的新概念认为，多元的情报系统能够弥补情报界的缺陷，改善决策过程。特别是在发生重大情报失误后，大家会提出鼓励多元化的建议。比如这也是“赎罪日战争”后，阿格拉纳特委员会的主要提议。

毫无疑问，存在一个集权、主导的情报组织会引发重大危险。当一个组织掌握整个分析工作时，所考虑到的备选假设必然有限。该组织内部的舆论氛围，会使大家除保留主流假设之外，排除所有其他假设。在 1973 年 10 月战争前夕，以色列就是这种情况。所有政治军事信息，都集中在负责全国评估、战略战术预警的军事情报局。在整个情报界，没有类似的情报分析和评估体系审视同样的数据。因此，虽然以色列军事情报局得出了战争不会发生的结论，当时却完全没有人认真质疑这一假设。

情报机构的多元化有一些突出的优势。这种做法使不同机构有各自独立的分析过程。这些过程的分离，会鼓励人们形成竞争性的概念和不同的信息解读，从而预防情报评估的垄断。机构间的竞争，会挑战主流概念并暴露各自的缺陷。此外，一旦决策者获得更广泛的意见与评估，他们会更清楚情报评估的不足和可信度问题，作决定时也会更加慎重。

多元化的情报系统也有明显的不足。首先，在多数情况下，不同情报机构的评估相差无几。每个机构的分析过程都受相同偏见与限制的影响；所有分析人员在很大程度上，都受到相同决策者与政策的影响。因为情报机构不是孤军作战，因此各个机构的分析过程也会相互作用。多数情况下，其结果就变成重复和冗余，而非多元化。当这种情况出现时，决策者对同一种评估听三遍，要比只听一遍更加固执己见，而非博采众长。

其次，在战争紧迫性的问题上，预警指标必然涉及军事而非政治。正确评估敌人能力也需要掌握基本的军事知识，并具有了解军事信息的能力。在进行战略评估和预警时，缺乏军事专长的非军事情报机构就要依赖军事情报机构。[1] 因此，机构间许多潜在的意见差异便会变得模糊不清。

再次，决策者没有时间阅读大量资料，因此偏好与之前一致的分析。当收到不同的意见时，他们会要求大家相互妥协。美国国防情报局前局长表示，"决策者可能很抵触竞争性的分析，他们希望对任何议题都只有一种分析观点，这样可以缓解判断的压力"（Graham, 1979, p. 27）。因此，即使没人正式要求情报机构进行评估协调，各机构也会在决策者幕僚的影响下，在某种程度上协调并整合工作。由于这种妥协的需求，"多元情报系统不但没有清楚表明各机构间的差异，反而可能会隐藏这些不同"（Chan, 1979, p. 178）。

然后，在展示不同意见与解读方面，还有另一个问题，即这一系统对于如何正确选择并未提供任何线索。当决策者被自己对政策与作战考量的坚定信念所影响时，这一问题更加严重。因而，即使有人能提出不同的情报评估，决策者也不一定能作出正确的选择；相反，决策者会选出最符合其先见、预期与政策的评估。

最后，多元化会导致各机构间出现对立与摩擦，争夺有限的专业人力资源，以及重复工作。派克报告指出，"我们绝对有必要去质疑组织的扩张、重复的活动与产品，以及重叠的管理层"。该报告引述美国中情局对1973 年 10 月阿以战争的初步事后调查：

情报界平常采用的协调程序，在危机时刻常常弃之不用——因为时间紧迫，常规过程根本无法进行……在某种程度上，10 月阿以战争的

[1] 原注：如以色列情报界就是这样的情况。请参阅：Hareven, 1978, p. 17。

前夕和战争期间，就发生过这种情况。例如，《中央情报简报》（*Central Intelligence Bulletin*）的协调工作曾一度暂停，美国中央情报局、国防情报局和情报与研究局所作的战时情况报告（Situation Report）和现场报告（Spot Report），往往各行其是且经常重复报告。这种情况即使对分析人员本身不是严重问题，对情报用户来说也必定是个难题。（*Pike Papers*, 1976, pp. 24-25）

总之，目前尚未证实，与单一情报系统相比，多元化情报系统更能确保免遭突袭。[1] 在1950年中朝参战的朝鲜战争期间，美国至少有三个主要机构参与情报评估：中央情报局、国务院与麦克阿瑟的东京总部。1962年，印度的情报局就和军事情报局相互竞争。1973年以色列摩萨德情报机构负责人与军事情报局局长观点不同，也未能使以色列免遭突袭。虽然美国在1961年成立国防情报局，但大幅扩张后，情报界在1973年10月的表现与1950年相比并没有实质改善。

降低预警门槛。突袭发生后常见的一条建议是，要诉诸最坏情况的假定，不要心存侥幸。具体建议有所不同，但我们大体可以设想，如果基本战备程度高，即使预警发布较晚也足以预防突袭（Betts, 1981a, p. 155）。另一条建议则过分重视紧迫威胁的证据：如果预警指标开始累积，那么即使相反指标的比重更高，情报机构也应该发布警讯，相关部门也要采取反制措施。或者说，人们行动的依据，应是敌人攻击的可行性，而不是对敌人攻击可能性的评估；敌人攻击的实际条件一旦成立，我方就应予以充分反制，而不该等到战略性假定发生变化："当战术性事实与战略性概率不一致时，在决策过程中前者应被给予更多重视。"（Ben-Zvi, 1976, p. 395; Betts, 1978, p. 73; Gazit, 1981, p. 18）最后，"有些假设的结果因为不太可能（但并非不可能）而被战略性假设排除。研究这些假设结果，从中找出一旦发生就会有灾难性后果的，然后采取措施避免损失"（Betts, 1978, p.

[1] 原注：的确，现今又有人主张，回到由一个中央机构负责研究和分析。请参阅：Goodman, 1984, pp. 176-178。亦请参阅：Andriole, 1984, p. 19。

88），这很值得一做。

然而，过度提高基本战备程度，并不实际。对于潜在而非实际的威胁，很少有国家能够承受——政治和经济上——长期保持警惕。这个方法也会引发“狼来了”现象，反而降低对其他预警的敏锐度。

加强分析人员与决策者合作。最后，常常有人建议，高层分析人员应该足够接近决策中心，以掌握政策需求并为决策过程提供情报数据和评估（Dror, 1980, p. 17; Knorr, 1979, p. 87）。

显而易见，对分析人员而言，了解本国政策与企图非常重要，甚至是决定性的。“珍珠港事件”和 1967 年以色列对埃及的攻击证明，攻击者的计划往往取决于被袭国的举动与企图。然而，落实这一措施至少会遇到两个难题。第一，安排分析人员与决策者间的合作就远非易事。后者可能会拒绝向情报分析人员分享某些机密，不愿暴露个人弱点。第二，如果与决策者走得太近，分析人员就容易被决策者影响，而这可能会扭曲情报评估。

战争会没有突袭吗？

本书得出了悲观的结论：突袭至少是极难预防的。改善情报工作以及决策过程确有可能，在某些情况下，这种做法可能有助于防范或推迟突袭的发生——但是要想长期预防突袭，分析人员与决策者可能没有足够的谨慎或运气。朝鲜战争与“六日战争”表明，即使之前经受过突袭的震撼，仍然无法长期保持对假定的谨慎。如果敌人为实现突袭愿意耐心等待，则很有可能成功。

在此我们可以期待会有人研究情报成功，得出一些如何预防突袭的积极结论。然而目前尚无这方面的深入研究。此外，这种假设性研究的结论，可能也无法提高我们预判突袭的能力。毕竟，成功的情报评估并不少见。实际上，许多情报评估与预测都非常精确；在战争期间，情报机构有时能设法防止战术甚至战略突袭。但是，成功预判战争逼近则极其少见，而这却是对情报界与决策者最大的考验。[1]

因此，人们应该区分常见的一般性情报成功与少见的防范突袭成功。对分析人员而言，预判即将来临的战争恐怕是最复杂、最艰难的问题。在其他任何评估问题中，都不会涉及如此多因素：预测单一事件时，对政治、军事、经济、社会与意识形态的综合考量；对敌人企图、能力与冒险意愿的判断；认知与感知偏见；团体影响、组织障碍与决策者的作用；时间压力；欺骗行为。正因如此，其他领域的成功评估——只涉及少数几个因素——对突袭案例不一定有用。此外，一次评估成功，甚至一系列的成功，并不能保证未来也能防范突袭。在某些情况下，我们甚至可以说，过去成功的评估播下了未来重大失误的种子。1973 年的以色列正是这种说法的真实写照。

研究并非以突袭发端的战争，可能没太多启发性。但如果我们分析过去的成功时，能从防范突袭的观点出发，确定造就成功的主要因素，是否正是情报失误中所缺乏的，或许就能改善预判突袭的能力。然而遗憾的是，自 1939 年以来，不以突袭开端的战争数量极少。以下这些案例均有文献可考：

- 对于“巴巴罗萨行动”，英国首相与英国情报部门并不意外。
- 1948 年 5 月 15 日，以色列宣布建国次日，阿拉伯军队入侵以色列。以色列领导层对阿拉伯国家的攻击，并没有感到意外（Kimche and Kimche, 1973, p. 149）。
- 1965 年 9 月 1 日，巴基斯坦攻击印度，印巴战争开始。根据印度的说法，巴基斯坦的攻击是战术突袭，而非战略突袭（Kaul, 1971, pp. 29, 31, 70）。
- 1967 年 6 月 5 日，约旦先开火，发动了约旦河西岸战争，但这在以色列预料之中。
- 1979 年 2 月中国反击越南之前，美国情报界发出的“有关越南与中

---

[1] 原注：当然人们可以说，成功案例之所以少见，是因为在一些情况下，情报成功会暴露敌人企图，制止了敌人的攻击，因此使敌人罢战息兵。

国即将开战的警告十分精确与及时，使决策者能够准备各种选项，并对战争预期采取某些行动”（Latimer, 1979, p. 52）。

毋庸置疑，我们能从这些案例中学到一些经验，但要么这些经验只适用于特殊案例，无法推广到整个突袭问题，要么就是成功案例中的一些因素，也出现在其他情报失误的案例中，因此这些经验无益于解释如何预防突袭。

那么从这些案例中，我们又有什么教训呢？首先，获取高度可靠的信息来源，能让情报界更具备预测敌袭的能力。这就解释了为什么英国情报机构能预判出德国入侵苏联。但这只是预防突袭的必要条件，而非充分条件。1941 年的美国情报界和 1973 年的以色列情报界都拥有极佳的情报来源，但都未能预判战争将至。

其次，当对方公开表示要发动攻击时，被袭国成功防范突袭的概率更大。1948 年 5 月，阿拉伯国家并未隐藏其侵略以色列的企图，而自 1978 年以来，中国就一直警告要给越南一点教训。但是，中国 1950 年介入朝鲜战争和 1962 年反击印度之前，还有埃及总统萨达特从 1971 年开始，都曾经公开有过类似表示——但都被认为是虚张声势。

再次，大规模攻击前的军事冲突，也能警示被袭国注意未来攻击的危险。从 1947 年 11 月开始，在巴勒斯坦发生的对抗，想必使以色列领导层警惕全面战争的可能。1965 年 3 月开始的印巴边境冲突，应该也有类似的作用。但也会产生相反的效果：被袭国可能会认为，敌人并不打算超越有限的边境冲突。因此在 1950 年朝鲜侵略韩国、1962 年中国反击印度、1979 年中国还击越南以及 1980 年伊拉克入侵伊朗之前，都发生了边境冲突，但是这些冲突都没有让被袭国提高警惕，觉察到大规模袭击的危险。

然后，外部观察者比被袭国更容易预测到战争将至——可能是因为观察者较少受到政策的坚定性、概念的持久性以及危机的压力所影响。例如，1941 年，尽管斯大林没能预判突袭，但是英国预测到了；1979 年，虽然越南相信中国不会动武，但是美国却预判到了。也有一些反例：观察者不比被袭国更有优势，因为后者对不断酝酿的暴风雨更加敏锐和警觉。英国未能预判到德国在 1940 年侵略挪威，美国情报界也没预想到苏联在 1968 年会攻击捷克斯洛伐克，以及阿拉伯国家在 1973 年会袭击以色列。

最后，当被袭国重视敌人可能发动袭击的具体日期时，也能防范突袭。如 1948 年，以色列关注到敌人可能于 5 月 15 日发动攻击，因为在前一天，英国将结束对巴勒斯坦的委任统治，以色列得以建国。类似地，在 1967 年 6 月 5 日，以色列特别关注约旦，因为以色列计划在这一天攻击埃及。然而，这个经验对于预判袭击，并没有实际的指导作用。在大多数案例中，要么是没有需要特别关注的日子，要么就是需要关注的日子太多，这些都可能引发假警报。

尽管我们可以一般性地说明为何不能避免突袭，但对于那些成功预判袭击的案例，我们眼下却无法进行一般性解释。在这些案例中，我们只能根据其各自特点加以解释。这或许意味着，成功的突袭是一般规律，而阻止突袭则是例外。

虽然结论悲观，我本意却不是要说：我们对突袭无能为力。确实，突袭频频发生——但是它们却不像自然灾害一样无法避免。我们之前提到了一些保护措施，尽管单靠其中任何一个无法防范突袭，但如果同时采取几个措施，还是可以降低突袭的危险。在此我要特别强调两项保护措施。

第一，在情报界各机构、单位内，应努力灌输一种开放、谨慎、质疑与想象的精神。情报界应该鼓励提出不同意见，重视非传统的分析方法，并保护那些质疑主流概念、谨慎行事、有怀疑精神的基层分析人员。在这一框架下，情报机构应该建立一种内部控制机制，其主要功能是审视主流假定与结论，以及它们与新信息的关系。这样的部门，再配以资深分析人员，应该能吸引并保护情报界的各种观点，并让分析人员习惯于他人对其评估的不断质疑与审视。要培育开放灵活的风气需要大量的训练，不过一旦形成这种风气后，分析过程中的许多风险便会相应降低。

第二，我之前曾说过，降低预警门槛可能会带来高昂的代价，并减弱对预警的敏感度。虽然事实的确如此，但偶尔为假警报付出些代价却是值得的，否则可能会遭受突袭的重创。在实践中，这意味着当预警指标达到一定数量时，不论对敌人的主流概念如何，都应该发布情报预警并采取反制措施。为了使“狼来了”造成的伤害最小化，反制措施的程度应依据指标的程度灵活调整。这也意味着，决策者应该鼓励情报界接受假警报的风险，政治家与媒体也不能由于额外的反制措施而对决策者横加指责。总之，这样做有两个优势：预警系统更能辨别信号与噪声；让敌人相信实现突袭的概率很低，且对手有决心保护自己。这两个优势可部分抵消假警报的代价。

历史经验无法帮潜在被袭国免遭突袭。人们只能寄希望于降低突袭的严重性——仅遭受部分性突袭、发布更明确及时的预警、多争取几天时间以便严阵以待——并且在突袭发生时，能准备得更加充分，从而将突袭的破坏降到最低。

致 谢

在此，我向哈佛大学的托马斯·谢林和斯坦利·霍夫曼（Stanley Hoffmann）两位学者表示感谢。从我开始撰写本书起，他们就一直给予鼓励和建议。正是在他们的帮助下，我才能顺利完成本书。

罗伯特·杰维斯教授对本书初稿提出了中肯的评价，而他在错误知觉方面的著作给了我很大的启发。我还要特别感谢理查德·贝茨教授，他为本书提供了帮助和卓见。

此外，我也要感谢以下同事和朋友，他们仔细阅读部分或全部初稿，提出了有价值的批评和建议。他们是：亚伯拉罕·本-兹维、鲁斯·贝斯-马龙（Ruth Beyth-Maron）、兹维·拉尼尔、阿姆农·拉波伯特（Amnon Rapoport）、阿利安·沙勒夫（Aryen Shalev）及阿莫斯·特沃斯基。在与迈克尔·汉德尔（Michael Handel）的探讨中，我也获益良多。

还要感谢两个机构的慷慨帮助。特拉维夫大学（Tel-Aviv University）贾菲战略研究中心[1]为本书最后阶段提供了大力支持，尤其感谢该中心主任阿哈龙·亚里夫（Aharon Yariv）少将（预备役）。也要感谢耶路撒冷希

[1] 编注：Jaffee Center for Strategic Studies，后更名为国家安全研究所（Institute for National Security Studies）。

伯来大学（Hebrew University of Jerusalem）莱昂纳德·戴维斯国际关系研究所（Leonard Davis Institute for International Relations），特别是所长加百利·谢费尔（Gabriel Sheffer）对本书的编辑工作襄助甚多。在编辑方面，埃尔弗尔夫妇（Tamar and Joseph Alpher）也提供了有价值的帮助。

最后，我对哈佛大学出版社感激不尽，尤其是迈克尔·阿伦森（Michael Aronson）及玛利亚·阿谢尔（Maria Ascher），他们为本书提供了指导和建议。

参考文献

Abel, Elie. 1968. *The Missile Crisis*. New York: Bantam.

Acheson, Dean. 1969. *Present at the Creation*. New York: Norton.

Agranat Report, The. 1975. Tel-Aviv: Am Oved. Hebrew. English edition: *The Agranat Report*. Tel-Aviv: Government Press Office, April 2, 1974.

Agrell, Wilhelm. 1979. "Military Intelligence and the Information Explosion." Discussion paper no. 129, July. Research Policy Institute, University of Lund, Sweden.

Ainsztein, Reuben. 1966. "Stalin and June 22, 1941." *International Affairs*, 42 (October): 662–673.

Allison, Graham. 1971. *Essence of Decision*. Boston: Little, Brown.

Amos, John. 1982. "Deception and the 1973 Middle East War." In *Strategic Military Deception*, ed. Donald Daniel and Katherine Herbig. New York: Pergamon.

Andriole, Stephen. 1984. "Indications, Warnings, and Bureaucracies." *Military Intelligence*, 10 (July–September): 18–24.

Appleman, Roy. 1961. *U.S. Army in the Korean War: South to the Naktong, North to the Yalu*. Washington, D.C.: Department of the Army.

Ascher, William. 1978. *Forecasting: An Appraisal for Policy Makers and Planners*. Baltimore: Johns Hopkins University Press.

Axelrod, Robert. 1973. "Schema Theory: An Information Processing Model of Perception and Cognition." *The American Political Science Review*, 67 (December):1248–1266.

—— 1976. *The Structure of Decision*. Princeton: Princeton University Press.

—— 1977. "How a Schema Is Used to Interpret Information." In *Thought and Action in Foreign Policy*, ed. G. Matthew Bonham and Michael Shapiro. Basel: Birkhauser Verlag.

—— 1979. "The Rational Timing of Surprise." *World Politics*, 31 (January):228–246.

Barak, Major-General Ehud. 1985. "Sugiot Behaf'alat Hamodi'in 1985" (Problems of intelligence performance, 1985). *Ma'arakhot*, 298 (March–April):2–5. Hebrew.

Barber, Noel. 1968. *A Twilight Sinister: The Fall of Singapore*. Boston: Houghton Mifflin.

Bar-Lev, Lieutenant-General Haim. 1975. "Surprise and the Yom Kippur War." In *Military Aspects of the Israeli-Arab Conflict*, ed. Louis Williams. Tel-Aviv: Tel-Aviv University Publishing Projects.

Bartov, Hanoch. 1978. *Daddo—48 Shana Veod 20 Yom* (48 years and 20 more days), Vol. 1. Tel-Aviv: Ma'ariv. Hebrew.

Beaufre, André. 1965. *1940: The Fall of France*. London: Cassell.

Belden, Thomas. 1977. "Indications, Warning, and Crisis Operations." *International Studies Quarterly*, 21 (March):181–194.

Ben-Porat, Yeshayahu, et al. 1973. *Hamehdal* (The shortcoming). Tel-Aviv: Hotza'ah Meyuhedet. Hebrew.

Ben-Zvi, Abraham. 1976. "Hindsight and Foresight: A Conceptual Framework for the Analysis of Surprise Attacks." *World Politics*, 28 (April):381–395.

——— 1977. "Mihem Korbanot Hakhashivah Hakvutzatit?" (Who are the victims of groupthink?) *Medinah, Memshal, Vykhasim Beinleumyim* (State, government, and international relations), 7 (Spring):141–151. Hebrew.

——— 1979. "Surprise: Theoretical Aspects." In *International Violence: Terrorism, Surprise, and Control*, ed. Yair Evron. Jerusalem: The Hebrew University of Jerusalem.

Berkowitz, Bruce. 1985. "Intelligence in the Organizational Context: Coordination and Error in National Estimates." *Orbis*, Fall:571–596.

Betts, Richard. 1977. *Soldiers, Statesmen, and Cold War Crises*. Cambridge, Mass.: Harvard University Press.

——— 1978. "Analysis, War, and Decision: Why Intelligence Failures Are Inevitable." *World Politics*, 31 (October):61–89.

——— 1980a. "Intelligence for Policymaking." *The Washington Quarterly*, 3 (Summer):118–129.

——— 1980b. "Surprise despite Warning: Why Sudden Attacks Succeed." *Political Science Quarterly*, 95 (Winter):551–572.

——— 1981a. "Hedging against Surprise Attack." *Survival*, 23 (July–August):146–156.

——— 1981b. "American Strategic Intelligence: Politics, Priorities, and Direction." In *Intelligence Policy and National Security*, ed. Robert Pfaltzgraff, Uri Ra'anan, and Warren Milberg. London: Macmillan.

——— 1982. *Surprise Attack: Lessons for Defense Planning*. Washington, D.C.: The Brookings Institution.

Beveridge, W. I. B. 1957. *The Art of Scientific Investigation*, 3rd ed. New York: Norton. Cited in Robert Jervis. *Perception and Misperception in International Politics*, p. 188. Princeton: Princeton University Press, 1976.

Blachman, Morris. 1973. "The Stupidity of Intelligence." In *Readings in American Foreign Policy*, ed. Morton Halperin and Arnold Kanter. Boston: Little, Brown.

Bonen, Zeev. N.d. "Technological Surprise." Mimeo.

Bonham, G. Matthew, Michael Shapiro, and Thomas Trumble. 1979. "The October War: Changes in Cognitive Orientation toward the Middle East Conflict." *International Studies Quarterly*, 23 (March):3–44.

Brecher, Michael. 1980. *Decisions in Crisis: Israel, 1967 and 1973*. Berkeley: University of California Press.

Brinkley, David, and Andrew Hull. 1979. *Estimative Intelligence*. Washington, D.C.: Defense Intelligence School.

Brodie, Bernard. 1965. *Strategy in the Missile Age*. Princeton: Princeton University Press.

Brodin, Katarina. 1975. *Surprise Attack: Problems and Issues*. Ministry of Defense, Stockholm.

——— 1978. "Surprise Attack: The Case of Sweden." *The Journal of Strategic Studies*, 1 (May):98–110.

Brody, Richard. 1983. "The Limits of Warning." *The Washington Quarterly*, 6 (Summer):40–48.

Brown, Rex, Andrew Kahr, and Cameron Peterson. 1974. *Decision Analysis for the Manager*. New York: Holt, Rinehart, and Winston.

Carroll, John. 1978. "The Effect of Imagining an Event on Expectations for the Event: An Interpretation in Terms of the Availability Heuristic." *Journal of Experimental Social Psychology*, 14 (January):88–96.

Cartwright, Dorwin, and Alvin Zander. 1960. "Group Pressures and Group Standards: Introduction." In *Group Dynamics*, ed. Dorwin Cartwright and Alvin Zander, 2nd ed. Evanston, Ill.: Row, Peterson.

Central Intelligence Agency. 1975. *Handbook of Bayesian Analysis for Intelligence*. OPR-506. Washington, D.C., June.

Chan, Steve. 1979. "The Intelligence of Stupidity: Understanding Failures in Strategic Warning." *The American Political Science Review*, 73 (March):171–180.

——— 1984. "Warning Forecasts: Evaluation, Heuristics, and Policy Context." In *National Security Crisis Forecasting and Management*, ed. Gerald Hopple, Stephen Andriole, and Amos Freedy. Boulder, Colo.: Westview Press.

Choucri, Nazli. 1978. "Key Issues in International Relations." In *Forecasting International Relations*, ed. Nazli Choucri and Thomas Robinson. San Francisco: W. H. Freeman.

Churchill, Winston. 1949. *The Second World War*. Vol. 1, *Their Finest Hour*. Boston: Houghton Mifflin.

——— 1950. *The Second World War*. Vol. 3, *The Grand Alliance*. Boston: Houghton Mifflin.

Chuyev, Y. V., and Y. B. Mikhaylov. 1975. *Forecasting in Military Affairs: A Soviet View*. Moscow. Published under the auspices of the U.S. Air Force.

Clauser, Jerome, and Sandra Weir. 1975. *Intelligence Research Methodology*. Prepared for the Defense Intelligence School, Washington, D.C.

Cline, Ray. 1974. "Policy without Intelligence." *Foreign Policy*, 17 (Winter):121–135.

Cohen, Arthur. 1964. *Attitude Change and Social Influence*. New York: Basic Books.

Cohen, Raymond. 1979. *Threat Perception in International Relations*. Madison: University of Wisconsin Press.

Colby, William. 1980. "Recruitment, Training, and Incentives for Better Analysis." In *Intelligence Requirements for the 1980s: Analysis and Estimates*, ed. Roy Godson. New Brunswick, N.J.: Transaction Books.

——— 1981. "Deception and Surprise: Problems of Analysts and Analysis." In *Intelligence Policy and National Security*, ed. Robert Pfalzgraff, Uri Ra'anan, and Warren Milberg. London: Macmillan.

Collins, J. Lawton. 1969. *War in Peacetime*. Boston: Houghton Mifflin.

Critchley, Julian. 1978. *Warning and Response*. London: Leo Cooper.

Daniel, Donald, and Katherine Herbig. 1982. "Propositions on Military Deception." In *Strategic Military Deception*, ed. Donald Daniel and Katherine Herbig. New York: Pergamon.

Dayan, Moshe. 1976. *Story of My Life*. Tel-Aviv: Steimatzky.

De Rivera, Joseph. 1968. *The Psychological Dimension of Foreign Policy*. Columbus, Ohio: Merrill.

Deutsch, Karl, and Richard Merritt. 1965. "Effects of Events on National and International Images." In *International Behavior*, ed. Herbert Kelman. New York: Holt, Rinehart, and Winston.

Deutsch, Morton, and Harold Gerard. 1960. "A Study of Normative and Informational Social Influences upon Individual Judgment." In *Group Dynamics*, ed. Dorwin Cartwright and Alvin Zander, 2nd ed. Evanston, Ill.: Row, Peterson.

DeWeerd, H. A. 1962. "Strategic Surprise in the Korean War." *Orbis*, 6 (Fall):435–452.

Di Vesta, Francis, Donald Meyer, and Judson Mills. 1964. "Confidence in an Expert as a Function of His Judgments." *Human Relations*, 17 (August):235–242.

Dixon, Norman. 1976. *On the Psychology of Military Incompetence*. London: J. Cape.

Downs, Anthony. 1967. *Inside Bureaucracy*. Boston: Little, Brown.

Dror, Yehezkel. 1971. *Crazy States*. Lexington, Mass.: D. C. Heath.

——— 1978. "How to Spring Surprises on History." Synopsis of a paper presented at international conference, When Patterns Change: Turning Points in International Politics, Jerusalem.

——— 1980. "Comprehensive Strategic Intelligence for Rulers." Discussion paper for Organization for Economic Cooperation and Development (OECD) Development Center Conference on Social Intelligence, Paris, June 9–12.

Dulles, Allen. 1963. *The Craft of Intelligence.* New York: Signet.

Eban, Abba. 1977. *An Autobiography.* Tel-Aviv: Steimatzky.

Ellsworth, Robert, and Kenneth Adelman. 1979. "Foolish Intelligence." *Foreign Policy*, no. 36 (Fall):147–159.

Enthoven, Alain, and Wayne Smith. 1971. *How Much Is Enough?* New York: Harper and Row.

Epstein, Edward. 1980. "Deception and Estimates." In *Intelligence Requirements for the 1980s: Analysis and Estimates,* ed. Roy Godson. New Brunswick, N.J.: Transaction Books.

Erickson, John. 1972. "The Soviet Response to Surprise Attack: Three Directives, 22 June 1941." *Soviet Studies,* 23 (April):519–559.

——— 1975. *The Road to Stalingrad.* Vol. 1. London: Weidenfeld and Nicolson.

——— 1984. "Threat Identification and Strategic Appraisal by the Soviet Union, 1930–1941." In *Knowing One's Enemies: Intelligence Assessment before the Two World Wars,* ed. Ernest May. Princeton: Princeton University Press.

Feer, Fredric. 1980. "Coping with Deception." In *Intelligence Requirements for the 1980s: Analysis and Estimates,* ed. Roy Godson. New Brunswick, N.J.: Transaction Books.

Festinger, Leon, Stanley Schachter, and Kurt Back. 1960. "The Operation of Group Standards." In *Group Dynamics,* ed. Dorwin Cartwright and Alvin Zander, 2nd ed. Evanston, Ill.: Row, Peterson.

Finlay, David, Ole Holsti, and Richard Fagen. 1967. *Enemies in Politics.* Chicago: Rand McNally.

Fischer, David. 1970. *Historians' Fallacies.* New York: Harper and Row.

Fischhoff, Baruch. 1976. "Attribution Theory and Judgment under Uncertainty." In *New Directions in Attribution Research,* ed. J. H. Harvey, W. J. Ickes, and R. F. Kidd. Hillsdale, N.J.: Lawrence Erlbaum Associates.

Fischhoff, Baruch, and Ruth Beyth-Marom. 1976. "Failure Has Many Fathers." *Policy Sciences,* 7:388–393.

Fischhoff, Baruch, Paul Slovic, and Sarah Lichtenstein. 1977. "Knowing with Certainty: The Appropriateness of Extreme Confidence." *Journal of Experimental Psychology: Human Perception and Performance,* 3 (4):552–564.

——— 1980. "Lay Foibles and Expert Fables in Judgments about Risk." June. Eugene, Oregon. Also in *Progress in Resource Management and Environmental Planning,* ed. T. O'Riordan and R. K. Turner, vol. 3. Chichester: Wiley, 1981.

Freedman, Lawrence. 1977. *U.S. Intelligence and the Soviet Strategic Threat.* London: Macmillan.

Freeman, John, and Brian Job. 1979. "Scientific Forecasts in International Relations." *International Studies Quarterly,* 23 (March):113–143.

Garthoff, Raymond. 1978. "On Estimating and Imputing Intentions." *International Security,* 2 (Winter):22–32.

Gazit, Shlomo. 1980. "Estimates and Fortune-Telling in Intelligence Work." *International Security*, 4 (Spring):36–56.

——— 1981. *Modi'in, Ha'arakhah, Ve'azharah* (Intelligence, estimate, and warning). Jerusalem: The Leonard Davis Institute for International Relations. Hebrew.

Geller, E. Scott, and Gordon Pitz. 1968. "Confidence and Decision Speed in the Revision of Opinion." *Organizational Behavior and Human Performance*, 3:190–201.

George, Alexander. 1969. "The 'Operational Code': A Neglected Approach to the Study of Political Leaders and Decision Making." *International Studies Quarterly*, 13 (June):190–222.

——— 1974. "Adaptation to Stress in Political Decision Making: The Individual, Small Group, and Organizational Contexts." In *Coping and Adaptation*, ed. George Coelho, David Hamburg, and John Adams. New York: Basic Books.

——— 1979. "Warning and Response: Theory and Practice." In *International Violence: Terrorism, Surprise, and Control*, ed. Yair Evron. Jerusalem: The Hebrew University of Jerusalem.

——— 1980. *Presidential Decisionmaking in Foreign Policy: The Effective Use of Information and Advice*. Boulder, Colo.: Westview.

George, Alexander, and Richard Smoke. 1974. *Deterrence in American Foreign Policy: Theory and Practice*. New York: Columbia University Press.

Giza, Richard. 1980. "The Problems of the Intelligence Consumer." In *Intelligence Requirements for the 1980s: Analysis and Estimates*, ed. Roy Godson. New Brunswick, N.J.: Transaction Books.

Goodman, Allan. 1984. "Dateline Langley: Fixing the Intelligence Mess." *Foreign Policy*, no. 57 (Winter):160–179.

Goutard, Colonel A. 1959. *The Battle of France, 1940*. New York: Washburn.

Graham, Major-General Daniel. 1973. "Estimating the Threat: A Soldier's Job." *Army*, 23 (April):14–18.

——— 1979. "Analysis and Estimates." In *Intelligence Requirements for the 1980s: Elements of Intelligence*, ed. Roy Godson. Washington, D.C.: National Strategy Information Center.

Greene, Fred. 1965. "The Intelligence Arm: The Cuban Missile Crisis." In *Foreign Policy in the Sixties*, ed. Roger Hilsman and Robert Good. Baltimore: Johns Hopkins Press.

Hadidi, Salah al-. 1972. "A Witness to the 1967 War." Cited in *Al-Khawadith* (Beirut), August 25, 1972. Arabic.

Handel, Michael. 1977. "The Yom Kippur War and the Inevitability of Surprise." *International Studies Quarterly*, 21 (September):461–501.

——— 1980. "Avoiding Political and Technological Surprises in the 1980s." In *Intelligence Requirements for the 1980s: Analysis and Estimates*, ed. Roy Godson. New Brunswick, N.J.: Transaction Books.

——— 1981. *The Diplomacy of Surprise: Hitler, Nixon, Sadat.* Cambridge, Mass.: Center for International Affairs, Harvard University.

——— 1982. "Intelligence and Deception." *The Journal of Strategic Studies,* 5 (March):122–154.

——— 1984. "Intelligence and the Problem of Strategic Surprise." *The Journal of Strategic Studies,* 7 (September):229–281.

Hareven, Alouph. 1978. "Disturbed Hierarchy: Israeli Intelligence in 1954 and 1973." *The Jerusalem Quarterly,* no. 9 (Fall):3–19.

Harkabi, Yehoshafat. 1966. *Nuclear War and Nuclear Peace.* Jerusalem: Israel Program for Scientific Translations.

——— 1975. "Khavat Da'at Linsibot Hahafta'ah Bemilkhemet Yom Hakipurim" (Evaluation of the circumstances of the surprise in the Yom Kippur War). In *Aravim, Falastinim, Ve'Israel* (Arabs, Palestinians, and Israel). Jerusalem: Van Leer. Hebrew.

Heikal, Mohamed Hassanein. 1973. *The Cairo Documents.* New York: Doubleday.

Herzog, Chaim. 1975. *The War of Atonement.* Tel-Aviv: Steimatzky.

Heuer, Richards. 1978a. "Do You Think You Need More Information?" Paper prepared for internal dissemination within the U.S. intelligence community, October.

——— ed. 1978b. *Quantitative Approaches to Political Intelligence: The CIA Experience.* Boulder, Colo.: Westview.

——— 1979. "Improving Intelligence Analysis: Some Insights on Data, Concepts, and Management in the Intelligence Community." *The Bureaucrat,* 8 (Winter):2–11.

———1980a. "Memory: How Do We Remember What We Know?" *Analytical Methods Review,* July.

——— 1980b. "Strategies for Analytical Judgment." *Analytical Methods Review,* November.

———1980c. "Perception: Why Can't We See What Is There to Be Seen?" *Analytical Methods Review,* March.

——— 1981a. "Strategic Deception and Counterdeception: A Cognitive Process Approach." *International Studies Quarterly,* 25 (June):294–327.

——— 1981b. "Biases in Evaluation of Evidence." Manuscript.

——— 1982. "Cognitive Factors in Deception and Counterdeception." In *Strategic Military Deception,* ed. Donald Daniel and Katherine Herbig. New York: Pergamon.

Hilsman, Roger. 1956. *Strategic Intelligence and National Decisions.* Glencoe, Ill.: Free Press.

——— 1964. *To Move a Nation.* New York: Delta.

Hinsley, F. H., et al. 1979. *British Intelligence in the Second World War: Its Influence on Strategy and Operations.* Vol. 1. London: Her Majesty's Stationery Office.

Hoffman, Steven. 1972. "Anticipation, Disaster, and Victory: India 1962–71." *Asian Survey*, 12 (November):960–979.

Holst, Johan. 1966. "Surprise, Signals, and Reaction: The Attack on Norway." *Cooperation and Conflict* (Stockholm), 1 (2):31–45.

Holsti, Ole. 1962. "The Belief System and National Images: A Case Study." *Journal of Conflict Resolution*, 6 (September):244–252.

——— 1972. *Crisis, Escalation, War*. Montreal: McGill-Queen's University Press.

——— 1977. "Foreign Policy Decision Makers Viewed Psychologically: Cognitive Processes Approaches." In *Thought and Action in Foreign Policy*, ed. Matthew Bonham and Michael Shapiro. Basel: Birkhauser Verlag.

Hopple, Gerald, 1984. "Intelligence and Warning: Implications and Lessons of the Falkland Islands War." *World Politics*, 36:339–361.

Hovland, Carl, Irving Janis, and Harold Kelley. 1953. *Communication and Persuasion*. New Haven: Yale University Press.

Hovland, Carl, and Walter Weiss. 1951. "The Influence of Source Credibility on Communication Effectiveness." *The Public Opinion Quarterly*, 15 (Winter):635–650.

Hughes, Thomas. 1976. *The Fate of Facts in a World of Men—Foreign Policy and Intelligence Making*. Headline Series, no. 233. New York: Foreign Policy Association.

Huntington, Samuel. 1957. *The Soldier and the State*. New York: Vintage.

Janis, Irving. 1962. "Psychological Effects of Warnings." In *Man and Society in Disaster*, ed. George Baker and Dwight Chapman. New York: Basic Books.

——— 1971. "Groupthink among Policy Makers." In *Sanctions for Evil*, ed. Nevitt Sanford and Craig Comstock. San Francisco: Jossey-Bass.

——— 1972. *Victims of Groupthink*. Boston: Houghton Mifflin.

Janis, Irving, and Leon Mann. 1977. *Decision Making*. New York: Free Press.

Janowitz, Morris. 1960. *The Professional Soldier*. New York: Free Press.

Jervis, Robert. 1969. "Hypotheses on Misperception." In *International Politics and Foreign Policy*, ed. James Rosenau, rev. ed. New York: Free Press.

——— 1970. *The Logic of Images in International Relations*. Princeton: Princeton University Press.

——— 1976. *Perception and Misperception in International Politics*. Princeton: Princeton University Press.

——— 1977. "Minimizing Misperception." In *Thought and Action in Foreign Policy*, ed. Matthew Bonham and Michael Shapiro. Basel: Birkhauser Verlag.

——— 1986. "What's Wrong with the Intelligence Process?" *The International Journal of Intelligence and Counterintelligence*, 1 (Spring):28–41.

Johnson, Homer, and John Scileppi. 1969. "Effects of Ego-Involvement Conditions on Attitude Change to High and Low Credibility Communications." *Journal of Personality and Social Psychology*, 13 (1):31–36.

Jones, Edward, and Richard Nisbett. 1971. "The Actor and the Observer: Divergent Perceptions and the Causes of Behavior." In Edward Jones et al., *Attribution: Perceiving the Causes of Behavior.* Morristown, N.J.: General Learning Press.

Jouvenel, Bertrand de. 1967. *The Art of Conjecture.* New York: Basic Books.

Kahn, David. 1978. *Hitler's Spies.* New York: Macmillan.

Kahneman, Daniel. 1974. "Cognitive Limitations and Public Decision Making." Manuscript, London.

Kahneman, Daniel, Paul Slovic, and Amos Tversky, eds. 1982. *Judgment under Uncertainty: Heuristics and Biases.* New York: Cambridge University Press.

Kahneman, Daniel, and Amos Tversky. 1972. "Subjective Probability: A Judgment of Representativeness." *Cognitive Psychology,* 3:430–451.

——— 1973. "On the Psychology of Prediction." *Psychological Review,* 80 (4):237–251.

——— 1979. "Intuitive Prediction: Biases and Corrective Procedures." *Management Science,* 12:313–327.

Kam, Ephraim, ed. 1974. *Hussein Pote'akh Bemilkhamah* (Hussein wages war). Tel-Aviv: Ma'arakhot. Hebrew.

Kaul, Lieutenant-General B. M. 1971. *Confrontation with Pakistan.* New Delhi: Vikas Publications.

Kelley, Harold, and John Thibaut. 1969. "Group Problem Solving." In *The Handbook of Social Psychology,* ed. Gardner Lindzey and Elliot Aronson, 2nd ed., vol. 4. Reading, Mass.: Addison-Wesley.

Kelly, C. W., and C. R. Peterson. 1971. "Probability Estimates and Probabilistic Procedures in Current-Intelligence Analyses." International Business Machines Corporation, Federal Systems Division, Gaithersburg, Maryland.

Kennan, George. 1958. *Russia, the Atom, and the West.* New York: Harper and Row.

——— 1967. *Memoirs: 1925–1950.* Boston: Little, Brown.

Kent, Sherman. 1949. *Strategic Intelligence for American World Policy.* Princeton: Princeton University Press.

Kimche, Jon, and David Kimche. 1973. *Mishnei Evrey Hagiv'ah* (Both sides of the hill). Tel-Aviv: Ma'arakhot. Hebrew.

Kimmel, Husband. 1955. *Admiral Kimmel's Story.* Chicago: Regnery.

Kirby, Major-General S. Woodburn. 1957. *The War against Japan.* Vol. 1, *The Loss of Singapore.* London: Her Majesty's Stationery Office.

Kirkpatrick, Lyman. 1969. *Captains without Eyes.* New York: Macmillan.

——— 1973. *The U.S. Intelligence Community.* New York: Hill and Wang.

Kissinger, Henry. 1979. *White House Years.* Boston: Little, Brown.

Klineberg, Otto. 1965. *The Human Dimension in International Relations.* New York: Holt, Rinehart, and Winston.

Knorr, Klaus. 1956. *The War Potential of Nations*, Princeton: Princeton University Press.

——— 1964a. "Failures in National Intelligence Estimates: The Case of the Cuban Missiles." *World Politics*, 16 (April):455–467.

——— 1964b. "Foreign Intelligence and the Social Sciences." Research monograph no. 17. Center of International Studies, Princeton University.

——— 1970. *Military Power and Potential*. Lexington, Mass.: D.C. Heath.

——— 1976. "Threat Perception." In *Historical Dimensions of National Security Problems*, ed. Klaus Knorr. Lawrence, Kans.: University Press of Kansas.

——— 1979. "Strategic Intelligence: Problems and Remedies." In *Strategic Thought in the Nuclear Age*, ed. Laurence Martin. London: Heinemann.

——— 1983. "Strategic Surprise in Four European Wars." In *Military Strategic Surprise*, ed. Klaus Knorr and Patrick Morgan. New Brunswick, N.J.: Transaction Books.

Knorr, Klaus, and Patrick Morgan, eds. 1983. *Military Strategic Surprise*. New Brunswick, N.J.: Transaction Books.

Knorr, Klaus, and Oskar Morgenstern. 1968. "Political Conjecture in Military Planning." Policy memo no. 35. Center of International Studies, Princeton University.

Koht, Halvdan. 1941. *Norway: Neutral and Invaded*. London: Hutchinson.

Koriat, Asher, Sarah Lichtenstein, and Baruch Fischhoff. 1980. "Reasons for Confidence." *Journal of Experimental Psychology: Human Learning and Memory*, 6 (March):107–118.

Kuhn, Thomas. 1970. *The Structure of Scientific Revolutions*. 2nd enlarged ed. Chicago: University of Chicago Press.

Lanir, Zvi. 1983. *Hahafta'a Habsisit: Modi'in Bemashber* (Fundamental surprise: The national intelligence crisis). Tel-Aviv: Hakibutz Hame'ukhad. Hebrew.

Laqueur, Walter. 1985. *A World of Secrets: The Uses and Limits of Intelligence*. New York: Basic Books.

Latimer, Thomas. 1979. "U.S. Intelligence and the Congress." *Strategic Review*, 7 (Summer):47–56.

Leasor, James. 1968. *Singapore: The Battle That Changed the World*. London: Hodder and Stoughton.

Leckie, Robert. 1962. *Conflict: The History of the Korean War, 1950–53*. New York: Avon.

Levran, Brigadier-General Aharon. 1980. "Hafta'ah Vehatra'ah: Eyunim Beshe'elot Yesod" (Surprise and warning: On fundamental problems). *Ma'arkhot*, 276–277 (October-November):17–21. Hebrew.

Lewin, Ronald. 1978. *Ultra Goes to War*. London: Hutchinson.

Manchester, William. 1978. *American Caesar*. Boston: Little, Brown.

Mansur, Abul Kasim [pseud.]. 1979. "The Crisis in Iran: Why the U.S.

Ignored a Quarter Century of Warning." *Armed Forces Journal International,* 116 (January):26–33.
Marshall, Andrew. 1966. *Problems of Estimating Military Power.* RAND paper P-3417.
Martino, Joseph. 1972. *Technological Forecasting for Decisionmaking.* New York: American Elsevier Publishing Company.
Mason, Henry. 1963. "War Comes to the Netherlands: September 1939-May 1940." *Political Science Quarterly,* 78 (4):548–580.
Maxwell, Neville. 1970. *India's China War.* London: J. Cape.
May, Ernest. 1973. *"Lessons" of the Past.* New York: Oxford University Press.
McGarvey, Patrick. 1973. "DIA: Intelligence to Please." In *Readings in American Foreign Policy,* ed. Morton Halperin and Arnold Kanter. Boston: Little, Brown.
——— 1974. *CIA: The Myth and the Madness.* Baltimore: Penguin Books.
McGregor, Douglas. 1938. "The Major Determinants of the Prediction of Social Events." *The Journal of Abnormal and Social Psychology,* 33:179–204.
Meir, Golda. 1975. *My Life.* Tel-Aviv: Steimatzky.
Morgan, Patrick. 1983. "Examples of Strategic Surprise in the Far East." In *Military Strategic Surprise,* ed. Klaus Knorr and Patrick Morgan. New Brunswick, N.J.: Transaction Books.
Moritz, Frank. 1978. "Cross-Impact Analysis: Forecasting the Future of Rhodesia." In *Quantitative Approaches to Political Intelligence: The CIA Experience,* ed. Richards Heuer. Boulder, Colo.: Westview.
Mullik, B. N. 1971. *The Chinese Betrayal.* New Delhi: Allied Publishers.
Nakdimon, Shlomo. 1982. *Svirut Nemukhah* (Low probability). Tel-Aviv: Revivim. Hebrew.
Nisbett, Richard, and Lee Ross. 1980. *Human Inference: Strategies and Shortcomings of Social Judgment.* Englewood Cliffs, N.J.: Prentice-Hall.
Oberdorfer, Don. 1971. *Tet.* New York: Doubleday.
Oskamp, Stuart. 1965. "Overconfidence in Case-Study Judgments." *Journal of Consulting Psychology,* 29 (3):261–265.
Paige, Glenn. 1968. *The Korean Decision.* New York: Free Press.
Pao-min Chang. 1982. "The Sino-Vietnamese Dispute over the Ethnic Chinese." *The China Quarterly,* no. 90 (June):195–230.
Pearson, Frederic, and R. E. Doerga. 1978. "The Netherlands and the 1940 Nazi Invasion." *The Jerusalem Journal of International Relations,* 3 (Winter-Spring):25–50.
Perlmutter, Amos. 1975. "Israel's Fourth War, October 1973: Political and Military Misperceptions." *Orbis,* 19 (Summer):434–460.
Pettee, George. 1946. *The Future of American Secret Intelligence.* Washington, D.C.: Infantry Journal Press.

Phelps, Ruth, Stanley Halpin, Edgar Johnson, and Franklin Moses. 1979. *The Use of Subjective Probability in Army Intelligence Estimation and Data Evaluation*. Alexandria, Va.: U.S. Army Research Institute.

Pike Papers, The. 1976. U.S. Congress. House. Select Committee on Intelligence. CIA report, January 29, 1976. Published in a special supplement of *The Village Voice* (February).

Platt, Washington. 1957a. *Strategic Intelligence Production*. New York: Praeger.

——— 1957b. "Forecasting in Strategic Intelligence." *Military Review*, 37 (May):42–49.

Poteat, George. 1976. "The Intelligence Gap: Hypotheses on the Process of Surprise." *International Studies Notes*, 3 (Fall):14–18.

Prange, Gordon. 1981. *At Dawn We Slept*. New York: McGraw-Hill.

Pruitt, Dean. 1965. "Definition of the Situation as a Determinant of International Action." In *International Behavior*, ed. Herbert Kelman. New York: Holt, Rinehart, and Winston.

Quandt, William. 1977. *Decade of Decisions*. Berkeley: University of California Press.

Ransom, Harry. 1958. *Central Intelligence and National Security*. Cambridge, Mass.: Harvard University Press.

——— 1974. "Strategic Intelligence and Foreign Policy." *World Politics*, 27 (October):131–146.

Rees, David. 1970. *Korea: The Limited War*. Baltimore: Penguin.

Rich, William. 1981. "Pearl Harbor: History and Implications." *Military Intelligence*, 7 (January-March):47–51.

Ridgway, Matthew. 1967. *The Korean War*. New York: Doubleday.

Rokeach, Milton. 1960. *The Open and Closed Mind*. New York: Basic Books.

Rosenbaum, Milton, and Irwin Lewin. 1968. "Impression Formation as a Function of Source Credibility and Order of Presentation of Contradictory Information." *Journal of Personality and Social Psychology*, 10 (2):167–174.

Ross, Lee. 1977. "The Intuitive Psychologist and His Shortcomings: Distortions in the Attribution Process." In *Advances in Experimental Social Psychology*, ed. L. Berkowitz, vol. 10. New York: Academic Press.

Ross, Lee, and Craig Anderson. 1982. "Shortcomings in the Attribution Process: On the Origins and Maintenance of Erroneous Social Assessments." In *Judgment under Uncertainty: Heuristics and Biases*, ed. Daniel Kahneman, Paul Slovic, and Amos Tversky. New York: Cambridge University Press.

Rothstein, Robert. 1972. *Planning, Prediction, and Policymaking in Foreign Affairs*. Boston: Little, Brown.

Sarbin, Theodore. 1982. "Prolegomenon to a Theory of Counterdeception." In *Strategic Military Deception*, ed. Donald Daniel and Katherine Herbig. New York: Pergamon.

Schlesinger, Arthur. 1965. *A Thousand Days.* Boston: Houghton Mifflin.

Schweitzer, Nicholas. 1977. "Delphi as a Technique in Intelligence." Paper presented at the eighteenth annual convention of the International Studies Association, St. Louis, Missouri, March 18.

——— 1978. "Bayesian Analysis: Estimating the Probability of Middle East Conflict." In *Quantitative Approaches to Political Intelligence: The CIA Experience,* ed. Richards Heuer. Boulder, Colo.: Westview.

Scott, William. 1958. "Rationality and the Non-Rationality of International Attitudes." *Journal of Conflict Resolution,* 2, no. 1:8–16.

Sella, Amnon. 1978. " 'Barbarossa': Surprise Attack and Communication." *Journal of Contemporary History,* 13 (July):555–583.

Shapiro, Michael, and G. Matthew Bonham. 1973. "Cognitive Process and Foreign Policy Decision Making." *International Studies Quarterly,* 17 (June):147–174.

Sherwin, Ronald. 1982. "The Organizational Approach to Strategic Deception: Implications for Theory and Policy." In *Strategic Military Deception,* ed. Donald Daniel and Katherine Herbig. New York: Pergamon.

Sherwood, Robert. 1950. *Roosevelt and Hopkins.* Rev. ed. New York: Grosset and Dunlap.

Shirer, William. 1971. *The Collapse of the Third Republic.* New York: Pocket Books.

Shlaim, Avi. 1976. "Failures in National Intelligence Estimates: The Case of the Yom Kippur War." *World Politics,* 28 (April):348–380.

Shreckengost, R.C. 1977. "How to Produce Better Intelligence." Manuscript.

Singer, J. David. 1958. "Threat-Perception and the Armament-Tension Dilemma." *The Journal of Conflict Resolution,* 2 (1):90–105.

Slovic, Paul. 1972. *From Shakespeare to Simon: Speculations—and Some Evidence—about Man's Ability to Process Information.* Research Bulletin 12, no. 12. Oregon Research Institute.

——— 1978. "Judgment, Choice, and Societal Risk Taking." In *Judgment and Decision in Public Policy Formation,* ed. K. R. Hammond. AAAS Selected Symposium Series. Boulder, Colo.: Westview.

——— 1982. "Toward Understanding and Improving Decisions." In *Human Performance and Productivity,* ed. E. A. Fleishman. Hillsdale, N.J.: Erlbaum.

Slovic, Paul, Baruch Fischhoff, and Sarah Lichtenstein. 1976a. "The Certainty Illusion." Research Bulletin 16, no. 4. Oregon Research Institute.

——— 1976b. "Cognitive Processes and Societal Risk Taking." In *Cognitive and Social Behavior,* ed. J. S. Carroll and J. W. Payne. Potomac, Md.: Lawrence Erlbaum.

——— 1977. "Behavioral Decision Theory." *Annual Review of Psychology,* 28:1–39.

——— 1979. "Rating the Risks." *Environment,* 21 (April):14–39.

——— 1980. "Facts and Fears: Understanding Perceived Risk." In *Societal*

Risk Assessment: How Safe Is Safe Enough?, ed. Richard Schwing and Walter Albers. New York: Plenum.

——— 1981. "Perceived Risk: Psychological Factors and Social Implications." *Proceedings of the Royal Society*, 376:17–34.

Slovic, Paul, Howard Kunreuther, and Gilbert White. 1974. "Decision Processes, Rationality, and Adjustment to Natural Hazards." In *Natural Hazards, Local, National, and Global*, ed. Gilbert White. New York: Oxford University Press.

Slovic, Paul, and Sarah Lichtenstein. 1971. "Comparison of Bayesian and Regression Approaches to the Study of Information Processing in Judgment." *Organizational Behavior and Human Performance*, 6:649–744.

Smoke, Richard. 1977. *War: Controlling Escalation*. Cambridge, Mass.: Harvard University Press.

Snyder, Glen, and Paul Diesing. 1977. *Conflict among Nations*. Princeton: Princeton University Press.

Spanier, John. 1965. *The Truman-MacArthur Controversy and the Korean War*. New York: Norton.

Spector, Ronald. 1985. *Eagle against the Sun*. New York: The Free Press.

Stech, Frank. 1979. *Political and Military Intention Estimation: A Taxonometric Analysis*. Bethesda, Md.: Mathtech.

——— 1980a. "Self-Deception: The Other Side of the Coin." *The Washington Quarterly*, 3 (Summer):130–140.

——— 1980b. "Intelligence, Operations, and Intentions." *Military Intelligence*, 6 (July-September):37–43.

Stein, Janice Gross. 1977. "Freud and Descartes: The Paradoxes of Psychological Logic." *International Journal*, 32 (Summer):429–451.

——— 1980. " 'Intelligence' and 'Stupidity' Reconsidered: Estimation and Decision in Israel, 1973." *The Journal of Strategic Studies*, 3 (September):147–177.

——— 1982a. "The 1973 Intelligence Failure: A Reconsideration." *The Jerusalem Quarterly*, no. 24 (Summer):41–54.

——— 1982b. "Military Deception, Strategic Surprise, and Conventional Deterrence: A Political Analysis of Egypt and Israel, 1971–73." *The Journal of Strategic Studies*, 5 (March):94–121.

Steinbruner, John. 1974. *The Cybernetic Theory of Decision*. Princeton: Princeton University Press.

Strong, Major-General Kenneth. 1968. *Intelligence at the Top*. London: Cassell.

——— 1970. *Men of Intelligence*. London: Giniger.

Sullivan, David. 1980. "Evaluating U.S. Intelligence Estimates." In *Intelligence Requirements for the 1980s: Analysis and Estimates*, ed. Roy Godson. New Brunswick, N.J.: Transaction Books.

Szanton, Peter, and Graham Allison. 1976. "Intelligence: Seizing the Opportunity." *Foreign Policy*, no. 22 (Spring):183–205.

Talmon, Yaakov. 1973. "Heshbon Nefesh" (Introspection). *Haaretz,* Tel-Aviv, November 30. Hebrew.

Tanter, Raymond. 1977. "The Use of Modern Methods of Intelligence Estimation." Lecture delivered to the Ministry of Foreign Affairs, Government of Israel, Jerusalem, February 14.

Tanter, Raymond, and Janice Stein. 1976. "Surprise Attacks and Intelligence Estimation." Manuscript.

Taylor, Shelley. 1982. "The Availability Bias in Social Perception and Interaction." In *Judgment under Uncertainty: Heuristics and Biases,* ed. Daniel Kahneman, Paul Slovic, and Amos Tversky. New York: Cambridge University Press.

Toch, Hans. 1958. "The Perception of Future Events: Case Studies in Social Prediction." *Public Opinion Quarterly,* 22 (Spring):57–66.

Toland, John. 1982. *Infamy: Pearl Harbor and Its Aftermath.* New York: Doubleday.

Trepper, Leopold. 1975. *Hatizmoret Ha'adumah Shely* (My red orchestra). Jerusalem: Eydanim. Hebrew.

Truman, Harry. 1956. *Memoirs.* Vol. 2, *Years of Trial and Hope.* New York: Doubleday.

Turner, Barry. 1976. "The Organizational and Interorganizational Development of Disasters." *Administrative Science Quarterly,* 21 (September):378–396.

Tversky, Amos, and Daniel Kahneman. 1973. "Availability: A Heuristic for Judging Frequency and Probability." *Cognitive Psychology,* 5:207–232.

——— 1974. "Judgment under Uncertainty: Heuristics and Biases." *Science,* 185:1124–1131.

——— 1975. "Intuitive Judgment Biases and Corrective Procedures." Report prepared for Stanford Research Institute.

——— 1976. "Causal Thinking in Judgment under Uncertainty." Manuscript. Hebrew University, Jerusalem.

——— 1980. "Causal Schemas in Judgments under Uncertainty." In *Progress in Social Psychology,* ed. M. Fishbein. Hillsdale, N.J.: Erlbaum.

U.S. Congress. Senate. 1946a. *Report of the Joint Committee on the Investigation of the Pearl Harbor Attack.* 79th Cong., 2nd sess. Washington, D.C.

——— Senate. 1946b. *Minority Views of the Joint Committee on the Investigation of the Pearl Harbor Attack.* 79th Cong., 2nd sess.

——— Senate. 1951. Committees on Armed Services and Foreign Relations. *The Military Situation in the Far East.* 82nd Cong., 1st sess.

——— House. 1975. Hearings before the Select Committee on Intelligence. *U.S. Intelligence Agencies and Activities: The Performance of the Intelligence Community.* 94th Cong., 1st sess. (September-October).

——— Senate. 1976. *Foreign and Military Intelligence.* Final report of the Select Committee to Study Government Operations (The Church Committee). Book I. 94th Cong., 2nd sess., April 26.

——— House. 1979. Subcommittee on Evaluation, Permanent Select Committee on Intelligence. *Iran: Evaluation of U.S. Intelligence Performance Prior to November 1978.* January.

Verba, Sidney. 1961. *Small Groups and Political Behavior.* Princeton: Princeton University Press.

Vertzberger, Ya'akov. 1978a. "India's Border Crisis with China, 1962." *The Jerusalem Journal of International Relations,* 3 (Winter-Spring):117–142.

——— 1978b. "Hdinamika Shel Eevutey Tfisah Umdinuit Khutz: Nehro Vehasikhsukh Hasino-Hodi, 1959–1962" (The dynamics of misperception and foreign policy: Nehru and the Sino-Indian conflict, 1959–1962). Ph.D. diss., Hebrew University, Jerusalem. Hebrew.

——— 1982. "India's Strategic Posture and the Border War Defeat of 1962: A Case Study in Miscalculation." *The Journal of Strategic Studies,* 5 (September):370–392.

Wallach, Michael, and Nathan Kogan. 1965. "The Roles of Information, Discussion, and Consensus in Group Risk Taking." *Journal of Experimental Social Psychology,* 1:1–19.

Washburn, A. Michael, and Thomas Jones. 1978. "Anchoring Futures in Preferences." In *Forecasting in International Relations,* ed. Nazli Choucri and Thomas Robinson. San Francisco: D. H. Freeman.

Wasserman, Benno. 1960. "The Failure of Intelligence Predictions." *Political Studies,* 8 (June):156–169.

Whaley, Barton. 1969. *Stratagem: Deception and Surprise in War.* Cambridge, Mass.: M.I.T. Center for International Studies.

——— 1973. *Codeword BARBAROSSA.* Cambridge, Mass.: M.I.T. Press.

——— 1975. "The Causes of Surprise in War." Paper delivered at the Conference on Strategic Issues, the Leonard Davis Institute for International Relations, Jerusalem, April 8.

Whiting, Allen. 1960. *China Crosses the Yalu.* Stanford: Stanford University Press.

Wilensky, Harold. 1967. *Organizational Intelligence.* New York: Basic Books.

——— 1972. "Intelligence, Crises, and Foreign Policy: Reflections on the Limits of Rationality." In *Surveillance and Espionage in a Free Society,* ed. Richard Blum. New York: Praeger.

Williams, Phil. 1973. "Intelligence Failures in National Security Policy." *The Royal Air Forces Quarterly,* 13 (Autumn):223–227.

Williams, Brigadier-General Robert. 1974. "Surprise: The Danger Signals." *Army,* 24 (April):10–16.

Willoughby, Major-General Charles. 1956. *MacArthur: 1941–1951.* New York: McGraw-Hill.

Withey, Stephen. 1962. "Reaction to Uncertain Threat." In *Man and Society in Disaster,* ed. George Baker and Dwight Chapman. New York: Basic Books.

Wohlstetter, Roberta. 1962. *Pearl Harbor: Warning and Decision*. Stanford: Stanford University Press.

——— 1965. "Cuba and Pearl Harbor: Hindsight and Foresight." *Foreign Affairs*, 43 (July):691–707.

——— 1966. "Sunday, December 7, 1941, and the Monday Morning Quarterbacks." *Air Force and Space Digest*, December:82–86.

Wolfenstein, Martha. 1957. *Disaster: A Psychological Essay*. London: Routledge and Kegan Paul.

Woods, Donald. 1966. "Improving Estimates That Involve Uncertainty." *Harvard Business Review*, 44 (July–August):91–98.

Yasri, Brigadier-General Adel. 1974. *Rikhlat al-Sak al-Muallaka* (The travels of the hanged leg). Cairo. Arabic.

英汉对照表

【术语】

Abwehr 阿勃维尔（纳粹德国军事情报局、反间谍机构）
advance warning 事前预警
Agranat Commission of Inquiry 阿格拉纳特调查委员会
Al Qaeda "基地组织"
Allied high command 盟军统帅部
alternative hypothesis 备选假设
alternative scenario 备选想定
analogy 类比法
Anti-Aircraft Command （苏联）防空司令部
anticipate 预判
Arab-Israeli Handbook《阿以手册》
Arab Spring "阿拉伯之春"
Army War Plans Division（美国）陆军战争计划处
assumption 假定
B-17 Flying Fortress B–17 飞行堡垒轰炸机
balance of power 力量平衡
base-rate frequency 基础频率
Bayesian Analysis "贝叶斯分析"
belief system 信念体系
Board of National Estimates （美国）国家评估委员会
British Committee of Imperial Defense 英国帝国国防委员会
British Fleet Air Arm 英国海军航空队
British Joint Intelligence Committee 英国联合情报委员会
Bureau of Intelligence and Research (INR)（美国）情报与研究局
casus belli 开战原因
Central Intelligence Bulletin《中央情报简报》
Church Committee 丘奇委员会
climate of opinion 舆论氛围
cluster of beliefs 信念集合
cognitive closure 认知闭合
cognitive map 认知地图
Commander in Chief of Japan's Combined Fleet 日本联合舰队司令官
commanding general of the Army Air Force（美国）陆军航空队司令
Commissar of Defense（苏联）国防人民委员
Committee on the Investigation of the Pearl Harbor Attack 珍珠港袭击调查委员会
communications intelligence 通信情报
contingency 意外事件
conventional attack 常规袭击
conventional weapons 常规武器
countermeasure 反制措施
Cross-Impact Analysis "交叉影响分析"
Daesh "伊斯兰国"

deduction 演绎法
Defense Intelligence Agency (DIA)（美国）国防情报局
Delphi Technique “德尔菲法”
Department of the Army （美国）陆军部
Deuxième Bureau（法国）第二处
early warning indicator 早期预警指标
Egyptian Military Intelligence 埃及军事情报（局）
electronic intelligence 电子情报
empirical research 实证研究
Enigma machine “恩尼格玛”密码机
estimate 评估
existing routine 常态
expectation 预期
fallacy of initiative 主动谬误
Far East Intelligence（美国）远东司令部的情报机构
Far Eastern Command （美国）远东司令部
FBI （美国）联邦调查局
forecast 预报
forward policy “前进政策”
full defensive posture 完全防御姿态
full readiness 全面战备
fundamental surprise 根本性突袭
General Staff 总参谋部
Great Purge 苏联肃反运动
GRU 苏军总参谋部情报总局（亦称格勒乌）
Gulf War 海湾战争
Hawaiian Air Force 夏威夷空军
Hebrew University of Jerusalem 耶路撒冷希伯来大学
HUMINT, information derived from human sources 人力情报
hypothesis 假设
image 意象
Indian Intelligence Bureau 印度情报局
Indian Military Intelligence 印度军事情报（局）
indicator 指标
induction 归纳法
Institute of Marxism-Leninism （苏共）马列学院
intelligence community 情报界
intelligence failure 情报失误
intelligence officer 情报官
Israel Armament Development Authority 以色列军备发展局
Israel Defense Forces (IDF) 以色列国防军
Israeli Commission of Inquiry 以色列调查委员会
Israeli Military Intelligence 以色列军事情报（局）
Jaffee Center for Strategic Studies 贾菲战略研究中心
Joint Army-Navy Intelligence Committee（美国）陆海军联合情报委员会
Joint Chiefs of Staff （美国）参谋长联席会议
judgmental bias 判断偏见
Leonard Davis Institute for International Relations 莱昂纳德·戴维斯国际关系研究所
Magic intercept “魔术”截获信息
Maginot Line 马奇诺防线
maintain the status quo 维持现状
major war 大规模战争
Military Intelligence Division（美国）军事情报处
Military Intelligence (MI)（英国）军事情报（局）
military intervention 军事介入
misperception 错误知觉
mode of calculation 衡量模式
Mossad 摩萨德（以色列情报机构）
National Intelligence Estimate《国家情报评估》
National Intelligence Officer （美国）国家情报官
National Security Agency（美国）国家安全局
National Security Council（美国）国家安全委员会
Naval Base Defense Air Force（美国）海军基地防御空中部队
Naval Communications（美国）海军通信（部）
Naval Operations（美国）海军作战（部）
Navy Department （美国）海军部
Navy War Plans Division （美国）海军战争计划处
noise 噪声
nonreliable or partly reliable 不可靠或部分可靠的（信息）
Office of Naval Intelligence （美国）海军情报局
operational code 操作码
Operation Barbarossa “巴巴罗萨行动”
order of battle 战斗序列
organizational obstacle 组织障碍
overall military maneuver 全面军事演习
overhead reconnaissance 高空侦察
Pacific Fleet Intelligence （美国）太平洋舰队情报（处）
pan-Arab 阿拉伯民族主义的

parent population 母群体
partial surprise 部分性突袭
Pearl Harbor:Warning and Decision《珍珠港：预警与决策》
perception 感知
POW (Prisoner of War) cage 战俘营
prediction 预测
preemptive 先发制人的
prior probability 事前概率
Privy Council（日本）枢密院
probabilistic interpretation 概率解释
proposition 命题
reliable but controlled 可靠但受控制的（信息）
reliable noncontrolled 可靠且未受控制的（信息）
representation 表征
Revolution in Military Affairs 军事革命
Roberts Commission 罗伯茨委员会
routine activity 常规活动
Sagger 萨格尔（导弹）
scenario 想定
schema theory 图式理论
schema 图式
Scud missile 飞毛腿导弹
Senate Select Committee （美国）参议院特别委员会
September 11 attack “9·11事件”
set 定势
Shah of Iran 伊朗国王
signal intelligence（SIGINT）信号情报
signal 信号
Situation Report 情况报告
situational surprise 情境性突袭
Six-Day War “六日战争”
Southern Command （以色列）南方司令部
Soviet Military Intelligence 苏联军事情报（局）
Spot Report 现场报告
state of preparedness 准备状态
stimulus situation 刺激情境
strategic intelligence 战略情报
strategic surprise 战略突袭
strategic warning 战略预警
surprise attack 突然袭击（简称突袭）
tactical intelligence 战术情报
tactical surprise 战术突袭
tactical warning 战术预警
Tel-Aviv University 特拉维夫大学
terrain analysis 地形分析
Tet Offensive “春节攻势”
the Admiralty 英国海军部
total surprise 完全性突袭
Tripartite Pact《德意日三国同盟条约》
U.S. Congressional Joint Inquiry 美国国会联合调查委员会
U.S. Congressional Subcommittee on Evaluation 美国国会评估小组委员会
Ultra material “超级机密”情报资料，由“恩尼格玛”密码机截获
Ultra Syndrome “超级机密综合征”
unmanned aerial vehicle 无人机
utopian intention 乌托邦式企图
vision of the new Caliphate 新哈里发愿景
visual intelligence 视觉情报
War Council（美国）战争委员会
War Department（美国）战争部
war game 兵棋推演
War of Attrition “消耗战”
warning span 预警时间跨度
way of thinking 思维方式
Western Union 西部联盟电报公司
wishful thinking 愿望思维
Yom Kippur War “赎罪日战争”
Zero fighter 零式战斗机
Zimmermann telegram 齐默曼电报

【地名】

Belgrade （南斯拉夫）贝尔格莱德
Bergen （挪威）卑尔根
Cracow （波兰）克拉科夫
Falkland Islands 福克兰群岛
Hatston（奥克尼群岛）哈特斯顿
Hickam Field 希卡姆机场
Johore（马来亚）柔佛
Low Countries 低地国家
Orkney Islands 奥克尼群岛
Russian Maritime Provinces 苏联滨海边疆区
Scandinavia 斯堪的纳维亚（半岛）
Scapa Flow 斯卡帕湾
Sinai Peninsula 西奈半岛
Tarnow（波兰）塔尔努夫
the Ardennes 阿登高地
The Hague（荷兰）海牙

Trondheim （挪威）特隆赫姆
Wake Island 威克岛

【人名】

Abraham Ben-Zvi 亚伯拉罕・本–兹维
Aharon Levran 阿哈龙・利夫伦
Aharon Yariv 哈龙・亚里夫
Alain Enthoven 阿兰・恩索文
Alexander George 亚历山大・乔治
Allen Dulles 艾伦・杜勒斯
Alouph Hareven 阿卢夫・哈雷文
Alvin Zander 阿尔文・赞德
Amnon Rapoport 阿姆农・拉波伯特
Amos Tversky 阿莫斯・特沃斯基
André Beaufre 安德烈・博福尔
Andrew Kahr 安德鲁・卡尔
Anthony Eden 安东尼・艾登
Anwar Sadat 安瓦尔・萨达特
Arthur McCollum 亚瑟・麦卡勒姆
Aryen Shalev 阿利安・沙勒夫
Barry Turner 巴瑞・特纳
Barton Whaley 巴顿・惠利
Basil Liddell Hart 李德・哈特
Benno Wasserman 本诺・瓦塞曼
Cameron Peterson 卡梅伦・彼得森
Charles Willoughby 查尔斯・威洛比
Claude C. Bloch 克劳德・布洛赫
Cordell Hull 科德尔・赫尔
Daniel Graham 丹尼尔・格雷厄姆
Daniel Kahneman 丹尼尔·卡尼曼
Dean Acheson 迪安・艾奇逊
Dean Pruitt 狄恩・普鲁特
Donald Daniel 唐纳德・丹尼尔
Dorwin Cartwright 多温・卡特赖特
Douglas MacArthur 道格拉斯・麦克阿瑟
Douglas McGregor 道格拉斯・麦格雷戈
Edward Markham 爱德华・马卡姆
Edwin Layton 埃德温・莱顿
Ehud Barak 埃胡德・巴拉克
Eli Zeira 艾利・泽拉
Ephraim Kam 伊弗雷姆・卡姆
Filipp Golikov 菲利普・戈利科夫
Frank Knox 弗兰克・诺克斯
Frank Stech 弗兰克・斯特奇
G. A. Deborin G. A. 德波林
Gabriel Sheffer 加百利・谢费尔
Gamal Abdel Nasser 贾迈勒・阿卜杜・纳赛尔
George Kennan 乔治・凯南
George Marshall 乔治・马歇尔
Georgi Zhukov 格奥尔基・朱可夫
Gijsbertus Sas 金伯特・塞斯
Glen Snyder 格伦・斯奈德
Golda Meir 果尔达・梅厄
Graham Allison 格雷厄姆・阿利森
Halvdan Koht 哈尔夫丹・科特
Hans Oster 汉斯・奥斯特
Hans Toch 汉斯・托奇
Harold Kelley 哈罗德・凯利
Harold Stark 哈罗德・斯塔克
Henry Kissinger 亨利・基辛格
Henry Stimson 亨利・史汀生
Husband Kimmel 赫斯本德・金梅尔
Hussein bin Talal 侯赛因・宾・塔拉勒
Irving Janis 艾尔芬・詹尼斯
Isoroku Yamamoto 山本五十六
Jan Smuts 扬・史末资
Janice Gross Stein 杰尼斯・斯坦
Jawaharlal Nehru 贾瓦哈拉尔・尼赫鲁
Jerome Clauser 杰罗姆・克劳泽
John McCone 约翰・麦科恩
John Thibaut 约翰・希伯特
Joseph Alpher 约瑟夫・埃尔弗尔
Joseph Carroll 约瑟夫・卡罗尔
Joseph De Rivera 约瑟夫・德・里维拉
Joseph Grew 约瑟夫・格鲁
Joseph Stalin 约瑟夫・斯大林
K. M. Panikkar K. M. 潘尼迦
Katarina Brodin 卡塔琳娜・布罗丁
Katherine Herbig 凯瑟琳・赫伯格
Klaus Knorr 克劳斯・诺尔
Lee Ross 李・罗斯
Leonard Gerow 莱纳德・杰罗
Leopold Trepper 利奥波德・特雷伯
Louis A. Johnson 路易斯・A. 约翰逊
Lyman Kirkpatrick 莱曼・柯克帕特里克
Maria Ascher 玛利亚・阿谢尔
Martha Wolfenstein 玛莎・沃尔芬斯泰因
Maurice Gamelin 莫里斯・甘末林
Michael Aronson 迈克尔・阿伦森
Michael Handel 迈克尔・汉德尔
Michael Wallach 迈克尔・沃勒克

Mikhail Tukhachevsky 米哈伊尔·图哈切夫斯基
Milton Rokeach 米尔顿·罗克奇
Mohamed Hassanein Heikal 穆罕默德·哈萨尼·海卡尔
Morris Blachman 莫里斯·布拉赫曼
Morris Janowitz 莫里斯·杰诺维兹
Moshe Dayan 摩西·达扬
Nathan Kogan 内森·科根
Nazli Choucri 纳兹莉·乔克利
Omar Bradley 奥马尔·布莱德雷
Osama bin Laden 奥萨马·本·拉登
Oskar Morgenstern 奥斯卡·摩根斯特恩
Paul Diesing 保罗·迪辛
Prince Paul 保罗亲王
Ray Cline 雷伊·克莱恩
Rex Brown 雷克斯·布朗
Richard Betts 理查德·贝茨
Richard Nisbett 理查德·尼斯贝特
Richard Smoke 理查德·斯莫克
Richard Sorge 理查德·佐尔格
Richards Heuer 理查兹·霍耶尔
Richmond Turner 里奇蒙·特纳
Robert Jervis 罗伯特·杰维斯
Robert Mueller 罗伯特·穆勒
Roberta Wohlstetter 罗伯塔·沃尔斯泰特
Roger Hilsman 罗杰·希尔斯曼
Ronald Lewin 罗纳德·列文
Royal Ingersoll 罗亚尔·英格索尔
Ruth Beyth-Maron 鲁斯·贝斯-马龙
Saddam Hussein 萨达姆·侯赛因
Salah al-Hadidi 萨拉赫·哈迪迪
Sandra Weir 桑德拉·韦尔
Semyon Timoshenko 谢苗·铁木辛哥
Shams Badran 沙姆斯·巴德兰
Shlomo Gazit 什洛莫·加齐特
Stanley Hoffmann 斯坦利·霍夫曼
Stephen Withey 斯蒂芬·维西
Tamar Alpher 塔马尔·埃尔弗尔
Theodore Wilkinson 西奥多·威尔金森
Thomas C. Schelling 托马斯·谢林
Thomas Hughes 托马斯·休斯
Thomas Kuhn 托马斯·库恩
Walter Short 沃尔特·肖特
Wayne Smith 韦恩·史密斯
William Quandt 威廉·匡特
William Westmoreland 威廉·威斯特摩兰
Winston Churchill 温斯顿·丘吉尔
Woodrow Wilson 伍德罗·威尔逊
Zeev Bonen 泽埃夫·波宁
Zvi Lanir 兹维·拉尼尔

金城出版社

国家安全与保密参考书目

策划：朱策英

《突然袭击：被袭国的视角》 [以]伊弗雷姆·卡姆 著

简介：本书系统分析了1939年以来的全球11个经典突袭案例，研究不同能力水平的被袭国行为，梳理致使一国遭受战略突袭的分析困难、判断偏见、组织障碍等。它告诉我们，突袭虽极难预防，但只要处理得当，并非完全不可避免。全书所涉的被袭国既有小国、弱国，也有大国、强国，具有典型的研究价值。它不仅从军事学、情报学角度进行探讨，还广泛引入心理学、组织行为学等思想，是研究战略突袭的经典之作。

《情报分析：结构化分析方法》 [美]小理查兹·J. 霍耶尔 伦道夫·弗森 著

简介：本书采用结构化分析方法的新理念，将55种情报分析方法分成8大类，不仅阐述每一种分析方法本身的内容，还指出其适用场景、增加的价值、具体的操作步骤、需要关注的潜在缺陷、与其他方法的关系及该方法的起源等，可有效地帮助分析人员处理情报工作中的问题，避免陷入认知偏见和直觉陷阱，提升情报用户的预测和决策能力。本书是情报分析的三大黄金标杆教科书之一，也是全球情报界经典培训教材，书中介绍的实用分析工具还广泛应用于学术界、商界、执法界、财政界和医学界等。

《情报研究与分析入门》 [美]杰罗姆·克劳泽 原著 [美]简·戈德曼 改编

简介：本书全面探讨了情报研究与分析的各个阶段，重点讨论了情报研究的规范程序和适用的分析方法工具、模型，优秀情报分析人员的必备特质，以及如何提升情报产品的质量。这部国防情报学经典力作，享誉业界40载，堪称美国情报培训的"红宝书"，是情报研究与分析入门必备教材。它既适合国家安全、情报工作的从业者学习，也可供相关研究人士参阅。

《战略情报的批判性思维》 [美]凯瑟琳·弗森 伦道夫·弗森 著

简介：本书关注如何在情报工作中应用批判性思维，系统阐述了20个重点问题，介绍了其中的各种实用技巧与工具，以及简单易懂的解决办法。作者还通过政治、经济、军事、信息技术和健康管理等方面的情报分析案例，帮助读者加强对战略情报批判性思维实践应用的理解。这是一部情报工作者高效思考力指南，情报分析的三大黄金标杆教科书之一。

《情报搜集技术》 [美]罗伯特·克拉克 著

简介：本书是首部系统论述情报搜集技术的专著，集中讨论了各种技术搜集手段，情报搜集中特征的基本概念，为实现情报目的而进行特征搜集的传感器和搜集平台，以及情报搜集策略与管理问题；还重点探讨了情报搜集技术在国家安全领域的三大用途，读者从中可以一窥美国情报界强大的情报搜集能力、发展动向及维护国家安全的最新思维。

《情报：从秘密到政策》 ［美］马克·洛文塔尔 著

简介：本书详细阐述情报的概念、历史、流程、搜集、分析、反情报、隐蔽行动等问题，重点讨论情报在美国国家安全决策中的重要作用。书中还介绍了美国情报工作的发展，勾勒出美国情报界的内部机制，探讨了情报工作的伦理与道德问题，简要概述了世界主要大国的情报机构情况。本作品享有极高声誉，多次再版修订，已成为全美外交、国关、国安、情报等诸多学科的权威教材，长期被哥伦比亚大学、斯坦福大学、麻省理工等知名学府选用和推荐。

《情报分析心理学》 ［美］小理查兹·J. 霍耶尔 著

简介：本书主要探讨了人类在判断不完整或模糊信息过程中的认知心理问题，以及这些不可避免的问题如何对情报分析产生影响，而我们又怎样有效克服这些影响。全书由思维机制、思维工具、认知偏见和情报分析的改进等四部分组成。作为中情局权威理论家的代表作，本书既是美国情报机构培训员工的经典教科书，也是中情局情报官员的必备参考读物，无数次再版加印。

《情报分析：以目标为中心的方法》 ［美］罗伯特·克拉克 著

简介：针对美国情报界在“9·11 事件”和伊拉克战争中的情报失误，作者创造性地提出运用“以目标为中心”的情报分析方法，完善情报分析的逻辑过程，形成“确定目标—问题分解—建立模型—评估数据—填充模型—进行预测”的情报分析流程。全书涵盖了情报分析中的各类关键问题，如情报周期、反情报、情报分类、征候与预警、情报模型、情报来源、情报搜集、情报评估、拒止与欺骗、预测方法、团队互动，等等，称得上是一部名副其实的情报分析教科书。

《斯诺登档案：世界头号通缉犯的内幕故事》（修订版） ［英］卢克·哈丁 著

简介：本书对“斯诺登事件”进行了全面介绍和解读。它详细追踪了斯诺登的泄密动机、获取机密文件的方式、媒体的报道过程及事件的后续发展，讲述了事件背后各方的博弈较量与攻防策略，披露了美英等国监控全球的手段和规模。作为该事件的全球首部权威著作，本书不仅曝光了西方国家的安全战略秘密，而且还披露了他们怎样监控中国的内幕。无论个人、企业和国家，都可从书中获得启迪和警示。

《二战后的美国对外政策》 ［美］史蒂文·胡克 约翰·斯帕尼尔 著

简介：本书是国际研究协会（ISA）外交政策分会前会长的扛纲力作，堪称美国外交政策研究的经典。作者将美国置于全球背景下，系统讲述了 1945 年二战结束后该国对外战略的重大发展与变化，深刻剖析了其外交政策的决策机制，提示了其对外战略的形成过程与规律。通过本书，读者可以了解美国对外政策的根源和复杂性，深入理解其对外战略的全景图。全书涵盖了美国的对外政策变迁史、外交案例分析、全球争霸史、国际反恐发展史等等内容。

《谁来监管泄密者？：国家安全与新闻自由的冲突》　　[美]盖里·罗斯　著

简介：2010年“维基揭秘事件”，2013年“斯诺登泄密事件”……据统计，近年媒体泄密在所有未授权信息泄露中比例最高，对国家安全和利益影响也最甚。通过美国政府历史上重大的泄密案例和事件，作者探讨了未授权信息泄露背后的动机、代价、法律困境和解决之道，以期望提醒全美情报系统：对手是如何获取美国情报的，对手获得情报后会取得怎样的优势。本书内容具有较强的时代性，在互联网信息时代普及国家安全意识的目的十分明显，对我国相关读者同样具备较强的借鉴意义。

《情报术：间谍大师杜勒斯论情报的搜集处理》　　[美]艾伦·杜勒斯　著

简介：本书作者以第一人称的视角展开，着重阐述了情报的实用技巧——情报如何搜集和处理，以及形成的结果怎样为制定国家政策服务。本书是“间谍大师”、中情局任期最长局长、美国现代情报系统缔造者杜勒斯的收官之作。凭借美国战略情报局与中情局的独特任职优势，作者娴熟地将情报学知识、亲身经历和各种间谍事件与趣闻轶事有机融为一体，具备极高的可读性。

《骗中骗：克格勃与中情局的无声战争》　　[美]爱德华·爱泼斯坦　著

简介：本书以美国反间谍头目詹姆斯·安格尔顿之死为缘起，追踪了苏联从建国伊始到冷战末期“欺骗对手”的各种行动，以及美国是如何应对和接招的。通过中情局与克格勃在情报与反情报上的较量，作者向读者呈现了一场看不见硝烟的战争。本书是西方反情报代表作，既可作为饭后茶余之消遣，亦能当作国家安全研究的重要资料。

《全民监控：大数据时代的安全与隐私困境》　　[英]约翰·帕克　著

简介：阿桑奇、斯诺登等的接连爆料警示我们，“全民监控”的时代已经来临。为了获得全方位的监控能力，西方国家利用闭路系统、窃听设备、身份识别技术、定位追踪装置等随时随地监视民众。全书涉及国家安全、信息安全、个人隐私等问题，为人们敲响了监控无处不在的警钟。本书案例丰富、数据翔实、语言生动，是读者迅速掌握隐私与信息安全知识的必读之作。

《网络战：信息空间攻防历史、案例与未来》　　[美]保罗·沙克瑞恩　等著

简介：通过梳理各种经典案例，本书系统探讨了网络战历史、现实和未来。以跨学科的研究方法，作者有机融合理论与实例，涵盖了从个人、组织机构到国家的网络安全问题，细致阐述了网络空间的生存之道。全书语言生动，通俗易懂，既可供信息技术与军事人士研读，也是普通读者的必读佳作。

《秘密情报与公共政策：保密、民主和决策》　[美]帕特·霍尔特　著

简介：本书围绕保密与民主这一核心，重点探讨了国家安全情报怎样为国家政策服务，以及政策实施过程中如何通过公共控制机制等对公众进行保密或公开，以及如何进行监督管理。全书讲述了美国安全情报的起源与演变，介绍了与国家安全政策制定相关的四大情报活动，穿插了一些情报利用、误用、滥用等的经典案例，并展望了情报和政策两者的未来关系。

《国家安全与情报政策研究：美国安全体系的起源、思维和架构》

[美]伯特·查普曼　著

简介：本书总结和收集了大量以美国为主的世界各国国家安全政策资料，既有公开的政府管理机构文件和网络资源，也有解密的安全政策文件，还有对独立组织与智囊机构研究文章、专著和期刊的评介。作者重点介绍了美国国家安全思想和架构的起源和发展历程，以及作为其国家安全基石的情报政策的历史变迁，还涉及其他一些国家和地区的相关内容。本书具有极强的资料性和实用性，是一部研究国家安全历史和知识的重要案头书。

《恐怖主义如何终结：恐怖活动的衰退与消亡》　[美]奥德丽·克罗宁　著

简介：了解恐怖运动如何被铲除或消灭的规律和历史经验，有助于加速终结恐怖组织，同时减少不必要的恐惧与过度反应。通过精心研究各种恐怖组织，本书总结出终结恐怖组织的六种模式，分别系统、深入地加以论述，辅以大量实际数据、案例研究和图表作支撑。本书极具历史性、实践性和经典性，论证严谨，是反恐领域的一部不可多得的标杆性读物。

《21世纪犯罪情报：公共安全从业者指南》　[美]理查德·赖特　等主编

简介：本书全面、系统、深入地介绍了以美国为主的西方国家犯罪情报工作的过去、现在和未来，论述了犯罪情报工作的思想、流程、方法、工具和实践。全书内容丰富、逻辑清晰、史料翔实、案例适用。在理论上，它揭示了犯罪情报工作的基本规律；在实践上，它提供了犯罪情报工作的方法工具。

《数据与监控：信息安全的隐形之战》　[美]布鲁斯·施奈尔　著

简介：在西方世界，大量的个人数据会被政府和企业监控，用于分析与控制人们；政治自由与公平、商业公平与平等，甚至隐私以及安全等都因监控岌岌可危。本书对政府、企业和民众分别给出切实可行的建议，探讨如何才能有效应对监控，保护信息安全和隐私。作者被誉为信息领域的“安全教父”。

《金融情报学》　王幸平　著

简介：冷战结束以来，金融博弈变成世界大国较量的重要手段，金融安全已是国家安全体系的重要部分。金融市场中，大至国家政府，小到金融机构，要掌握主动、赢得先机，高质量的金融情报就不可或缺。由此，金融情报学应运而生。本书探讨了金融情报的概念，金融情报的搜集、撰写和分析，金融情报人员的定位，金融情报机构与金融决策机构的关系，以及金融反情报等等。全书思想丰沛，案例多样，构建了一套专业情报学框架，对金融理论创新和国家安全研究均有参考价值。